U0905288

汉译世界学术名著丛书

小说理论

试从历史哲学论伟大史诗的诸形式

〔匈〕卢卡奇 著

燕宏远 李怀涛 译

2017年 · 北京

Georg Lukács

Die Theorie des Romans

本书根据 Deutscher Taschenbuch Verlag GmbH & Co. KG 1994 年德文版译出

汉译世界学术名著丛书
（120 年纪念版·珍藏本）
出 版 说 明

2017 年 2 月 11 日，商务印书馆迎来 120 岁的生日。120 年前，商务印书馆前贤怀揣文化救国的理想，抱持“昌明教育，开启民智”的使命，立足本土，放眼寰宇，以出版为津梁，沟通中西，为中国、为世界提供最富智慧的思想文化成果。无论世事白云苍狗，潮流左右激荡，甚至战火硝烟弥漫，始终践行学术报国之志，无改初心。

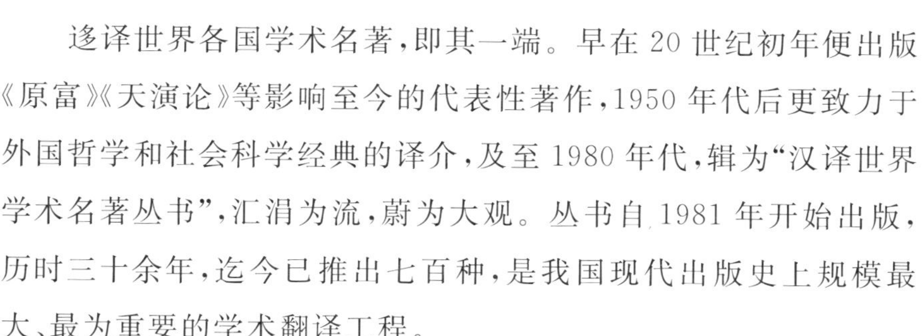

迻译世界各国学术名著，即其一端。早在 20 世纪初年便出版《原富》《天演论》等影响至今的代表性著作，1950 年代后更致力于外国哲学和社会科学经典的译介，及至 1980 年代，辑为“汉译世界学术名著丛书”，汇涓为流，蔚为大观。丛书自 1981 年开始出版，历时三十余年，迄今已推出七百种，是我国现代出版史上规模最大、最为重要的学术翻译工程。

丛书所选之书，立场观点不囿于一派，学科领域不限于一门，皆为文明开启以来，各时代、各国家、各民族的思想与文化精粹，代表着人类已经到达过的精神境界。丛书系统译介世界学术经典，引领时代思想，为本土原创学术的发展提供丰富的文化滋养，为推动中国现代学术和现代化进程做出了突出的贡献。

为纪念商务印书馆成立120周年，我们整体推出“汉译世界学术名著丛书”120年纪念版的珍藏本，寄望既利于文化积累，又便于研读查考，同时向长期支持丛书出版的译者、编者和读者致以敬意。

两甲子后的今天，商务印书馆又站在了一个新的历史时间节点上。我们不仅要铭记先辈的身影和足迹，更须让我们的步伐充满新的时代精神。这是商务人代代相传的事业，更是与国家和民族的命运始终紧密相连的事业。我们责无旁贷，必须做好我们这代人的传承与创造，让我们的努力和成果不仅凝聚成民族文化的记忆，还能成为后来人可以接续的事业。唯此，才能不负前贤，无愧来者。

商务印书馆编辑部

2017年10月

译　　序

19世纪末和20世纪初，欧洲一些先进国家进入帝国主义时代，而在匈牙利，由于封建专制统治者的阻碍和民族分裂而造成的对立，带有封建特点的资本主义只能以扭曲的形式缓慢地发展着。匈牙利官方专制统治的腐败和日趋恶化的社会经济问题，使得人们普遍期待欧洲这个落后、可恶的官僚专制政权尽快垮台。此时，欧洲传统的社会制度和价值体系也开始崩溃，危机意识在知识分子中间迅速滋长。尼采可能是最早和最清楚表达了世纪之交资本主义全面危机并提出要重估一切价值的人。斯宾格勒在《西方的没落》一书里集中描述了资本主义总危机所引发的悲观失望情绪，而这种“巨大危机的标志是对它的无数热切的发问和探询”。资本主义世界的各种弊端、摧残人性的异化现象和全面危机严重到了极点，并于1914年爆发了第一次世界大战。

这种日益恶化的现状促使匈牙利一部分先进知识分子深入思索，期望寻求新的出路。其中的卢卡奇在曲折复杂的经历和深入的探索中成长为匈牙利那个时代精神文化的杰出代表。

捷尔吉·卢卡奇1885年出生在一个富有的银行家家庭里，当时在他家里设了一个“沙龙”，一些政治家、企业家、教授、精神生活的各种名人定期在这里探讨问题，这种广泛的社会交往和文化交流使卢卡奇从小就受到自由探讨空气的熏陶。优秀的杂文作家吉尔捷·阿尔贝特和杰出的雕刻家菲伦策·贝尼都在他家当过家庭教师。因此,卢卡奇从小就受到良好的教育。

卢卡奇9岁时开始阅读儿童读物,追求作家描写的各种事件,并站在弱者、被压迫者和战败者一边。当他阅读《伊利亚特》时,他喜欢的主角不是阿基里斯,而是遭到了失败但却是个正直英雄的赫克脱。卢氏晚年确认,赫克脱的命运决定了他"以后的整个发展"。读英国散文作家查尔斯·兰姆的《莎士比亚童话集》,更为他展示了一个新世界。

在新教文科中学时,卢卡奇对历史和文学很感兴趣。由于他学习过德文、英文、法文,所以他15岁时就开始进一步阅读很有价值的世界文学名著,如莎士比亚的《尤里乌斯·恺撒》、约凯的小说《心灵教养者》以及歌德、高特弗里德·凯勒、格哈尔特·豪普特曼、易卜生和托尔斯泰的作品。阅读和熟悉这些文学作品对卢氏早期思想的形成起了重大作用,从而产生了他对社会的具体批判态度,这就是他自己所说的在15岁时发生的一个转折。

1902年高中毕业后,卢卡奇进入布达佩斯彼特-帕茨马尼大学法律系,但他很快就对法律不感兴趣。尽管如此,他还是于1906年10月在科罗茨瓦获得法学博士学位。在大学期间,文学和艺术史以及哲学成了卢卡奇感兴趣的中心所在。对他最有意义的事情是,他利用法律系的无拘无束,于1904年同别人一起创立了"塔利亚剧团",上演高尔基、易卜生、契诃夫、豪普特曼等人的剧本。卢卡奇以导演和剧评家的身份参加了演出工作。1906年和1908年他还分别参加了《20世纪》和《西方》两个杂志的工作,并为其撰稿。《西方》是一份对复兴匈牙利文学起过作用的知识分子杂志。卢氏因倾向于唯美主义和自由主义观点而对围绕这份杂志形成的小集团持保留态度。卢氏曾回忆说：在《西方》杂志社中他实质上仍“属于资产阶级的反对派”，采取了“一种特殊的反对派立场”。而他批判的对象则是匈牙利的“封建残余和新兴资本主义的同盟”。

在社会政治思想方面，当时对卢卡奇影响最大的就是20世纪初匈牙利最伟大的革命民主主义抒情诗人奥第·安德烈了。由于卢氏憎恨匈牙利社会的落后状况，1906年出版的奥第的《新诗集》对卢氏是一个有力的促进，激起了他的革命热情。卢氏整个一生都非常喜爱奥第的作品，这成为他的政治思想发展的重要因素之一。他认为奥第对他的整个文学发展以及文学以外的生活产生了决定性的持久影响，是他“一生的转折点之一”。

在大学期间改读哲学系（文学、艺术史、哲学）是卢卡奇思想发展的一个重要转折。他在研读德国著名哲学家狄尔泰和席美尔的著作时受到启迪，于是想成为像他们那样的伟大哲学家。1906—1907年卢氏去柏林留学，在那里结识了狄尔泰和席美尔。于是，卢氏成为席美尔的学生，听他的课，研究他的著作，尤其从《货币哲学》一书中学到很多东西。

还在中学毕业时，卢卡奇就阅读过马克思的一些著作，初次接触到《共产党宣言》，对此他的印象非常深刻。进入大学后，他又读了马克思和恩格斯的许多著作，如《路易·波拿巴的雾月十八日》、《家庭、私有制和国家的起源》，尤其深入研究过《资本论》第一卷，明显受到其影响。通过这一研究，他深信马克思主义的一些基本观点是正确的。剩余价值学说、作为阶级斗争史的历史观以及社会分为阶级的观点，给他留下了深刻印象。

在柏林学习期间，在席美尔的指导下，卢卡奇已经写出《现代戏剧发展史》的书稿。这本书于1908年2月获基斯法卢狄学会的克里斯蒂娜文学奖。这是卢氏以戏剧为标志的第一个创作时期最重要的成果。它对18至20世纪头10年之间的戏剧发展做了最广泛的描述和评论。

在写作《现代戏剧发展史》期间，卢卡奇已开始形成对资本主义的否定性批判态度。他认识到"在资本主义社会下过富有意义的生活是不可能的"，并得出"现代戏剧是危机的产物"的结论。与此同时，卢卡奇期望社会主义能创造出一种新的艺术，如社会主义的戏剧。为此，他又在与自然主义的比较研究中，提出自己对马克思主义的理解：马克思主义历史观和生活观最强烈的倾向是，"尽可能贬低纯粹个人的意志、思考、感情的意义，并把它们归之于某些比较深的、比较客观的原因"。这是卢卡奇对马克思主义最早的表述。

但当时卢卡奇更多地受到席美尔的强烈影响，他甚至承认席美尔的哲学是其《现代戏剧发展史》一书的"哲学基础"。卢氏依据席美尔提出的艺术的社会性的观点，阐发了一种"文学社会学"。匈牙利著名卢卡奇研究家赫尔曼·伊斯特万也强调席美尔对卢氏写这本书时的巨大影响，认为没有席美尔，这本书就不可能以这种形式写出来。1909年夏天，他全面修改了这部著作。同年11月，卢氏以《戏剧的形式》(相当于《现代戏剧发展史》的第一、二章)在布达佩斯大学获得哲学博士学位。

1908年5月,卢卡奇同其女朋友塞德列尔·伊尔玛和朋友波佩尔·列奥到意大利的佛罗伦萨去旅游。佛罗伦萨之行使卢氏熟悉了文艺复兴时期的思想、文化和艺术,从而在很大程度上激发了他深入研究艺术和美学的灵感。这是他最伟大的经历之一。

卢卡奇1908—1910年间写了9篇短评,先后发表在《西方》杂志上,1910年用短评集《心灵与形式》这一书名由布达佩斯弗兰克林·塔苏拉出版社出版,1911年11月底又由柏林埃贡·弗莱舍尔出版社出了德文版。

这部著作写于西方社会开始发生严重危机和动荡之时,反映出那个社会无法克服的尖锐、复杂的矛盾,预言着大的灾难即将来临。《心灵与形式》这部著作就是具体、深入地探讨和论述这一问题的。

卢卡奇主要从新柏拉图主义中,也从新康德派的观点中吸取了不少东西,从而在一定程度上相信有一个超感觉的存在,这个存在就是Seele[心灵]。另一方面,如果说《现代戏剧发展史》是卢卡奇研究"形式"的开端,那么,《心灵与形式》则是他进一步深入探讨"形式"的集中体现。这两方面的突出思想构成了《心灵与形式》这一文集的书名。

卢卡奇之所以在当时社会、思想、文化发生严重危机情况下关注研究形式,是因为它使人有可能通过逃避和退回到艺术中去来拒绝现实。他看到,生活与艺术之间的一个核心区别在于,生活是混乱的,而艺术则具有形式。

卢卡奇的这部著作表明,他深刻地觉察到资本主义社会中的矛盾、对立和危机。他的主导思想是,社会是表现在社会结构中的生活。而这些社会结构虽然是我们自己生产出来的，但它们既被客体化，就同自然界一样对我们来说是异己的。我们的生活已经丧失了最初的和谐，现在则在“我”和世界、“是”和“应然”等的对立中进行，而感受和克服这些对立的地方就是人们的“心灵”。卢氏把艺术看作是实现这种和谐的手段，认为在心灵和形式的艺术结合中，实现着日常生活和真正的更高生活之间的统一。

卢卡奇在《心灵与形式》中不仅早于海德格尔提出了与生存主义相近似的思想，而且先于海氏多处使用了带有生存主义寓意的关键概念 Dasein[定在，此在]。

尽管卢卡奇当时的思想多有悲观之色彩和褊狭之处，然而他的《心灵与形式》在一些方面却从更深的层次上反映了他那个时代真实的、生动的思想状况和复杂问题，因而对不少人，尤其是知识分子产生了非凡的魅力。据 L. 戈尔德曼之见，从某种意义上说，“紧接着第一次世界大战和后来称为生存主义的欧洲哲学的复兴，可以说是从《心灵与形式》这部著作开始的”，因而它也可以看作是“欧洲思想史上一个决定性的阶段”。

正因为《心灵与形式》在一定程度上反映了 20 世纪初社会生活和思想文化的状况，所以才赢得了不少名人的高度评价。例如德国批判现实主义的著名作家、诺贝尔文学奖获得者托马斯·曼称赞这本书是一部“完美而深刻的著作”。法籍日耳曼语专家菲利克·贝尔多肯定这一论著是“一部完整的哲学概论。其意义之深远、观察之敏锐，远远超出了一般的评论”。美国学者 E. 巴尔也认为，《心灵与形式》使卢卡奇扬名天下。

1910 年冬天，卢卡奇在布达佩斯结识了恩斯特·布洛赫，并同他结下了新的友谊。布洛赫对卢卡奇的"影响很大",他决定性地使卢卡奇转向哲学问题,尤其是转向美学问题。卢卡奇甚至说过:"我怀疑,要是没有布洛赫的影响,我是不是也会找到通向哲学的道路。"

1912 年初,卢卡奇赴海德堡,并在那里度过了较长一段时间。他在海德堡结识了德国著名社会学家马克斯·韦伯(1864—1920),并受到其多方面的持久影响,尤其是他的科学认真态度和正派作风给卢氏留下了深刻印象。韦伯的《新教伦理与资本主义精神》是卢卡奇"文学社会学的榜样",而韦伯的方法论著作则对他起了"澄清问题和开拓思路的作用"。

当第一次世界大战爆发时,德国和奥匈帝国的一大部分知识分子,像大多数群众一样采取了"保卫祖国"、"拯救民族"的错乱立场,新式英雄主义的狂热崇拜十分盛行,即使一些优秀人物也看不清这次战争的性质。相反,卢卡奇却代表了一种极端孤立的反战立场。卢卡奇后来曾经指出:1914 年冬至 1915 年他"主观上激烈地反对战争,反对它的荒唐和惨无人道,反对它对文化和文明的毁灭"。

正是西方社会境况的严重恶化,世界大战中相互之间的大屠杀,极其糟糕的匈牙利国内状况,使卢卡奇陷入绝望之中,而这种绝望是与当时可以感觉到的危机气氛和危机意识直接相关的。

作为这种危机时代的绝望情绪的集中表达,卢卡奇于 1914—1915 年写成《小说理论》初稿,1916 年首次发表在马克斯·德索尔主编的《美学与一般艺术科学》杂志上,1920 年在柏林以一本书的形式出版。如卢卡奇所说,《小说理论》是他"还处于一种普遍绝望的状况时写的”，是他“在第一次世界大战期间绝望的表现”。所以这部著作是卢卡奇思想演变的必然结果。一方面，卢卡奇当时被陀思妥耶夫斯基描写的现代大都市的严重问题所吸引。另一方面，追求关于世界总体的真理体系也使卢卡奇走向黑格尔，尤其是《精神现象学》对他“变得越发重要了”；黑格尔对史诗的分析更深刻地影响了他。1962 年卢卡奇在为《小说理论》撰写序言时评论道：本书的“作者已成为一位黑格尔主义者”。《小说理论》是“将黑格尔哲学的成果具体运用于美学问题的第一部精神科学著作”。

《小说理论》包括两大部分。第一部分致力于阐明由于时代不同而造成史诗和小说之间的明显差异或对立，或者可以说，是探讨古希腊时代与现代资产阶级社会的对立。这部著作一开始就对古希腊荷马史诗时代做了带有怀乡色彩的完美描述。在古希腊的荷马史诗时代，人和世界是一完整的总体，人处于其中像住在家里一样亲切、熟悉。自我（心灵）和世界是同质的，没有任何疏离。“自我肯定”是这个时代的突出特征。生命和本质这两个概念完全等同，古希腊人生活的意义就在于它的总体，这种总体包括一切，没有面向外界的更高而实在的东西。这个时代的“伟大史诗”就“刻画了广博的总体”。在卢卡奇看来，与史诗时代不同，现代已不再有广博的总体了。取代史诗的是小说，而原因也许不在于“塑造思想”的改变，而是由于历史哲学的必然性：“因为小说的形式比其他任何形式更能使作者的想象自由驰骋”。当然，《小说理论》的突出特点和最吸引人之处在于，它从近代西方的历史情境来看小说的意义，并把小说与伦理学、政治社会哲学及历史哲学联系起来。卢卡奇把小说看作是近代资本主义的产物，是“我们时代的具有代表性的艺术形式”。

卢卡奇依据席勒在《审美教育书简》第六封信中关于现代文化与古希腊文化的对比和黑格尔在《美学》中关于史诗和小说的论述，敏锐地看出现时代人们之间产生了“更深、更有威胁性的鸿沟”。与希腊人那种封闭、有限的世界不同，现代人所存在的世界不再使人感到像在家中那样舒适，而是使人丧失整体感，使现代成为有问题的时代。现代世界使人可以感觉到统治人的“威胁性的、无法理解的强力”，“它们能够毁灭生命”[①]。现代资本主义社会在大大扩展了人类世界的同时，也掘下了一道自我和世界之间的鸿沟。非常可贵的是，卢卡奇已在马克思的意义上明确使用“异化”概念及其内涵，即“人与其产物之间的异化”[②]。

卢卡奇在《小说理论》第二部分里提出了小说的类型学。由于小说是成问题的人物在疏离的世界中追求意义的过程，因此就定义而言，心灵与世界就永远不会完全相适应。于是，卢卡奇就根据在新时代里小说主人公的心灵“或者比外部世界狭隘，或者比外部世界广阔”，确定了两种不同的主要小说类型。在第一类型的情况下，产生的是一种细致描写行为但缺乏心理描写的小说。卢卡奇以塞万提斯的《堂吉诃德》作为第一种小说类型的代表。在第二种情况下产生的是一种描写行动甚少，但却大量描写心理活动的小说。卢卡奇把古斯塔夫·福楼拜的《情感教育》作为第二种小说类型的代表。而歌德的《威廉·迈斯特的学习时代》则被视为上述

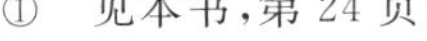

① 见本书，第 24 页。

② 见本书，第 57 页。

“两种创作类型的综合”。

在阐明三种小说类型之后，卢卡奇对托尔斯泰的小说和陀思妥耶夫斯基的思想提出了自己的看法。他认为托尔斯泰的小说形式与史诗重叠最大，甚至胜过史诗。自然与文化的对立是托尔斯泰小说中不可解决的难题。在二者之间的则是爱情、婚姻与家庭生活。爱情的需求在人的内心深处自然升起，但一旦与文化体制结合，就使人陷入低下而无灵性的习俗之中。因此，托尔斯泰的小说常常充满对现实社会的控诉，此外也有“伟大的瞬间”。卢卡奇确认，在托尔斯泰那里可以看到一个新的世界时代出现的各种预兆，但这些预兆是论战性的和抽象的。所以卢氏《小说理论》的最后一段写道：“只有在陀思妥耶夫斯基的作品中，这个新世界——它远离反对现存事物的任何斗争——才被描画为易见的现实。他属于新世界。”然而，卢卡奇同时也看到，“新事物来临的征兆还如此微弱，以致它会被现有无益的政权随时轻而易举地扼杀。”由此可以看出，卢卡奇试图从托尔斯泰和陀思妥耶夫斯基对旧社会制度的深刻揭露中发现一个新世界，以及对这个新世界的悲情展望。

《小说理论》是卢卡奇转向马克思主义之前受到席勒、黑格尔、韦伯等人很大影响的时期写下的重要作品，它尤其是关心和忧虑西方文明的命运、深刻洞察西方社会危机以及第一次世界大战所带来的惨祸并急切想找到一个新世界的产物。因此，这本著作主要的意义在于，通过对史诗时代和现代的分析、对比和对各种不同类型小说中主人公特点的集中褒贬评论，表达了一大部分知识分子对史诗时代的怀念、对现代资本主义社会的极端不满以及对未来世界的思考、探索和憧憬。此外，卢卡奇在这部著作中把时代看作是史诗和小说的承担者，把小说视为“一个时代的史诗”，“我们时代的具有代表性的艺术形式”。这种用历史、社会环境的转变来解释小说性质的做法，已多少包含有卢卡奇不久之后转向马克思主义的某些端倪或因素。而对现代社会无情而又有深度的批判和对未来社会的执着探求，在一定程度上可以说是卢卡奇进一步走向马克思主义和坚信社会主义的必然前提之一。

《小说理论》无疑是卢卡奇成为马克思主义者之前显示自己不凡天资的一部杰作，因此，《小说理论》出版后，受到托马斯·曼、韦伯、布洛赫、贝奈戴托·克罗齐、瓦尔特·本雅明、戈尔德曼、T. W. 阿多诺等人的赞赏，认为该书给他们留下了经久不灭的印象，阿多诺说它是一部深刻、优异之作，为哲学的美学立下了榜样。艺术史学家 M. 德福拉克高度评价这本书是精神科学方面最重要的出版物。

然而，卢卡奇晚年（1971 年）对这部著作做了较客观的评价，认为《小说理论》“尽管有各种各样的错误，但是它的确曾号召推翻那个曾产生出它所分析的那种文化的世界。它曾理解需要进行革命的变革”。[①]

《小说理论》是卢卡奇的早期代表之一，比较早地揭示了 20 世纪初西方社会、思想和文化的危机状况，是西方文化哲学方面的名著之一，在理论上有某些开创性的价值，在西方思想史上也有一定的地位。

在比较多地了解卢卡奇早期思想的形成和演变之后，我们将

---

① 《卢卡奇自传》，社会科学文献出版社 1986 年，第 297 页。

能更好地理解他为什么必然走上了马克思主义的道路，为什么对社会主义有那么坚定的信念。正因为这样，他写出了被视为“西方马克思主义”创始著作的《历史与阶级意识》，成为马克思主义中最有争议的人物。也许正因为他有这样的不凡的开端，所以后来才能成为当代著名的哲学家、美学家和文学评论家，20 世纪最著名最有影响的思想家之一。

目　　录

第二部分 试论小说形式的类型学

作者前言(1962)

这篇论文草拟于1914年夏天,1914—1915年冬季写成。它 5
最初于1916年发表在马克斯·德索尔(Max Dessoir)编辑的《美学和一般艺术科学杂志》(*Zeitschrift für Ästhetik und Allgemeine Kunstwissenschaft*)上,1920年在柏林由P.卡西尔(P. Cassirer)出版社出了单行本。

开始撰写这篇论文的契机是1914年的世界大战爆发,社会民主党赞同战争的态度对左翼知识界产生了影响。对于战争,首先是对战争的狂热,我内心最深处持一种强烈而全面的拒斥态度,不过这种态度尤其是在一开始时少有表达出来。我回想起1914年晚秋同玛丽安妮·韦伯(Marianne Weber)[*]夫人的一次谈话。她对我讲述了一些个别具体的英雄行为,想以此反驳我抗拒战争的态度。我仅仅回答道:"越好,也就越糟(Je besser, desto schlimmer)。"这时,当我试图意识到我自己的情绪化看法时,我得出了

---

* 玛丽安妮·韦伯(Marianne Weber),马克斯·韦伯(Max Weber)的夫人。从1914年起,卢卡奇作为德国著名哲学家和社会学家席美尔("生命哲学"的最重要代表人物之一)的弟子,在海德堡进入了德国著名社会学家和哲学家M.韦伯的学术圈子。据卢卡奇自己确认,他同玛丽安妮·韦伯的谈话及争论可能在1914年8月初。玛丽安妮像很多人一样赞扬战争,而卢卡奇则反对战争。——译注

大致如下的结论:中欧列强们将很可能打败俄国,这会导致沙皇统治的垮台,我赞同这一结局。也存在着西方国家战胜德国的某种可能性;如果这造成霍亨索伦(Hohenzollern)王朝和哈布斯堡(Habsburger)王朝覆灭的后果,我同样赞同。然而,接下来产生的问题是:谁把我们从西方文明中拯救出来呢?(对于当时德国最终胜利的前景,我觉得是一场梦魇。)

在这样一种心情中,《小说理论》(*Die Theorie des Romans*)的第一稿写成了。开始我本该写成一系列对话:一群年轻人,就像《十日谈》里的讲故事者逃避瘟疫一样而对其周围的战争感到恐惧;他们进行自我相互理解的交谈,这些交谈逐渐转到本书所探讨
6 的难题上,转到展望陀思妥耶夫斯基的世界中去。经过更缜密的思考,我放弃了这一计划而写下了今天这个文本的《小说理论》。因此,本书是在对世界状况持续绝望的心情中写成的。直到1917年,我才对直至那时看来无法解决的问题有了答案。

当然,这篇论文本身,完全按其客观内容来说,不管其形成的内在条件如何,对它予以考察是可能的。不过,我相信,在回顾近五十年的历史时,讲述这一论文形成过程中的心情是值得的,因为这易于对它作出正确的理解。

显而易见,我对战争连同对当时资产阶级社会的拒斥态度,都是纯粹的乌托邦;即使在最抽象的思维水平上,当时在我的主观态度和客观现实之间也不曾有什么联系。但是,在方法论上,这有十分严重的后果:起先我根本没有感到需要对我的世界观、我的科学研究工作方法等进行批判的考量。当时我正处于从康德转向黑格尔的过程中,然而我同所谓"精神科学"方法的关系并没有什么改

变，这种关系主要是基于我青年时代从狄尔泰、席美尔、马克斯·韦伯著作中得到的印象。《小说理论》事实上就是这种精神科学倾向的一种典型产物。1920 年，当我在维也纳结识马克斯·德沃夏克*时，他告诉我，他认为这部作品是精神科学思潮最重要的出版物。

今天，看清精神科学方法的局限性已不再有什么困难。当然，在反对新康德主义或其他实证主义既在处理历史人物或历史联系上、又在处理精神专业知识(逻辑学、美学等)上的小气平庸方面， 7
人们也能够正确理解精神科学方法在历史上所具有的相对合理性。例如，现在我就在思考狄尔泰的《体验与诗》(Das Erlebnis und die Dichtung，莱比锡 1905 年)一书所展现出来的魅力，它似乎在许多方面都是一个新领域。当时这一新领域向我们展现出一个在理论上和历史上都进行过大规模综合的精神世界。然而我们并没有看到，这种新方法并没有真正战胜实证主义，它的综合也少有客观基础。(当时我们年轻人都没有发觉，一些有才华的人大多并没有借助这种方法得出自己真正令人信服的结论。)从一个流派、一个时代等等——通常只是被直觉地把握到的——很少几个特性里，就构成综合性的一般概念，然后由此演绎至个别现象，并以此达到人们所说的宏大概括，这在当时成了一种时尚。

这也是《小说理论》的方法。对此，我仅举几个例子予以说明。

* 德沃夏克(Dvořák，Max ，1874—1921)，捷克艺术史家，曾在布拉格学习历史，在维也纳学习过艺术史，后成为维也纳学派的主要代表人物之一。——译注

在小说形式的类型学中,思想上的抉择——即主要人物的心灵在
与现实的关系中是太狭隘还是太宽广——起着决定性的作用。这
种高度抽象的两分法至多适合于说明《堂吉诃德》——此书被表述
为代表第一种类型——的几个重要特征。但是,它太过一般了,以
致不能让人从思想上领会即使是这一部小说的整个历史丰富性和
美感丰富性。而属于这一类型的其他小说家,如巴尔扎克,或者还
有彭托皮丹[*],则因此陷入一种歪曲它的概念的桎梏中。其他类
型的情况也是一样。精神科学的抽象综合在托尔斯泰那里的这种
8 效果更为鲜明。《战争与和平》的结尾,事实上是拿破仑战争时代
真实思想的终结:它在一些人物的发展中显示出 1825 年十二月党
人起义的先兆。而《小说理论》的作者却如此固执地坚持《情感教
育》的模式,以致他认为在这里发现的只是"一种被压抑的家庭教
育气氛",一种"比最成问题的幻灭小说的结局更深沉的绝望"。这
类例子不胜枚举。仅仅指出以下事实就足够了:例如笛福、菲尔丁
或司汤达,这些小说作家就未采用这一结构模式;《小说理论》的作
者用任意的"综合",把巴尔扎克和福楼拜、托尔斯泰和陀思妥耶夫
斯基的重要意义弄得颠三倒四,等等。

为了正确地揭示"精神科学"抽象综合的局限性,至少必须提及这样一些曲解。当然,这并不意味着,对于《小说理论》的作者而言,揭示一些饶有趣味的联系的道路,原则上就被堵塞了。这里

---

* 彭托皮丹(Pontoppidan,1857—1943),丹麦现实主义作家,1917 年获诺贝尔文学奖。代表作《乐土》三部曲是其"才华充分展露的一部杰作"。此外还有《幸运的彼尔》、《守夜》、《死者的王国》、《人的乐园》等。其作品大多以农村为背景,以现实主义方法真实生动展现出丹麦的生活图画,其小说有独特的感人力量。——译注

我也只是举出最具代表性的例子:对《情感教育》中时间作用的分析。作为对具体作品的分析,即使在这里也形成一种不可容许的抽象。最多就小说的最后部分(在1848年革命最终失败之后)来说,对“消失的时间进行探究”(Recherche du temps perdu)之发现,可能客观上是正确的。柏格森毕竟是在“绵延”(durée)的基础上,对小说中时间的新作用给予了清晰的表述。当我们考虑到普鲁斯特直到1920年以后才在德国出名,乔伊斯的《尤利西斯》于1922年才为人们所看重,而托马斯·曼的《魔山》直到1924年才出版时,这一点就更加引人瞩目了。

因此,《小说理论》是精神科学没有超越其方法论局限的典型代表。尽管如此,它的成功——托马斯·曼和马克斯·韦伯 9
都属于对其持赞同态度的读者之列——却完全不是偶然的。尽管植根于精神科学的领域,但在已指明的范围内,这本书仍包含着某些在以后的发展中将具有重要意义的特征。我们已经指出,《小说理论》的作者已成为一位黑格尔主义者。精神科学方法老一辈的重要代表人物是以康德为基础的,尚未摆脱实证主义的残余,狄尔泰尤其是如此。而克服肤浅实证论理性主义的尝试,差不多总是意味着向非理性主义迈出了一步;首先在席美尔那里是这样,而在狄尔泰那里也已经是这样。当然,黑格尔复兴在战前几年就已经开始了。不过,在这种复兴中,当时应该科学严肃地加以对待的东西,大多被局限于逻辑学或一般科学理论的领域内。据我所知,《小说理论》是将黑格尔哲学的成果具体运用于美学问题的第一部精神科学著作。它的一般性的第一部分基本上都决定性地受了黑格尔的影响,例如史诗和戏剧艺

术中总体特性之对比,史诗和小说在历史哲学观上的异同,等等。无疑,《小说理论》的作者并不是一位唯一的和正统的黑格尔主义者。歌德、席勒的分析,歌德晚期的某些设想(如魔力,德文为 das Dämonische[*]),青年弗里德里希·施莱格尔和佐尔格[**]的美学理论(作为现代艺术塑造手段的讽刺),都补充了黑格尔学派的一般轮廓并使之具体化。

美学范畴的历史化也许是黑格尔更重要的一项遗产。在美学方面,黑格尔的复兴带来了最重要的成果。像李凯尔特及其学派这样的康德主义者,在永恒的价值和价值的历史实现之间设置了
10 一道方法论鸿沟。即使狄尔泰也认为这种对立远不那么明显,但在他为哲学史方法拟定的提纲中,他并没有超越诸哲学之超历史(metahistorisch)类型学的创立,而后诸哲学就在具体的变化中历史地变为现实。这一点有时他在其个别的美学分析中获得成功,但在一定程度上却不是合情合理的(per nefas),他肯定没有有意识地去发现一种新的方法论。这种哲学保守主义的世界观基础,就是精神科学主要代表人物保守的历史—政治态度。这种态度在思想上回到了兰克(Leopold Ranke)那里,并同黑格尔本人世界精神的辩证进化截然对立。当然,也有实证论的历史相对主义,而正

* 德文词 das Dämonische,一般译为恶魔般的东西,魔力,超自然的力量。这里译为魔力。——译注

** 弗里德里希·施莱格尔(Friedrich Schlegel,1772—1829),德国作家、评论家,早期浪漫派的领袖。他的学说和创作实践在欧洲浪漫主义文学发展中具有重要的影响。主要著作有《文学史讲演》《论北方文学》;佐尔格(Solger,1780—1818),德国浪漫派文艺理论家,曾提出诗歌的滑稽说。——译注

好在战争期间,施宾格勒将所有范畴都彻底地加以历史化,而且不承认任何超历史的(无论是美学的、伦理学的还是逻辑学的)作用,以此使这种历史相对主义同精神科学的倾向结合在一起。然而,这样他也就从自己方面取消了统一的历史进程:极端的历史动力论(Dynamismus)骤变为一种最终静止说,骤变为最终取消历史本身,骤变为一再被终结且又重新开始的内部无联系的文化领域的循环运动;于是就形成与兰克的分庭抗礼(ein sezessionistisches Pendant)。

《小说理论》的作者并没有走如此之远。当时他正在寻找文学艺术类型的普遍辩证法——它以美学范畴的本质、即文学形式的本质为依据,以历史为基础——,这种辩证法力求在范畴和历史之间形成一种他在黑格尔本人那里发现的更为紧密的联系;他力图在思想上把握住变化中的持久不变,把握住本质在始终起作用中的内在变化。但他的方法在许多方面——正是在一些很重要的关 11
联上——仍然极为抽象,脱离了具体的社会—历史现实。所以,如已经指出的那样,它只是不断地导致任意的构思(Konstruktion)。直到十五年后——当然已经是在马克思主义的基础上——我才成功地找到解决问题的途径。当我们和里夫希茨(M. A. Lifschitz)* 一起同斯大林时代各式各样清规戒律的庸俗社会学相对立,力图发掘马克思的真正美学并进一步发展它时,我们才获得一种真正历史—系统的方法。《小说理论》停留在一种无论是在开始时

* 里夫希茨(1905—1983),是卢卡奇在苏联马克思恩格斯列宁研究院的同事和理论合作者,著有《论马克思艺术观点的发展》。——译注

还是在实施中都是失败的尝试的水平上，不过，与它同时代人所能做到的相比，它在其意向上则更多地接近于正确的出路。

当代美学的难题同样来源于黑格尔的遗产：在历史哲学上，发展归属于决定艺术迄今为止发展进程的那些美学原则的扬弃方式。不过在黑格尔本人那里，只有艺术才是难题；像他从美学上说明这一情况那样，“散文世界”正是精神在思想和社会—国家实践中都得到了实现的领域。艺术之所以成为有问题的，正是因为现实成为无问题的了。《小说理论》形式上相似的设想，是完全相反的：此时小说形式的难题就是天下大乱的镜中影像(Spiegelbild)。因此在这一点上，生活的“散文”仅仅是现实从现在起为艺术提供不利基础的许多其他象征之一；所以，小说形式的中心难题就是从艺术上弄清深深扎根于自身的存在总体的完美总体形式，弄清一切自身内在完美的形式世界。而这不是出于艺术的理由而是出于
12 历史哲学的理由：“现在已没有自发的存在总体了”，《小说理论》的作者关于当代的现实就如此说。几年后，戈特弗里德·贝恩*也如此说明了这一事实情况：“……真的也没有现实了，至多还有它的怪相(Fratzen)。”** 如果《小说理论》在存在论意义上比表现主义抒情诗人更具有批判性和更为深思熟虑，那么事实就始终是，它们二者表达了类似的生活感受，对其当代作出了类似的反应。所

* 戈特弗里德·贝恩(Gottfried Benn，1886—1956)，两次世界大战期间德国重要的表现主义诗人和杂文作家，1912 年曾出版诗集《陈尸所》。——译注

** 摘自《为表现主义辩护》(Bekenntnis zum Expressionimus)，载 1933 年 11 月 5 日出版的杂志《德国的未来》；现载入《文集》，由 D. Wellershoff 主编，第 1 卷，Wiesbaden 1959 年，第 245 页。

以在30年代表现主义和现实主义的争论中,就出现了一些怪诞的情况:恩斯特·布洛赫以《小说理论》的名义同马克思主义者捷尔吉·卢卡奇展开了论战。

非常显而易见的是,从本原上说,《小说理论》同其一般方法论导师黑格尔的这种对立具有社会的、而非美学的和哲学的性质。只要回忆一下本文开头提及的作者对战争的态度,也许就足够了。我们还要补充的是,那时他对社会现实的见解主要受到乔治·索雷尔*的影响。所以,《小说理论》中不是用黑格尔的术语,而是用费希特的说法将当代描述为“罪大恶极的时代(Zeitalter der vollendeten Sündhaftigkeit)”。然而,这种具有伦理色彩的当代悲观主义,并不是从黑格尔向费希特的普遍倒退,毋宁说是黑格尔历史辩证法的克尔凯郭尔化。对《小说理论》的作者来说,克尔凯郭尔始终起着一种重要作用。在克尔凯郭尔大为时髦起来之前很久,他就在一篇短评中论述了克尔凯郭尔的生平与思想的关系(《生活形式的破碎:索伦·克尔凯郭尔与雷吉娜·奥尔森》,写于1909
年,收入德文版《心灵与形式》中,柏林1911年版)。就在战前的海 13
德堡时期,他曾致力写一篇关于克尔凯郭尔批判黑格尔的论文,可是,这篇论文从未完成。如果说要在这里提及这些事实,也并非出于传记的原因,而是为了指明一种在德国思想中后来变得重要的发展趋势。当然,克尔凯郭尔的直接影响,导致了海德格尔和雅斯贝尔斯的生存哲学(Existenzphilosophie),也就是说,导致了或多

* 乔治·索雷尔(Georges Sorel,1847—1922),法国作家、社会学家和哲学家,无政府工团主义理论家,在哲学上是折中主义者。——译注

或少对黑格尔的公然敌视。但是不应忘记的是,黑格尔复兴本身孜孜以求的目的就在于使黑格尔接近非理性主义。这种趋势在狄尔泰1905年关于青年黑格尔的研究*中就已经是显而易见的了。而在1924年理查德·克洛纳**的名言中说黑格尔是哲学史上最大的非理性主义者时,它就获得了一种明确的形态。此时,克尔凯郭尔的直接影响还未能得到证实。不过在20年代,它就到处潜在地存在着,也就是说,它在增长着,现实地存在着,甚至逐步导致对青年马克思的克尔凯郭尔化。例如,卡尔·洛维特(Karl Löwith)***1941年就写道:“尽管他们(马克思和克尔凯郭尔——捷尔吉·卢卡奇注)彼此相距很远,但他们彼此是近似的,那就是对现存事物的一致抨击和来源于黑格尔。”(现在已没有必要去谈论,在当代法国哲学中,这一倾向流传得有多么广了。)

所谓浪漫的反资本主义在哲学和政治上同样不确定的态度,是这样一些理论的社会哲学基础。这最早——例如在青年卡莱尔或科贝特(Cobbett)****那里——关系到对早期资本主义恐怖和敌视文化的真正批判,有时,比如在卡莱尔的《过去与现在》(Past

* 指的是狄尔泰的《黑格尔的青年时代》一文。——译注

** 指的是新黑格尔主义主要代表人物之一克洛纳(Richard Kroner,1884—1974)的《从康德到黑格尔》一书。——译注

*** 卡尔·洛维特(Karl Löwith,1897—1973),德国现代哲学家和哲学史家,存在主义哲学家,海德格尔的学生。著有《从黑格尔到尼采——19世纪思想中的革命性断裂》(1941年)等。——译注

**** 卡莱尔(1795—1881),英国作家和历史学家,《过去与现在》是其代表作,从浪漫派的立场对资本主义进行过激烈抨击。1844年恩格斯曾为此书写过一篇书评《英国状况——评托马斯·卡莱尔的〈过去与现在〉》。科贝特(Cobbett,1763—1835),19世纪英格兰最著名的新闻记者和勇敢的政治人物之一。——译注

and Present)中,甚至关系到对资本主义进行社会主义批判的预备形式。在德国,这一态度则逐渐转变为对霍亨索伦(Hohenzollern)帝国政治和社会落后状态的辩护。从表面上看,像托马斯· 14
曼的《一位不问政治的人的考察》(Betrachtungen eines Unpolitischen,1918 年)这样一部很重要的战争作品也是这样。然而,托马斯·曼后来的发展,已经是 20 年代了,则表明他对这部著作的自我描述是正确的:"它是伟大风格进行的退却性战斗——是德国浪漫的市民精神最近和最后的战斗——它完全意识到这种战斗毫无希望……甚至认识到对濒于死亡事物的任何同情都是心灵的不健康和不道德……"

尽管《小说理论》作者的哲学出发点在黑格尔、歌德和浪漫派那里,但他本人一点儿都没有觉察到这样一些情绪。他对资本主义无文化教养状况的抗拒,包含着他丝毫不像托马斯·曼那样对"德国的惨状"及其在当代的残余有什么同情。《小说理论》的特性不是保守的,而是突破性的,不过却是建立在非常天真、完全没有根据的乌托邦基础之上的:希望能从资本主义的崩溃中,从与这种崩溃相一致的、无生气和敌视生命的经济和社会集团(Kategcrie)* 的崩溃中产生出一种自然的、合乎人类尊严的生活。本书在对托尔斯泰作品的分析中达到高潮,它对已经"不写小说"的陀思妥耶夫斯基作出了展望,这些都清晰地表明,这里不是在期待一种新的文学形式,而是在明确期待一个"新世界"。人们有充分的理

* Kategorie 一般译为"范畴",或译为"类别",在《杜登通用德语词典》中也以"Gruppe"来释义,所以此处译为"集团"似更合适些。——译注

由会对这种原始的乌托邦报以微笑，然而尽管如此，它仍然表达了当时存在的一种思潮。20 年代，在社会方面超越经济世界的观点，固然越来越多地获得了一种非常反动的性质，然而在创作《小说理论》的时候，这些思想还处于一种完全未分化的萌芽形态。再举一个例子可能就足够了。如果希法亭(Hilferding)这位第二国
15 际最负盛名的经济学家，在《金融资本》(1909)中能够撰文论述共产主义社会，说“交换在这里是偶然的，不是理论经济学考察的可能对象。对它不可进行理论上的分析，而只可作心理学上的理解”，如果我们——采取革命的态度——思考一下战争最后几年和战后最初时期的乌托邦，那么，我们就能够在历史上更为公正地评价《小说理论》的这种乌托邦，同时也不致用某一方式减弱对它理论上站不住脚这一点的批判。

正是这样一种批判，适合于正确阐明《小说理论》的另一个特点，由于这一特点，该批判在德国文学中设想出某些新东西。(这个现在予以研讨的现象，在法国早已为人所知。)简言之，《小说理论》的作者曾拥有一种旨在把“左”的伦理学和“右”的认识论(存在论等等)融合起来的世界观。就威廉二世时代的德国曾有一种原则上的反对派文学而言，这种文学所依据的就是启蒙的传统，而且在大多数情况下是这样一种传统最肤浅的模仿者，它也曾对德国有价值的文学传统和理论传统予以全盘拒绝。(社会主义者弗兰茨·梅林在这一方面是一个少有的例外。)就我对这一系列问题的理解而言，《小说理论》是第一部把倾向激进革命的左的伦理学与对现实作出传统完全守旧解释予以结合起来的德文著作。在 20 年代的意识形态中，这种看法起着越来越重要的作用。我们想想

恩斯特·布洛赫的《乌托邦精神》(1918,1923)、《作为革命神学家的托马斯·闵采尔》(1921),想想瓦尔特·本雅明的著作*,甚至还有 Th. W. 阿多诺的早期著作**等等就知道了。在反对希特勒主义的思想斗争中,它的意义还要更大一些:很多人试图——从左 16
的伦理出发——把尼采,甚至把俾斯麦都作为反对法西斯主义反动的进步力量动员起来。(我只是顺便提一下,在法国,这种思潮的出现要比德国早得多,今天,J. P. 萨特是这一思潮很有影响的代表人物。当然,我们在这里不可能讨论它较早出现并具有更长久影响的社会原因。)只是在战胜希特勒之后,只是随着战后恢复和“经济奇迹”的出现,左的伦理对德国所起的这种作用才会消失,并把符合时代精神的论坛让给一种伪装成持不同见解的随大流。德国居于领导地位的知识分子中相当大一部分,其中也有阿多诺,已搬进“深渊大饭店”***(das Grand Hotel Abgrund),如同我在评论叔本华时所写的那样——这是一个“漂亮豪华、舒适的现代化设备应有尽有、却处于深渊边缘、行将陷入空虚和无意义的饭店。而在享用惬意膳食或艺术节目之间,每日都目睹这深渊,这只会提高对

* 本雅明(Walter Benjamin,1892—1940),法兰克福学派代表人物之一,两次世界大战之间德国最著名的文艺批评家。这里主要是指《德国悲剧的起源》之前、即所谓前马克思主义时期的著作。事实上,本雅明的《德国悲剧的起源》和卢卡奇的《小说理论》常被视为法兰克福学派美学思想的两个主要文献。——译注

** 阿多诺(Th. W. Adorno,1903—1969),德国哲学家,社会学家,法兰克福学派主要代表人物之一,1959 年起任法兰克福社会研究所所长。卢卡奇所能看到的阿多诺早期著作主要是他 1931 年完成、1933 年出版的教职论文《克尔凯郭尔:审美对象的建构》。阿多诺的这部著作受《德国悲剧的起源》的影响很深。——译注

*** 这是卢卡奇在回答阿多诺在 1956 年出版的《棱镜》一书中对他的抨击。——译注

这种美妙、舒适生活享受的喜悦”。[*] 恩斯特·布洛赫直至现在都毫不动摇地坚持对左的伦理和右的认识论的综合(例如,参见《哲学的基本问题Ⅰ:“论尚不存在的存在论”》,法兰克福,1961年版),这一点固然使他的性格受到敬重,却不能减少其理论观点的不合时代性。就一个真实的、富有成果的和进步的反对派正在西方世界(也在联邦德国内)真实地活动着而论,它与左的伦理学和右的认识论的结合已不再有任何关系。

因此,如果今天有人阅读《小说理论》,是为了更详尽地了解20和30年代重要的意识形态前史,那么,他从这样一种批判性的读物中就能够获益良多。但如果他阅读它是为了确定方向,那它
17 只能使他更加迷失方向。青年作家阿诺德·茨威格[**]曾经阅读《小说理论》以确定方向,但他健全的本能却引导他有理由作出最断然的否定。

捷尔吉·卢卡奇

1962年7月于布达佩斯

---

* 《理性的毁灭》,新维德,1962年第219页。

** 阿诺德·茨威格,20世纪上半叶的德国犹太作家。——译注

谨以此书献给

叶莲娜·安德烈耶夫娜·格拉本科

(**Jeliena Andrejewna Grabenko**)*

* 格拉本科(Грабенко Елена,德文名 Jeljena Andrejewna Grabenko，1889—?),俄国革命者和画家,卢卡奇的第一任妻子。1905 年格拉本科流亡国外,1913 年与卢卡奇在意大利相识,旋即结婚。后因她与一个青年钢琴家热恋,与卢卡奇的婚姻陷入危机,并于 1919 年解除婚姻关系。20 世纪 20 年代初格拉本科回到俄国,此后杳无音讯。——译注

第一部分

伟大史诗诸形式及其与全部文化的统一性或难题之关系

一、统一的文化

- **古希腊文化的结构**
- **古希腊文化的历史哲学发展进程**
- **基督教信仰**

对那些极幸福的时代来说，星空就是可走和要走的诸条道路 21
之地图，那些道路亦为星光所照亮。那些时代的一切都是新鲜的，然而又是人们所熟悉的，既惊险离奇，又是可以掌握的。世界广阔无垠，却又像自己的家园一样，因为在心灵*里燃烧着的火，像群星一样有同一本性。世界与自我、光与火，它们明显有异，却又绝不会永远相互感到陌生，因为火是每一星光的心灵，而每一种火都

---

* Seele 是 19 世纪末 20 世纪初流行于德语思想界的一个关键词，也是早年卢卡奇的一个核心概念。在德语日常用语中，Seele 意指某生物特别是人的意识活动（连同其基础）的总和，并与肉体和物质相对立。在科学上，Seele 被理解为与有机体密切相联系的体验，特别是感情和欲求（与个人的精神相区别）的总和。当代，人们常常把 Seele 与精神以及意识加以区别。在 Palágyi 和 Klages 看来，Seele 是有节奏的不断流动的生命过程的载体，与此相对立，精神则是“间歇性的”。G. Wahrig Deutsches Wörterbuch 把 Seele 释义为生物在思想、感觉和行动中表达出来的内心生活。故 Seele 在汉语中常译为“灵魂”，但在卢卡奇这本书里以及其他特定的作品中似译为“心灵”较妥当一些。——译注

披上星光的霓裳。这样，心灵的每一行动都变得充满意义，在这二元性中又都是圆满的：它在感觉中是圆满的，对各种感觉来说，它也是圆满的；它之所以圆满，是因为心灵在行动期间沉静平和；它之所以圆满，是因为它的行动脱离开它之后独自找到自己的中心点，而且围绕着自身画一个完整的圆。诺瓦利斯说，“哲学其实就是思乡”，就是“渴求处处都像在家里舒适一样”。所以，哲学，无论是作为生活形式还是作为规定生活形式的东西以及给诗提供内容的东西，总是“内”与“外”之间断裂的征兆，是自我与世界有本质区别的标志，是心灵与行动不一致的象征。所以，极幸福的诸时代是没有哲学的，或者也可以说，这种时代人人都是哲学家，都拥有每一种哲学的乌托邦目标。因为，如果真正哲学的任务不是画出那种原型地图，那么它的任务究竟是什么呢？如果真正的哲学并不熟悉、但从长远来看却获得了某种形式，并用拯救性的象征意义把自己包装起来，如果它不把来自内心深处的每一感情冲动之分类
22 规定为这样一种形式，那么，先验地点(der transzendentale Ort)的难题是什么呢？于是，激情就是由理性先行决定的通向完美自我性之路，而精神错乱则说明超验强力、(transzendente Macht)的神秘而又可揭示的征兆，否则注定就得沉默。于是就没有什么内心深处，因为对于心灵来说，就没有什么外部，更没有什么他者。由于这心灵意在冒险，并经受得住考验，它就不晓得探究的真正痛苦和发现的真正危险：即使这种心灵本身也绝不会去孤注一掷；它也不知道它会迷失自我，也从未想要去寻找自我。这就是世界的

史诗时代。这时，人及其行动不是用愉快—严谨的外表来表达无痛苦或存在的安全感（纪年开始以来，世界上发生的无意义和悲惨的事情都没有发育完全，只有安慰的歌曲听起来更响亮或更低沉），而是这些行动要适合于心灵的内在要求（大小、展开、整体）。如果心灵本身还不知道会被引诱坠入深渊或促使它攀上无路可走的巅峰，如果神性掌管着世界，且分配未知的各种命运之赐不公平，像父亲对孩子们那样，不理解但却熟悉和亲近人类，那么每个行为就只能是心灵的一件合身外衣。于是，存在和命运、冒险和成功、生活和本质，就是同一概念。因为问题（写出史诗就是对它的创造性回答）就是：生活如何会成为本质性的？之所以没有人能接近荷马，并能与他媲美——而严格地说，只有他的诗作才是史诗——是因为他在精神的历史进程使问题提出之前，已经找到了答复。

如果我们愿意，那么在这里就可以接近希腊文化的秘密：希腊文化的完美在我们看来是不可思议的，而它的陌生则是我们不 23
可逾越的：希腊人只知回答而不知提问，只知谜底（尽管是神秘的）而不知谜面，只知形式而不知混乱。他还在悖论的尘世，就为形式划出一个塑造范围；而自悖论成为现实以来必然导致平庸肤浅的一切东西，引导着他成就完美。当说到希腊人的时候，人们总是把历史哲学与美学、心理学与形而上学混为一谈，并为它们的诸形式编造出与我们时代的联系。在这些沉默的、永远说不出话来的面具背后，美好的心灵都在寻找梦想安静所特有的、稍纵即逝的、绝不可把握的最紧要瞬间，但心灵忘记了，这种瞬间的价值就在于它

们的转瞬即逝，心灵向往希腊人时所要逃避的，正是它们自身的深邃和伟大。一些有更深刻思想的人物，试图将他们流出的血液凝结成紫色的钢铁，将之锻造成盔甲，使他们的创伤可以永远地隐匿下来，而他们的英勇举动将变成真正英勇的未来范例，以便这一范例使新的英勇精神得以复活，而这些人物会将自己所创造的形式的易碎性与希腊人的和谐相比较，将他们的形式由以产生的自身痛苦与需要克服希腊纯洁的梦想痛苦相比较。他们想——以固执的、唯我论的方式将形式的完美无缺理解为内部遭到毁坏的作用——从希腊人的产物里听到痛苦的声音，这痛苦的声音的强度大大超过了他们自己痛苦声音的强度，恰如希腊艺术胜过他们所塑造的东西一样。然而，这里关系到精神的先验地形（ranszendentale Topograhie 或译为“风水”）的完全转变，这种地形就其本质和后果来说也许是可以描述的，就其形而上的重要性来说也许是可以解释和理解的，但是，对这种地形而言，始终都未能找到一
24 种即使还是有指引性的或只是理解性的心理。因为每一种心理上的理解都已经预先设定了先验地点的一定位置，并只在其领域内起作用。我们不想以这种方式去理解希腊文化，这种方式归根结蒂是下意识地去问：我们如何能创造出这些形式？或者问：如果我们拥有了这些形式，我们将如何对待之？探询与我们有本质不同的希腊精神的先验地形（它使这些形式得以可能产生，也使其必然产生），会更富有成果吗？

我们说过，希腊人拥有自己的答案早于拥有自己的问题。即

使这一点也不能从心理学上加以理解，而（至多）可以从先验心理学上加以理解。这意味着，在制约所有体验和塑造的最终结构关系中，在先验地点相互间和先天地（a priori）被归入其中的主体之间，并不存在质的、无法消除的和仅仅通过飞跃就可以克服的差别；这意味着，向着顶峰的上升和向着毫无意义的下降，都是在合适的途径上进行的，也就是说，在最坏的情况下，是通过逐步加以测量的、经过多种过渡的分阶段进程加以实现的。所以，精神在这种家园里的态度就是对已经存在着的意义之消极—幻觉式接受。感性的世界是可以把握的、一目了然的，这仅仅取决于在这世界里找到给某一个体规定的位置。在这里，搞错只会是过多或过少的事，只会是衡量或认识的缺陷。因为知识只是揭去不透明的面纱，创作则是对可见的永恒本质的描绘，美德是对各种途经的完美认识；而对意义的陌生则仅仅源于与意义的距离太远。这是一个同质的世界，而且，即使把人和世界、我和你分离开来，也不会妨碍其同质性（Einstoffigkeit）。如同这一和谐的每一其他部分一样，心灵处在世界的中心；构成世界轮廓的边界与构成万物的轮廓的边界在本质上别无二致：心灵划出了一些清晰而可靠的线条，但只是 25
相对地区分开，只是涉及并且为了适当均衡的一个同质系统而区分开。因为人作为实体性的唯一载体，在反思形式中的处境并不寂寞：他和其他人的关系，以及由此产生的形成物，完全为实体所充满，就像他自身更真实地为实体所充满一样，因为他是更普遍的、“更哲学的”，与原型故乡有更亲近的关系，如爱情、家庭、国家。

对人来说，应该做某事只是一个教育的问题，是对还没有返回家园这样一种状态的表达；但这还没有把与实体之唯一不可消除的关系表达出来。即使在人自身之内，也不存在使他突然转变的强制：他受到远离实体的物质的玷污，他应该在脱离物质的升华过程中去接近实体，使自己变得纯洁；他前面的路虽然遥远，但他心里并没有过不去的鸿沟。

这样一些界限必然圈出一个完满的世界。即使在当前有意义的群星图景围绕可体验并被赋形的宇宙而画出的范围之外，仍可感受到一些威胁性的、无法理解的强力，但它们并不能将当前的意义排除；它们能够毁灭生命，但绝不能把存在搞得乱七八糟，它们能够给成形了的世界投下阴影，即使这阴影也要被诸形式作为更明确被强调的一些参照物包括在内。希腊人形而上地生活于其中的领域比我们的领域要小：所以我们绝不会逼真地置身其中，更确切地说：这个领域的完整性构成了他们生活的先验本性，而对我们来说这个领域已被突破了；我们再也不会在一个完整的世界里呼吸了。我们发明了精神的创造性：所以，我们的原始图景无可挽回地失去了其自明的对象，而我们的思想则走在一条永远都无法达
26 到终点的无限遥远的路上。我们发明了形式的创造：所以我们的双手所厌倦和绝望放弃的一切总是没有最后完成。我们在自己身上找到了真正的实体：所以，我们得在认识和行动之间、心灵和形成物之间、在自我和世界之间放置不可逾越的鸿沟，并让鸿沟彼岸的每一实体性在反思中碎飞而去(zerflattern)；所以，对我们来说，

我们的本质必须成为道德要求,并在我们和我们自身之间放置一更深、更有威胁性的鸿沟。我们的世界变得无限之大,它在每一个角落里都隐藏着比希腊世界更丰富多彩的礼物和危险,然而,这种丰富多彩却扬弃它生存的基本的和积极的意义:总体。因为作为每一个个别现象之赋形的居先者(formendes Prius),总体意味着,某种完整的东西可能就是完美的;它之所以是完美的,是因为一切都发生在它的内部,没有什么东西被排除在外,也没有什么东西指向一种更高级的外部事物;它之所以是完美的,是因为它内部的一切都向着自身的完美成熟起来,并通过达到它自身的方式服从于联系。只有在一切东西被诸形式包容进去之前就已经是同质的地方,只有在诸形式不是一种强制而只是有所意识,只是万物(它们在应被赋形者的内部作为模糊的渴望尚未显示出来)趋向表面的地方,只有在知识就是美德、美德就是幸福的地方,只有在美使世界的意义变得显而易见的地方,存在的总体才是可能的。

这就是希腊哲学的世界。但是,当实体已经开始渐渐消失的时候,这种思维才能产生出来。准确地说,如果没有希腊美学(因为形而上学预先说出了一切审美的东西),那么,希腊也就没有什么历史和历史哲学之间的真正对立了:希腊人在历史本身中,经历了与伟大的诸形式先天地(a priori)相适应的所有阶段;他们的艺术史是一种形而上一遗传的美学,他们的文化发展是一部历史哲学。在这一进程中,实体从荷马绝对的内在生活,蜕变为柏拉图的 27
虽然也是绝对的、却可把握住的超验性(Transzendenz);而且这一

蜕变的诸阶段清楚而鲜明地彼此不同（在这方面，希腊文化没有过渡），在这些阶段中，蜕变的意义像在永恒的象形文字中那样被记载下来，这些阶段是塑造世界的不受时代限制的伟大典范：史诗、悲剧和哲学。史诗世界回答的问题是：生活如何会成为本质的？但是，只有当实体已经退却到更远的地方时，回答才是抓住了问题。只有当悲剧对“本质如何能成为活生生的”这个问题作出了创造性回答的时候，人们才意识到了，是其所是的生活（而且每一应然都扬弃生活）已失去了内在的本质。在赋予形式的命运中和在创造性地找到路的主人公身上，纯粹的本质活跃起来，变成生活；在本质的唯一真正现实面前，纯粹的生活沉沦为非存在；超然于繁荣丰富生活之外的某种存在高度已达到了，面对这一高度，日常生活甚至不会再需要作为对立面。即使这一本质存在也不是从需要、从难题中产生出来的；雅典娜的诞生是希腊形式出现的原型。就像本质的现实转化为生活、产生出生活，且表露出其纯粹生活内在性的损失那样，悲剧的这个成问题的基础首先在哲学中变得清晰可见，并成为一个难题：只有当完全远离了生活的本质，变成了绝对唯一的、先验的现实（尽管由于哲学之创造行动，悲剧命运被揭示为经验之粗略而无意义的恣意，英雄之激情被揭示为受地球之制约，这英雄之自我完成被揭示为偶然主体的局限性）时，对产生悲剧的存在的回答才不再是完全自然自明的事情，而是表现为
28 奇迹，显得像一座跨越无底深渊、有力挥动的纤细彩虹桥。悲剧英雄替换了荷马史诗中活生生的人，并正好解释和神化了他，因为前

者已从后者手中接过其正在熄灭的火炬并将之点燃成为新的光亮。柏拉图的新人，即有其行动性认识能力和能创造本质观察力的智者，不仅揭示了英雄，而且照亮了英雄已战胜了的黑暗危险，并用超越英雄的办法使英雄神化。但是，这位智者是人类的最后一种类型，他的世界是给予希腊精神最后一种典范性的生活造型。决定和支撑柏拉图想象的问题变得清楚明白了，但这并未再产生出新的成果：世界在以后的时间里已变得希腊了，但是，这种意义上的希腊精神却越来越不希腊了；它有永恒的新难题（而且也有解答），但是，在敏感的领域，希腊最特有的东西却永远逝去了。而在希腊人看来，[提出]未来新的、决定命运的精神格言，那是愚蠢的事情。

对希腊人来说，这确实是一种愚蠢的事情！康德的星空现在只是更多地在纯认识的黑夜里发光，而不再照亮任何一位孤独漫游者的小路——在新世界里做一个人就意味着是孤独的。而且，内在之光仅仅为[漫游者]的下一步提供明显的安全或者其证明。再没有光从里面照向发生事件的世界及其对心灵来说是陌生的错综复杂的事物。而如果主体自为地变成了现象，变成了客体，如果他内心最深处最特有的本质只是作为想象的应有天堂上的无限要求而与他相对立，如果这种最特有的本质必定从主体自身所处的深不可测的深渊中凸现出来，如果只有从这最深处冉冉升起的东西才是本质，而且任何时候都没有人能进入和看出其基础，那么，谁会知道， 29
行为符合于主体——唯一剩下来的路标——的本质这一点，是否真正触及了本质？因此，适合于我们的世界之幻想现实，艺术，就变得

独立了：它不再是一种摹写，因为所有的范本都消失了；它是一种创造出来的总体，因为形而上领域里的自然统一已被永久地破坏了。

这里不应该、也不可能提供关于先验地点的结构变化的历史哲学。在此我们继续研究下去（不管是上升还是下降）是否就是变换的原因，或者，希腊诸神是否已被其他一些强力所驱除，这里不是谈论这一点的地方，甚至不应勾勒出那条通向我们现实的整个道路：在死去的希腊文化中产生过的诱惑力，这希腊文化魔力般耀眼的（luciferisch blendender）光辉，使人一再忘记世界无法补救的裂痕，并使人梦寐以求新的统一，然而这种统一与世界新的本质相矛盾，且因此一再瓦解着。于是，教堂成了一种新的城邦（Polis），从失落在无可救赎的罪孽里的心灵同荒谬却是某种拯救的自相矛盾的联系中，产生出照射进尘世现实的几乎是柏拉图式的天国之光，这一飞跃成了世俗和天国等级之间的阶梯。而在乔托*、但丁那里，在沃尔夫拉姆（Wolfram）**和皮萨诺（Pisano）***那里，在托马斯****和弗兰西斯*****那里，世界又变成完整的、一目了然的总体：深渊失去了有实际深度的危险，然而它的整个黑暗，没有

* 乔托，14世纪意大利画家，600多年以来一直被誉为意大利第一位艺术大师。——译注

** 沃尔夫拉姆·冯·埃申巴赫，12世纪末、13世纪初的德国诗人，代表作是史诗《帕尔齐法尔》，他与哈特曼·冯·奥厄和戈特弗里德·冯·斯特拉斯堡一起被称为伟大的中古高地德语叙事诗人。——译注

*** 皮萨诺，14世纪最重要的意大利雕塑家之一。——译注

**** 圣托马斯（St. Thomas），13世纪英格兰的教会改革家，教皇约翰22世追谥他为圣徒。——译注

***** 圣弗兰西斯（Franciscus，1567—1622），是法兰西天主教教士，日内瓦主教圣母往见会创立者之一，1877年被授予教义师称号，是享此誉的第一位法兰西作家。——译注

丧失什么幽暗的力量，就成了纯粹的表面，并因此自由地适应了一个独立的色彩统一体；要求解救的呐喊，变成了世界有节奏的完美体系里的不和谐音，并可能成为一种新的均衡，新的均衡在其色彩和完美方面却不逊于希腊的均衡：不适合的、异质的诸强力的均衡。这个被拯救的世界不可理解，且永远无法企及，却被带到了如 30
此之近处：直至可见的远处。耶稣在世界末日所作的最后审判，即末日审判，成了当前的现实，且被认为是已实现的诸领域和谐的一个环节；末日审判的真正本质（它把世界变成菲洛克忒忒斯*的伤口，只有圣灵（Paraklet）能治愈这一伤口）肯定被忘记了。一种新的、自相矛盾的希腊文化产生了：美学再度变成了形而上学。

这是第一次，然而也是最后一次。在这种统一被瓦解之后，就不再有自发存在的总体了。冲破了陈旧统一的洪水之源虽已枯竭，但是，毫无指望的干涸了的河床，却将世界的面貌永久地撕出了道道裂缝。因此，从现在起，希腊文化的任何复活，都是一种或多或少使美学成为唯一形而上学的有意假设，是对存在于艺术领域之外的一切事物本质的歪曲和使之消除的愿望，是企图忘记艺术只是许多领域之一，忘记艺术把世界的分崩离析和不够用作为其生存和变得自觉的前提。然而，对艺术本质的这种夸张也必定加重其诸形式的负担，而且负担过重：艺术形式不得不从自身创造出通常容易被接受的现实；因此，在这些形式原本的、先天的有效性开始显现之前，它们就必须从自己的力量中创造出这种有效性的

* 菲洛克忒忒斯（Philoctetus）是希腊传说中在特洛伊战争后期起了决定性作用的一位英雄。希腊英雄赫拉克勒斯临死前把自己的弓箭传给了他，他成为一位著名的弓箭手。在去特洛伊的路上，他被蛇咬伤，在希腊战士奥德修斯和俄墨德斯的劝说下，重返特洛伊，治好咬伤，射死帕里斯，为攻陷特洛伊铺平了道路。——译注

条件、对象及其环境。对诸形式来说已不再有某种仅仅被接受的总体了：因此，诸形式或者必定把被塑造之物予以大大地压缩，并使之消散（verflüchtigen），这样它们就可以承载这被塑造之物，或者被迫论战性地阐明自己必要对象的非现实性和唯一可能的对象没有内在价值，但这样就把世界结构的易破碎性带进了形式的世界。

二、诸形式的历史哲学难题

- 一般原则
- 悲剧
- 诸史诗形式

诸先验定向点变得不一样，使得诸艺术形式从属于历史哲学 31
的辩证法；但是，这种辩证法必然各依每一形式诸个别[艺术]类型的先天家园而有所不同。可能发生变化的只是对象及其创作的诸条件，而并不触及形式与其先验生存权利的最终关系；此外，发生的只是形式变化，这些变化虽然在所有技术细节上都会有所不同，但并没有推翻创作的原始原则。不过，变化可能正好发生在那决定一切的艺术类型**风格化原则**(principium stilisationis)中，并由于不同的艺术形式——在历史哲学上所限定的——符合同一艺术意愿而变得必要。这并不是创作艺术类型的观念变化；比如说，当欧里庇德斯(Euripides)的非悲剧戏剧由于主人公及其命运成问题而被创造出来时，这样一种观念就已经在希腊的发展中显而易见了。在这种情况下，在推动创作的主体先天需要和形而上学痛苦与完整创作所碰到的形式预先稳定的永恒地点之间，普遍有一种完全的一致。然而，这里所指的创作艺术类型的原

则，并没有要求观念的变化；更确切地说，同一观念不得不指向一个与旧目标有本质不同的新目标。这意味着：即使进行塑造的主体中的先验结构和外在形式世界中的先验结构之间旧有的平行关系也被破坏了，艺术创作的最后基础已变得无家可归。

德国浪漫派虽然没有彻底澄清小说的概念，却使这一概念与
32 浪漫的概念紧密地联系起来，我们有充分的理由说，小说的形式毕竟不像其他形式那样，是先验无家可归的一种表达。对希腊来说，历史和历史哲学的相互巧合产生了如下结果：只有精神日晷（Sonnenuhr）显示它的时刻正好到来时，每一种艺术形式才得以诞生；而当它存在的原型（Urbild）从地平线上消失时，每一种艺术形式才会消失。对后希腊时代来说，这种哲学周期性消失了。在此情况下，艺术类型在一种解不开的复杂纠缠中相遇，作为对不再清晰明确的给定目标进行真实和非真实探索的标志；艺术类型的总和只表明是一种历史的经验总体，在这里，人们也许可以为诸个别的形式寻找、而且也可能会找到它们可能产生的经验的（社会学的）条件，但周期性的历史哲学意义绝不再集中于成了符号的诸种类型，而且从各时代的整体中所能辨认出来和作出解释的，也多于在它们自身中所能发现的。然而，一方面，在先验相关性发生最小的变动时，生活的内在意义必定无可挽救地逝去，另一方面，远离生活和异于生活的本质则用自己的生存以这样一种方式为自己加冕，以致这种庄严仪式本身在经历更大的震动时将逐渐变得不重要了，但绝不会完全消失。所以，尽管悲剧发生了变化，但就其本质而言，它仍未受触动地在我们的时代保留下来，与此同时，史诗则不得不消失，让位给一种崭新的形式，即小说。

当然，生活概念及其与人的关系的彻底变化也改变了悲剧。生活的内在意义以一种明确的灾难性形式消失着，并使一个并不混乱的纯粹世界听凭人来支配时，是不同于以下情况的：这种内在意义虽然像中了魔那样逐渐从宇宙中被排除出去，但对这种内在 33
性重现的渴望并未终止，而且绝不以肯定的无望有生气地继续存在下去；人们期待着有解决办法的话语，必定猜想到在每一现时庞杂混乱的现象中失去了的东西；因此人就不能用活森林里被砍下的树干搭建起悲剧的舞台，而是，要么在没落生活所有死亡残余物的燃烧中必然产生出短暂的现场火焰(Flammendasein)，要么全然不理睬这整个混乱，并逃进一个完全纯本质性的抽象领域中。这就是本质与自身外在于戏剧的生活的关系——它使近代悲剧的二元化风格成为必然，其[对立]的两极以莎士比亚和阿尔费耶里(Alfieri)*为标志。希腊悲剧置身于贴近生活或抽象的两难困境之外，因为对它而言，丰富多彩并不是走近生活的问题，对话的透明性并不是扬弃它的直接性。不管[古希腊戏剧中的]合唱队产生于何种历史的偶然或必然，它的艺术含义都是：人在超然于一切生活中变得生气勃勃和丰富多彩。因此，合唱队可以提供一个仅只执行结束功能的背景，像浮雕形象之间的冷酷气氛一样，然而它充满运动，使自己委身于并非源于抽象图式的[戏剧]情节的表面波动，并可以把这些吸纳进自身，且靠自己充实之后，又能把它们还

* 阿尔费耶里是18世纪的意大利悲剧诗人，以描写自由战士与暴君的斗争著称。——译注

给戏剧。它可以使整个戏剧的抒情意义用广博的词语表达出来；它可以不经历自我分裂，就把生物理性需要悲剧性反驳的低微声音和命运的高超理性的声音结合于一身。希腊悲剧中的朗诵者和
34 合唱队具有同一本质基础，它们彼此是完全同质的，因此能在不破坏作品结构的情况下执行完全分离的功能；把处境和命运的全部抒情诗都聚集在合唱队中，并将变得赤裸裸的悲剧辩证法说出一切的诸话语和囊括一切的诸表情留给表演者；除了轻微的转变之外，什么也不能将它们以上话语和表情相互分离开来。对这两者来说，贴近生活毁灭戏剧形式所特有的危险即使作为很小的可能性，也不存在了：所以，两者都可以扩展成一种非图式的、却先天指明了的丰富性。

生活并没有从近代戏剧中无关联地消失，它至多会从其中被驱逐出去。但是，古典主义者所实行的这种驱逐，意味着不仅是对被驱除者存在的承认，也是对它的强力的承认：生活现存在于每一句话和每一个举动，那每一句话和每一个举动在充满恐惧的过度紧张中表现得高超，为的是远离生活，不被生活玷污；生活就是生活，它使人看不见产生于抽象先天结构已被计算出来的赤裸裸严谨，并使之受到嘲讽：生活使严格变得狭隘或使之迷惘，使之过分清晰或混乱（abstrus）。另外一种悲剧则耗尽生活。它把其主人公作为活生生的人（在纯粹承载生活负担的人群中间）安置到舞台上，而清楚明白的命运则应从承受艰难生活重担的戏剧行为的混乱中耀眼登场，通过它的命运之火把一切纯粹人性的东西化为灰烬，从而使纯粹人的无意义的生活化为虚无，而英雄人物的冲动则

化为悲剧的激情，而这种激情把人物再熔炼为无瑕疵的英雄。因此，英勇就变得有争议和成问题了：做一名英雄不再是本质领域的自然生存形式，而是提升自己，超越纯人性的东西，既超越普通大众的、也超越自己本能的纯人性的东西。有关生活和本质的等级难题，对希腊戏剧来说曾是一种赋形的先天性，所以，它从未作为 35
对象而成为形象，这样，这一难题就被拖入悲剧进程本身之中；它把戏剧撕裂成两个彼此完全异质的部分——它们仅仅通过其相互否定和相互排除而联系在一起：也就是说，它们是有争论的，且是理智主义的——因而扰乱的正是这种戏剧的基础。而强加给[戏剧]的基础的广度，和英雄在自己的心灵中必须经过的遥远道路，直至他发现自己是个英雄，这些都与戏剧形式所要求的结构的精细有矛盾，并使戏剧向史诗形式接近；正像以论战的形式强调英勇一样(即使在抽象的悲剧中也是如此)，这些必然引起纯抒情的泛滥。

然而，这种抒情还有另一种来源，它产生于人与生活之变化了的关系。对希腊人而言，作为意义的承担者，生活的沉沦把人相互间的接近和亲缘关系仅仅转移到了另一种氛围中去，但并没有使之消灭：这里出现的每一个人物，都与万物支撑者即人保持着相同的距离，所以，每个人与其他人在其最深根源上都是有亲缘关系的；所有的人都相互信赖，即使是作为死敌也是如此，因为大家都以相同的方式、朝着相同的中心努力，而且都在内在本质相同的生存的同一高度上活动着。然而，像在近代戏剧中那样，如果人仅仅在同生活的等级竞赛之后才能显示自己并保持不变，如果每一个人都把这一竞争当作自己生存的前提或自己定在(Dasein)*的动因铭记在心，那么，每个**戏剧人物**(dramatis personae)就必定同只有他特有的联系一起受自己出生命运的束缚；于是，每一个人物都必定来自孤独，并在其他孤独者也无法消除的孤独气氛中奔向最
36 后的悲剧孤独；于是，每一悲剧言语必然不好理解地逐渐沉默，而且没有什么悲剧行为将会获得一种适当接受的共鸣。然而，孤独是某种荒谬—戏剧性的东西：它是悲剧事件的真正本质，因为在命运中自我生成的心灵会有明星兄弟，然而却不会有伴侣。可是，戏剧的表现形式——对话——却以这些孤独者的高级共同性为前提，为的是保持多声部，即保持真正的对话和戏剧性。绝对孤独者的语言是抒情的，是独白的；而在对话中，他的心灵则太明显地暴露出其隐匿身份(Inkognito)，过多地使言谈和反驳直率而尖锐，并加重其负担。而这种孤独比与命运关联的悲剧形式所要求的孤独更甚(希腊英雄甚至也在这种关联中生活过)：孤独本身不得不成为难题，且进一步迷惘地取代悲剧难题。这种孤独不仅仅是在命运控制下心灵的放声歌唱，它同时也是注定要孤独、强烈渴望共同体的可怜之人的痛苦。这种孤独产生了新的悲剧难题，现代悲剧的真正难题是信任。现代英雄的心灵以生活为外衣，却为本质所充满，但将绝不会理解，即使相同的本质性也未必寄居在同样的

---

* “Dasein”一词在德语通用词典《Wahrig Deutsches Wörterbuch》中有现有存在(Vorhandensein)，持续存在(bestehen)，生存(Exidtenz)，生活(Leben)等释义。在中国学界有好几种译法，如“定在”，“此在”，“亲在”，“缘在”，“生活”等。鉴于卢卡奇此时处在从新康德主义向黑格尔主义的过渡过程中，因此此处采用贺麟先生在译黑格尔《逻辑学》著作中的译法“定在”或德语词典中以及歌德在“生活”的意义上的用法。——译注

生活掩护之下；心灵知道人人都适应了的平等；而它不能理解的是，它这种知识并非出自这个世界，对这知识的内心怀疑的自由并不能为此提供任何保证，对于这种生活来说，这种知识是根本性的；心灵知道自身的理念，这种理念使心灵受到鼓舞，生机勃勃，因此，心灵不得不相信，围绕着它生活的人群只不过是狂欢节令人眼花缭乱的闹剧而已，在这场闹剧中，出自本性的第一句话一说出，面具就脱落下来，一些不相识的兄弟必定会相互拥抱在一起。心灵知道这一点，并为此而寻觅，且独自忍受命运的支配。而不满一忧伤地进入这些兄弟自己适应了的极度兴奋中的，是已通到这里的悲痛之路：对生活的失望，这种生活甚至不曾是这些兄弟的命运智慧如此一清二楚宣告了的事情的讽刺画，这种事情相信曾经给这种智慧以在黑暗中单独行走的力量。这种孤独不仅是戏剧性的，而且也是心理上的，因为它不单单是所有**戏剧人物**的先天性，而且还是变成英雄的凡人的经历；而如果心理活动在戏剧中仍旧未经加工的素材，那么它就只能作为心灵抒情诗表露出来。 37

伟大史诗塑造了生活的外延总体，戏剧则塑造了人性的内涵总体。所以，当人的存在丧失了自发完善自己并在感觉上是当前的总体时，戏剧仍然能够在它的先天形式中发现一个也许难以解决、然而却包容一切且自我完善的世界。但对于伟大史诗来说，这是不可能的。对史诗而言，当时的世界现实是一最后原则，就其决定性的、规定一切的先验原因而言，这种情况是经验的；有时它能加速生活，能将隐藏的事物或渐渐枯萎的事物导向一个其内在的乌托邦结局，但是，它绝不能从形式上消除由历史所给定的生活的广度和深度、完美和意义、丰富多彩和秩序。真正乌托邦史诗的任何一种尝试都必然要失败，因为这种史诗必然在主观上或客观上超出经验之外，并因此超越性地成为抒情性的和戏剧性的东西。而对于史诗来说，这种超越绝不会富有成果。也许有过这样的时期，个别童话保存着这个消失的社会领域的一些残片，在那里，现在仅在空想上可获得的东西，在幻想的可见度上曾是当前的；这样一些时期的史诗诗人曾不得不离开经验，为的是把超验的现实表
38 述为单独存在着的东西；是的，他们可能曾是事件的简单讲述者，就像有翅膀的亚述祖先的创作者——而且有理由——肯定把自己视为自然主义者一样。可是对荷马来说，超验的东西已经密不可分地与尘世生活（Dasein）交织在一起，而超验者的无法模仿性正是以这种内在化的彻底成功为依据。

现实的定在和本质（Sosein）*之不可分的密切联系，史诗和戏剧之间至关重要的界限，是史诗即生活之对象的一种必然结果。一方面，本质的概念已经通过其简单的设定而导致一种超越，在此变为一种新的、更高的存在，并因此通过自己的形式表明是一种应然存在（sollendes Sein），这种存在在其产生形式的现实性上，始终不依赖于纯粹存在者的给定内容，另一方面，生活的概念则排除那被捕捉到的和凝结成的超验性这样一种对象。本质的领域由于形式的力量而紧张地高居于生活之上，它们的特性和内容都取决于这种力量的内在可能性。生活世界在这里保持不变，它只是为诸

* Sosein，在 Duden 词典中的德文解释是 Essenz[本质，实质，精髓，核心]，Wesen(heit)[本质]，Kern[核心，实质]等。本书在此译为“本质存在”。——译注

形式所接受和塑造，只是被带到了它的天生意义上去。而这里只许可在思想产生时充当苏格拉底角色的诸形式，绝不会自己用魔法将某种东西变成尚未安排于其中的生活。戏剧所创造的人物性格——这只是对同一情况的另一种表达——是人之仅能用智力了解的自我，史诗的人则是经验的自我。应然——在地球上变得像鸟一样自由的人逃进令人绝望的紧张中——在用智力了解的自我中可以客观化为主人公的标准心理，在经验的自我里，它仍就是一种应然。这种应然的力量是一种纯心理的力量，它与心灵的其他要素颇相似；应然对目标的设定是经验性的，类似于人或其环境所 39
给定的其他可能的追求；它的内容是历史的，类似于由时间进程所产生的其他内容。这些内容与其产生其上的基础是密不可分的：它们会枯萎，但绝不会觉醒为一种超越尘世的新生活。应然毁灭生活，而戏剧的主人公之所以带有显而易见的生活现象的象征性标志，是为了能够以显著形式举行死亡的象征仪式，使存在着的超验变得显而易见；然而，史诗中的人们必定活着，否则便破坏或耗尽承载他们、环绕他们并满足他们的那种要素。（应然毁灭生活，而每个概念都表现为对象的一种应然：所以，思维绝不会获得生活的真正定义，也许，艺术哲学因此更适合于悲剧多于适合于史诗。）这种应然毁灭生活，而从应然的存在中构造的史诗主人公将始终只是历史现实中活人的阴影；不过，他的阴影绝不是他的原型和作为经历与冒险给予他的世界，只是现实事物的一种冲淡了的复制品，而绝不是它的核心和本质。史诗的乌托邦风格只会产生一些距离感，但是即使这些距离感也仍然是经验和经验之间的距离感，而距离感及由此而产生的悲伤和尊

严仅仅把声调变成一种讲究修辞的声调，而且，虽然这些能取得哀歌式抒情诗之最美好的成果，但绝不会从单纯的距离设定中产生出一种超出存在的内容，成为生气勃勃的生活。不管这一距离朝着指示的方向是向前还是向后，不管它面对生活表明的是向上还是向下，它都绝不是对新现实的创造，而始终只是对已
40 有的现实的主观反映。维吉尔*笔下的主人公过着一种冷静而适中的隐居生活，他被巨大激情的热血所滋养，这种激情牺牲了自己，为的是唤回已永远消失的东西，而面对某种社会学分类系统多种多样、然而又一目了然的分支，左拉(Zola)的雄伟气魄只是一种单调的震撼。

伟大的史诗是有的，但戏剧绝不需要这种修饰定语，而且总是抗拒它。因为戏剧的宇宙充满了它自身的实体并由此而圆满，所以，它不了解整体和片段的鲜明对比，不了解事件和征兆的对立：对于戏剧来说，生存意味着戏剧之宇宙存在，意味着对本质的把握和对其总体的拥有。但是，生活总体的必要性并没有随生活的概念一起被设定出来；生活同样也包含着每一种自身独立的生物对任何自身之外约束的相对独立性，像这样一些约束也具有相对的必然性和不可或缺性那样。所以就会有这样一些史诗形式，其对象并不是生活的总体，而是某个片段，即某个自身有生活能力的定在的极小部分。然而，史诗的总体概念，并不因此像在戏剧中那

---

* 维吉尔(Publius Vergilius Maro，公元前70年—公元前19年)，古罗马诗人。早期作品为《牧歌》，第二部作品为《农事诗》。他最重要的作品是史诗《埃涅阿斯纪》，叙述特洛伊英雄埃涅阿斯在特洛伊城陷落后渡海到意大利建立邦国的故事。——译注

样，是一个从出生形式产生出来的概念，是一个先验的概念，而是一个经验的—形而上学的概念——它在自身中把超验性和内在性不可分割地结合在一起。因为在史诗中，主体和客体并不像在戏剧中那样恰好相合，在戏剧中，从事塑造的主观性——从作品角度来看——只是一个边缘概念，一种一般意识，而且主体和客体清清楚楚地存在于作品本身中，且相互区分开来；而由于经验的、从事塑造的主体产生于对象在形式上所想要的经验性，这一主体就绝不会是所突出表现出来的世界总体的基础和保障。总体只能从客 41
体的内容中完全自明地产生出来：它是超主观的（metasubjektiv）和超验的，是一种显露和恩赐。史诗的主体总是生活中以经验为依据的人，但是，在伟大的史诗中，创造性的、驾驭生活的狂妄将在璀璨夺目的意义面前变为谦恭、注视、沉默惊异，确实出乎意料的是，对他，即日常生活中的普通人来说，这种意义在生活本身中不言而喻已变得一目了然。

在短篇史诗形式中，主体以更占优势和更为独断的方式与客体相对峙。但愿叙事者——在此不会，甚至也不应预示有史诗形式的体系——能用编年史家冷静和从容的表情，观看偶然事件的奇特作用，对于这些史诗形式来说，这种偶然事件无意义地和毁灭性地把人的命运搞乱了，对我们来说，它揭示性地且有趣地把一些堕落混淆起来了；但愿人能把世界的某个小角落看作井然有序、百花盛开的花园——周围是无边无际和混乱的天然荒地——颇受感动地把它提升为唯一的现实；但愿他能激动和冷静地让某人不同寻常而又深刻的世界经历凝结成明显成形的和客体化的命运；这样一来，他的主观性就始终能使一个人从世界事件发生的难以衡

量的无限性中摆脱出来，赋予他某种独立自主的生活，并让这个人
所出自的整体，仅仅作为人物的感觉和思考，仅仅作为对不连贯因
果系列不由自主的继续编造，仅仅作为对依靠自身存在着的现实
的反映，写进作品的世界里。所以，这些史诗形式的完善是某种主
观的完善：一个生活片段被诗人置入某种突出它、强调它且被生活
整体所衬托的环境中；而在作品本身中人们进行选择和划定界线，
作品就将带有源于主体的意志和知识的印记：这种选择和划界或
42 多或少就具有抒情性。如果创造作品的主体的有意设定使内部发
出光芒的意义正好在这种生活片段的孤立定在中一目了然，那么，
生活及其——有机地放置于自身之上的——同样活跃的社团的相
对独立性和普遍局限性，就可以被扬弃，被提高为形式。主体要求
形象和界限的赋形行为，即在创造对象占统治地位的活动中的这
种独立性，是没有总体的诸史诗形式的抒情诗。这种抒情诗在这
里是史诗的最终统一；它不是某种孤独的自我在其自身脱离对象
的冥想中的沉迷，不是客体在感觉和情绪中的消解，而是它产生出
标准、创造出形式、承载着所有被塑造者的生存。但是，这种抒情
诗之直接流动着的冲击力，必然随着生活片段的意义和重要而增
大；作品的平衡就是进行设定的主体和由主体所强调且提升起来
的对象之平衡。在生活的孤立奇观和难以解决的形式中，中篇小
说的这种抒情诗还必须完全隐藏在细致刻画出来的个别事件之粗
重线条的背后：在这里，抒情诗还是纯粹的选择：那种使人高兴又
有毁灭性、然而始终没有理由日益严重的偶然事件之极大任意性，
只能由对它明确的、无评论的、纯对象性的把握来加以平衡。中篇
小说是最纯粹的艺术形式：它把所有艺术形式的最终意义都表达

为情绪，表达为塑造内容的意义，尽管它正因此是抽象的。当无意义在没有遮掩、不加任何粉饰的裸露中让人看到时，这种无所畏惧的和无望的目光之祛除强力就给它以庄严形式：无意义作为无意义而成为形态：无意义则因被形式所肯定、所扬弃、所拯救而变成 43
了永恒。在中篇小说和抒情诗—史诗形式之间有一个飞跃。一旦从形式提升为有意义的事物按其内容是有意义的（尽管只是相对的），那么变得沉默的主体必然会竭力寻找自己的某些言语——它们将从被塑造事件的相对意义出发建起一座通往绝对者的桥梁。在田园牧歌中，这种抒情性还几乎完全同人和物的轮廓融合在一起；正是这种抒情性赋予这种轮廓以平和、独居之柔和与轻松，使之十分快乐地离开外面肆虐的风暴。只有在田园牧歌超越自身成为史诗的地方，例如在歌德和黑贝尔*的“伟大田园诗”中，在生活的整体及其所有危险（虽然因遥远的距离而减弱和受到抑制）进入被描写的事件本身的地方，诗人自身的声音才一定会被听到，他的手才不得不设立有益的距离：借此，既不是他的主人公们获胜的幸运变成主人公们的不值得的知足（他们胆怯地离开没有被战胜的眼前贫困，只是为了自己而消除它），也不是生活总体的危险和引起这种危险的经历变成模糊的图式（Schemen），从而将拯救的欢呼降低为微不足道的滑稽戏。而在事件就其被客体化为史诗的对象性而言变成一种无限感情的承载者和象征的地方，在一颗心灵就是一个主人公，而这心灵的渴望就是情节——有一次我在谈到

* 黑贝尔（1813—1863），德国戏剧家，以悲剧理论见长。他创作了戏剧《犹滴》，青年卢卡奇对此多有论述。——译注

Ch. L. 菲力普[*]时把这种方式称之为 Chantefable[中世纪一种半韵文半散文的作品]——[**]的地方,在对象、被塑造的事件仍然是、而且应该始终是某种个别事物的地方,而且在记下事件并使之传播开来的经历中,整个生活的最后意义、诗人赋予意义的且为生活所抑制的强力已经停止下来的地方,这种抒情性就发展为清晰明白地且广泛滔滔不绝地说出了一切。然而,即使这种强力也是一种抒情的强力:这是诗人的个性,这种个性以有意识的独断使对世界意义的特有解释——把诸事件作为工具加以精通——突现出
44 来,但他并没有作为秘密话语守护者细心听取诸事件的意义;这不是被塑造的生活总体,而是诗人——他作为经验的主体,以其全部伟大、然而也以其整个的生物局限性登上创作的舞台——和这种生活总体的关系,即诗人对此评价或摒弃的态度。

而且,即使通过成了存在独裁者的主体来消灭客体,也不能让生活总体——它依据其概念是一种外延的总体——从自身中解脱出来:不管主体自以为比其客体有多么高明,他始终只是这样一些单个的客体——主体以作为独立拥有这种方式获得这些客体,而这样一种总数将绝不会产生出一个真正的总体。因为,即使这一崇高—幽默的主体也仍然是某种经验的客体,他的创作也仍然是对他的、按照本质还是与他类似的客体的一种态度;而他围

---

* Ch. L. 菲力普(Ch. L. Philippe,1874—1909),法国小说家,其小说以对穷人悲惨生活的描述、对遭社会遗弃的人们的同情而著称。在《心灵与形式》中,卢卡奇以"渴望与形式"为题评论过此人。——译注

** 卢卡奇:《心灵与形式》,特别版本,新维德和柏林 1971 年第 151 页,原版第 224 页。——译注

绕着被他作为世界挑选出来且被完善的东西所画出的圆，则只不过标明主体的界限，并未标明自身以某种方式是完整的宇宙的界限。幽默家的心灵渴望一种比它能提供给他的生活更真的实体性；所以，他打破了生活脆弱总体的所有形式和界限，为的是找到生活唯一真正的源泉，找到控制世界的纯粹自我。但是，随着客体世界的崩溃，主体也变成了碎片；只有自我仍然存在着。然而，即使他的生存也消逝在自己制造的瓦砾世界的非实体性中。这种主体性想塑造一切，而正因此他也只能反映世界的某个片段。

这就是伟大史诗的主体性之悖论（Paradoxon），即它的“将欲取之，必先舍之”：每一创造主体性都变得富有抒情，而只有单纯接受的主体性才能在谦恭中把自己变成纯粹接纳世界的器官，并能分享对整体的恩赐，即揭示。这就是［但丁］从《新生》（*Vita nuova*）到《神曲》（*Divina comedia*）、［歌德］从《维特》（*Werther*）到《威廉·迈斯特》（*Willhelm Meister*）的飞跃；这就是塞万提斯实现的飞跃，这一飞跃，即使默不作声，也让《堂吉诃德》的世界级幽默闻名于世，而劳伦斯·斯特恩[*]、让·保尔[**]美妙响亮的声音提供的则只不过是对某一纯主观的因而也是有限的、狭隘的和随意的世

* 劳伦斯·斯特恩（Larence Stern，1713—1768），英国感伤主义小说的典型作家，其代表作为《商第传》和《感伤旅行》。在《心灵与形式》中，卢卡奇对他也有所评论，论文题目是“财富、混乱与形式”。——译注

** 让·保尔（Jean Paul，1763—1852），德国小说家，原名约翰·保尔·弗里德里希·里希特尔，其作品在19世纪20年代广为流传，他本人则深受英国小说家劳伦斯·斯特恩的影响。——译注

45

界片段之纯主观反映。这不是什么价值判断，而是一种类规定的先天理性（ein gattungsbestimmendes Apriori）：生活的整体不让先验的中心点在自身中显示出来，也不容许它的某一个细胞提升为其统治者。只有当主体远离每一种生活及其必然一起被设定的经验庄严地处在本质性的最高位置上的时候，当它仅仅是先验综合的载体的时候，它才能够在其结构中包含总体的所有条件，并把其界限变成世界的界限。然而，这样一个主体不可能出现在史诗中：史诗是生活，是内在性，是由经验所得来的认识，而但丁的《天堂篇》（*Paradiso*）则比莎士比亚异常丰富多彩的作品在本质上更贴近生活。

本质领域的综合强力，在戏剧难题的结构总体中越来越大：出自这一难题的必然事物，不管是心灵还是事件，都从它与中心的关系中获得定在；这种统一的内在辩证法，赋予了每一个别现象以同它——视与中心的距离和对问题的重要性而定——相适合的存在；这一难题在此是难以表达的，因为它是整体的具体理念，因为只有所有声音的和谐才能够提高隐藏于其中的内容丰富性。然而，对于生活来说，这一难题是一种抽象；一个人物与难题的关系，绝不能把其全部的丰富生活纳入自身之中，而生活领域的每一个事件都必定以寓意的形式同这一难题相关联。就黑贝尔有理由称之为“戏剧性的”、“心灵亲睦”（Wahlverwandtschaften）而言，歌
46 德的高级艺术也许能够在涉及这一中心难题时斟酌和权衡一切，但是，即使从一开始就被引进这一难题狭窄通道的心灵，在此也不能尽情享受生活，达到真实的定在；即使依据这一难题而被严格限制的行为，也没有完善为一个整体；即使为了填满这个

狭小世界的稀薄外壳，诗人也不得不把一些陌生的基本原则一同引进来，而且，即使这种情况处处都如此成功了，如同布局谋篇上极端节奏的个别情况那样，它也不会得到什么总体性。而《尼贝龙根之歌》(*Nibelungenlied*)* 的“戏剧性”浓缩，则是黑贝尔为了自身(*pro domo*)而产生的一个精彩错误：这是一位伟大诗人的绝望努力，以拯救真正的史诗素材在变化了的世界里崩溃着的史诗统一。布伦希特(Brunhird)的超人形象已经被降低为女人和瓦尔屈勒(Walküre，北欧神话中沃丁神手下的女神)的混合，把懦弱的求婚者贡特尔(Gunther)贬低为不坚定的可疑对象，只有个别的童话主题才把恶龙杀手西格弗里德(Siegfried)保存在骑士形象里。在这里，忠诚和复仇，即哈根(Hagen)和克里姆希尔特(Kriemhild)的难题，自然就得以拯救了。但是，这是一种绝望的、纯艺术的尝试：这是用编排的手段，用构思和组织，去建立一种像赘生物(gewächsmässig)一样已不再有的统一：这是一种绝望的尝

* 《尼贝龙根之歌》是德国古代英雄史诗。大约写于12—13世纪，以中古高地德语写成。史诗的作者无可考，依据诗中叙述的内容推测，似乎是一个骑士出身的奥地利人。全诗分成上下两部：《西格弗里德之死》和《克里姆希尔特的复仇》。共有39歌，计2379节9516行。史诗的上部叙述尼德兰王子、拥有尼贝龙根宝物的西格弗里德向勃艮第的公主克里姆希尔特求婚，之后帮助公主的兄弟勃艮第王骗娶了冰岛女王布伦希特。多年后布伦希特发觉自己被骗，一怒之下唆使自己的手下杀死了西格弗里德，并把尼贝龙根宝物沉入大海。史诗的下部叙述西格弗里德的妻子克里姆希尔特一直在寻找机会为自己死去的丈夫报仇。克里姆希尔特在改嫁给匈奴王埃采尔之后，她邀请自己的兄弟连同他们的侍从赴宴为名，伺机将勃艮第家族的人一网打尽。当年杀死西格弗里德并将宝物沉入大海的人至死也没有说出宝物的下落。这部史诗以民族大迁徙后期匈奴人和勃艮第人的斗争史实为依据。作为古代英雄史诗，《尼贝龙根之歌》具有风格雄浑、感情饱满等特点。史诗的韵体称混合诗体，又称尼贝龙根诗体，独具特色。——译注

试和一种英雄般的失败。因为某种统一也许会实现，但这绝不是一种真正的整体。在没有开头也没有结束的《伊利亚特》的情节中，一个完整的宇宙发展成包容一切的生活；《尼贝龙根之歌》明确编排好的统一，在其从艺术上划分成章节的外表背后，则隐藏着生活和腐烂、宫殿和废墟。

三、史诗与小说

- 作为表达手段的韵文和散文
- 给定的和被放弃的总体
- 客观产物的世界
- 主人公的类型

史诗(Epopöe)和小说,伟大史诗的两种客体形式,并不是按 47
照创作态度,而是按照它们在创作时所发现的历史哲学事实区分开来的。小说是这样一个时代的史诗,对这个时代来说,生活的外延整体不再是显而易见的了,感性的生活内在性(die Lebensimmanenz des Sinnes)已经变成了难题,但这个时代仍有对总体的信念(Gesinnung)。因此,在韵文(Vers)和散文(Prosa)中去寻找唯一起决定作用的、类规定的标志,是肤浅的,而且只是艺术性的。不仅对史诗来说,而且对悲剧来说,韵文都不是最终要素(Konstituens),然而也许是最本真地表现它们真正本质的一种深刻标志,即一种分界线(Scheidewasser)。悲剧韵文是尖锐的和无情的,它使人孤寂,且产生距离。它用主人公整个内心深处的有形寂寞来掩饰他们,除去斗争关系和毁灭关系之外,它不让他们之间出现任何别的关系;在悲剧韵文的抒情中,会发出对征途和结局的绝

望和陶醉声，深渊里不可估量的东西会闪闪发光，在其上方飘荡着这种本质性（Wesenhaftigkeit），然而——散文有时允许做的事情——绝不会在诸人物之间产生纯心灵的人性认同，绝望绝不会成为挽歌，而陶醉绝不会成为对自身提升的渴望，心灵绝不会试图在心理的沾沾自喜中估量其深渊，也不会在自身有深度的镜子里自鸣得意地自我欣赏。正如席勒在给歌德的信中大致所写的那样，戏剧韵文揭示出悲剧创作的一切平庸（Trivialität），它具有一种特殊的尖锐性和难度，在此面前，不可能有什么仅仅类似生活的东西，只能有对戏剧中平庸东西的另一种表达：平庸的态度必定因
48 语言和内容之间的严重对立而受到损害，即使史诗韵文（der epische Verse）也制造一些距离，但在生活领域里，距离意味着一种愉快和轻松，意味着将物和人不相配地维系在一起的枷锁变得轻松些，意味着消除任何一种仅仅在个别幸运时刻才没有的忧郁和沮丧——它们自在自为地与生活密切相关联；据说，正是由于史诗韵文的距离，这些幸运时刻才成为生活的水平。因此，这种韵文的效果在此之所以是相反的，恰恰是因为它的直接后果是一样的：消除平庸和更接近自己的本质。因为对生活的领域来说，对史诗来说，平庸就是艰难，正如对悲剧来说，平庸曾是轻松一样。完全清除所有生活一类的东西，不是关于生活的空洞抽象，而是本质的生成，对此的客观保证只能存在于这些远离生活的形态所获得的坚固性中：只有当这些形态的存在超出同生活的一切比较之外，变得比对充实的每一向往所能希望它的更为充实、更为完满、更加重要时，这些形态的存在才会以真实的明确性显露出悲剧的风格化已经完成；而任何轻松或单调无聊（当然和非生命存在的庸俗概念

无关)都表明,未曾有过标准的悲剧观,在所有心理微妙和抒情细致的个别构思方面,都显示出作品的平庸。

然而,生活的艰难就意味着当代意义的缺失,意味着无法解决地拘泥于无意义的因果联系,在徒劳无益的尘世近处和天堂远处枯萎,意味着必须坚定不移却不能从赤裸裸的、残忍的物质桎梏中解放自己,即生活的最佳内在力量所要征服的永恒目标,用形式的价值概念来说就是平庸。生活的极乐定在总体在优先稳定的和谐中归入了史诗的韵文:神话中涵盖所有生活的前诗歌过程,已经把 49
存在从任何平庸的艰难中解脱出来,而在荷马的韵文中,只有这春天的花蕾正含苞待放。然而,韵文只能稍微推动[花蕾]开放,只能把从一切羁绊中解脱出来的东西用自由的花环装饰起来。如果诗人的行为就是发掘出被掩埋的意义,如果他的主人公必须首先冲破他们的监牢,并首先在艰难的斗争中获得他们盼望摆脱尘世艰难、梦寐以求的自由家园,或者在非常艰难的迷途上探求,那么,韵文的强力就不足以把这种距离——用花地毯来掩盖这一鸿沟——变为可通行的道路。因为伟大史诗的轻松只是历史时刻具体内在的乌托邦,而韵文赋予它所承载的一切东西的形式上的入迷状态,则必然使史诗失去其宏大的客观性和总体性,即使它变成田园诗或抒情小调也是如此。因为伟大史诗的轻松只有真正摆脱压抑人的羁绊才是某种有价值和创造现实的强力。在自由幻想的美好游戏中,或在向着极乐岛——难以在平庸有限的世界地图上找到——的冷静逃亡中,忘记奴役绝不可能写出伟大的史诗。在不再有这种轻松的时代里,韵文将从伟大的史诗中被排除出去,或者它将突然无意识地变成抒情诗。只有散文才能同样有力地包容痛

苦和成功、斗争和殊荣、道路和圣典；只有它不受束缚的灵活性及其无节奏的联系，才能以相同的力量遭遇羁绊和自由，遭遇已有的艰难和争得的轻松——它们属于在发现了的意义上从现在起就内
50 在发光的世界。绝非偶然的是，在塞万提斯的散文中，现实变成了诗，而现实的瓦解则产生了伟大史诗之充满痛苦的轻松；阿里奥斯托*韵文的欢快舞曲仍是一种游戏，一首抒情诗；绝非偶然的是，史诗诗人歌德把他的田园诗写进韵文里，并为小说《威廉·迈斯特》系列小说选择了散文。在有距离的世界上，每一种史诗韵文都变为抒情诗——《唐璜》(*Don Juan*)和《奥涅金》(*Onegin*)的韵文都归入伟大的幽默家之中——，因为在韵文中，所有隐藏起来的东西都显现出来了，而散文谨慎地在艺术上通过逐渐接近意义来加以克服的距离，则赤裸裸地显露出来，受到嘲笑，遭到践踏，或者被视之为韵文在快速浮想中被忘却的梦幻。

尽管但丁的韵文比荷马的韵文显得更抒情，但它其实并不是抒情的：它把民谣语气浓缩并统一成史诗。生活的内在意义(die Immanenz des Lebenssinnes)对但丁的世界来说是当前存在的，然而却在彼岸世界：它是超验者(Transzendente)的内在完美。日常生活世界中的疏远增大到了不可消除的程度，但是，在这个世界的彼岸，每一个迷途者找到了久已等待他的家园；在那里，接受其音调的每一孤独之声期待着由合唱导向和谐，并借助它而成为和

* 阿里奥斯托(L. L. Ariosto，1474—1553)，16世纪意大利的重要诗人，代表作《疯狂的奥兰多》被公认为意大利文艺复兴时期的不朽巨著，无论在内容或形式上都达到了艺术性和精神境界的完美统一。他的喜剧《列娜》、《巫术师》等都是文艺复兴时期喜剧的最早杰作。——译注

谐。完全疏远的世界,在变得明显的意义发出玫瑰色光芒的天空下,向远处扩展,并混乱地聚集成一团,且在任何时刻都是清晰可见和不加掩饰的。彼岸家园的每一个居民都来自这个(完全疏远的)世界,每一个人都因与命运分不开的强力而受到这个世界的束缚;但是,只有当每一个人走完了有意义的路程时,他才认识了这个世界,并通观它的易碎和严酷;每一个人物都在演唱其个别的命运,歌颂孤立的事件,在其中,与它协调一致的东西变得清晰了,这些就是一首舞曲所唱的。如同超验世界结构的总体对每一个个别命运来说,都是先行规定了的、赋予意义和包罗万象的先天理性那样,对这个大厦及其结构和美丽提升中的理解——看看迷途的但 51
丁的伟大经历就知道——,用其从现在起**被揭示出来的意义之统一**遮掩住一切:但丁的认识将个别的东西变成整体的基石,舞曲变为某一史诗的颂歌。但是,此岸世界的意义只有在彼岸世界中才变成显而易见的无疏远,亦成为内在的。在此岸世界里,总体要么是易碎的总体,要么是为人所渴望的总体。沃尔夫拉姆(Wolfram)或高特弗里德(Gottfried)的韵文只不过是他们小说的抒情装饰品,而《尼贝龙根之歌》之民歌性(Balladenhaftigkeit),只能从编排上加以掩饰,但不会完善为涵盖世界的总体。

史诗可从自身出发去塑造完整生活总体的形态,小说则试图以塑造的方式揭示并构建隐蔽的生活总体。对象的给定结构——探求只不过是从主体来看以下一点的表达:无论是客观的生活整体,还是其与主体的关联,都不具有什么不言而喻的自身和谐——表明了对塑造的态度:历史情况自身所承载的一切破裂和险境,都得包括进塑造中去,而不能也不应该用编排的手段加以掩饰。因此，小说中规定形式的基本观念就客体化为小说主人公们的心理状态：他们是探索者。探索的简单事实表明，不管是目标还是道路，都不能直接地被给予，或者说，它们在心理上直接而不可动摇的给定存在，绝不是对真实存在着的关系或伦理必然性的明白认识，而只是一种心灵上的事实，不管是在客体的世界，还是在规范的世界，必定都没有某种东西与这种心灵上的事实相吻合。换言
52 之，这可能就是犯罪或疯狂；尽管已达到的结局在显而易见、毫无希望的迷乱异常明朗时被日常现实衬托得非常鲜明，但把犯罪同肯定的英雄气概、把疯狂同善于生活的智慧区分开来的界限仍然是不确定的、纯心理学上的界限。在这一意义上，史诗和悲剧既不了解犯罪也不了解疯狂。对于它们而言，被诸概念的日常使用称之为犯罪的东西，或者现在根本就不存在，或者无非就是象征性地联结起来的、感觉继续发光的点，在这个点上，心灵同其命运、同其形而上地思乡渴望手段的关系，已变得清晰可见。史诗要么是纯粹的儿童世界，在这里，对确定下来已被接受的规范的逾越必然引起报复的后果，没完没了的冤冤相报，要么史诗是对神让世界上有恶事的完美辩护（Theodizee，或译为神正论），在这里，犯罪和惩罚在末日审判的天平上具有同等的分量。而在悲剧中，犯罪要么是一种虚无，要么是一种象征；它或者只是被技术规律所要求和规定的行动的要素，或者是本质这一边的形式之破碎，是心灵进入自身的入口。对于疯狂，叙事诗一无所知，除非它只是一种非常清晰的超世俗的一般不可理解的语言。对于不成问题的悲剧来说，疯狂可能是结局的象征性表达，对于肉体的死亡或对于在自我性本质之火中烧尽的心灵虽生犹死来说，它具有同样的价值。因为犯罪

和疯狂是先验之无家可归的客体化，是在社会关系的人类秩序中某一行动的无家可归和在超个人的价值体系应有秩序中某一心灵之无家可归的客体化。每一种形式都是对生活的基本不和谐的化解，是一个在其中使无意义取代生活恰当位置的世界，它表现为载体，表现为意义的必要条件。因此，如果说在某一形式中，荒谬的 53
顶峰，即人类深邃而真实的努力落空，或者人类最终一事无成的可能性，不得不作为基本事实被接受下来，且被解释和肢解为自在的荒谬，因此也不得不被承认为不可消除地现存着，那么在这一形式中，虽然有几条河流注入充溢的大海，但是，诸公开目标消失，整个生活最终失去方向，这些仍然一定是所有人物和事件的结构基础，是基本的先天理性。

在目的没有直接给定之处，心灵在自己人化（Menschwerdung）时发现诸产物（die Gebilde）是其在人中间活动的场所和根基，这些产物在超个人的、应有的必然性中失去了其自明性根源；这些产物是一些简单的存在物，也许是有力量的东西，也许是腐朽不堪的东西，然而，它们既不承载绝对者本身的盛典，也不是心灵外溢的内心世界的天然容器。它们形成习俗（Konvention）的世界：即这样一个世界，从其万能威力中仅仅吸取了心灵最深处的东西；这个世界就其看不完的多样性而言，处处都是当前的；这个世界的严格规律性，无论是在变易（Werden）中还是在存在中，对于认识的主体来说，都一定是非常明显的，但是，就所有这种合规律性而言，这个世界的严格规律性既不作为主体求索目标之意义，也不在感性的直接性中作为主体行动中使用的材料呈现出来。这个世界是第二自然；它像第一自然一样，仅仅作为已认识到的、感觉不到的必然性是可规定的，所以就其真正的实体而言也是不可把握和不可认识的。然而，对于诗作来说，只有实体才有生活，而且只有在最内部相互均质的一些实体才会进入相互组合关系充满斗争的联系中。抒情诗可以无视第一自然的现象变易，并从这种忽视的本质力量中创造出实质主体性变化多端的神话：仅仅对于抒情诗来说，才有伟大的瞬间。而
54 在这一瞬间，自然和心灵富有意义的统一或它们充满意义的分离状态，心灵之必然的和被肯定的孤独，就成了永恒的：在抒情的瞬间，心灵最纯洁的内心深处，挣脱无选择逝去的期限，从万物模糊所造成的多样性中突出出来，凝结成实体，而陌生的和不可认识的自然，受内部的驱使，则聚集成完全明亮的象征。但是，只有在抒情的瞬间，心灵和自然之间的这种关系才可产生出来。否则，诗作似乎已僵化在中邪的灵活性中，且只能被抒情的咒语平息为一种富有意义的动荡的安宁，这样，自然就会因其远离感觉而变成诗作之感性符号的别致的杂物间。因为这种抒情瞬间仅仅对抒情诗而言，才是根本性的、可规定形式的；只有在抒情诗中，实体的这种直接闪现才变为对失踪原稿的突然可读；只有在抒情诗中，承载这种经历的主体才变为感觉的唯一载体，即唯一真正的现实。戏剧在处于这一现实彼岸的领域发生，而对于史诗形式来说，主观体验仍保留在主体之中：这种体验成为情绪。而自然——它被剥夺了其异于感觉的独立生命及其充满意义的符号表达力——则成为背景，成为布景，成为伴唱声：自然已失去了自己的独立性，仅仅是用感觉可以把握到的本质者（内心深处）的投影。

人类产物的第二自然，不具有抒情的实体性；它的形式过于僵硬，以致无法适应创造符号的瞬间；它这第二自然的规律在内容上

的表现太确定，以致任何时候都离不开在抒情诗中必然成为短评(Essay)诱因的各要素；然而，这些要素差不多仅仅靠规律的恩赐来生存，这样就完全没有独立于它们的感性生活之亲和力(Vale- 55
nz)，以致没有这些规律，这些要素就一定会瓦解为无。第二自然并不像第一自然那样是无声的、彰显的和无感知的；它是僵化了的、变得陌生的、不再能唤醒内心活动的感觉综合体；它是腐朽了的内心活动的一个陈尸所(Schädelstätte)，因此——如果可能的话——只有通过心灵再次苏醒的形而上行动才能唤醒它，因为心灵曾在第二自然早期的或应有的生活中创造或保存了这一自然，而其他内心活动都绝不能把它唤醒。第二自然与心灵所追求的东西太近似了，以致没有被心灵仅仅当作情绪的原材料来对待；但是它也太陌生了，以致难以成为心灵的适当表现。这第二自然面对第一自然的陌生，即现代感伤的自然感情，只是这样一种经历——人们自己所创造的环境，对人来说不再是一所出生成长的祖宅，而是一座牢狱——的投影。只要人为人制造出来的诸种产物确实适合于人，它们就是人所必要的唯一家园；而在人心目中就不会产生这样一种渴望，即自己把自然作为寻求和发现的对象来设定和体验。第一自然，即作为纯认识的有规律的自然和作为为纯感情带来安慰的自然，只不过是人与其产物之间异化的历史哲学之客体化。如果这些产物的心灵的东西不能再直接成为心灵，如果这些产物不再仅仅像每一瞬间都能回归心灵深处的凝聚和堆积那样显现出来，那么，它们为了能够持久存在，就必定获得一种无选择地、盲目地和无例外地统治人们的强力。人们可以把认识奴役他们的强力称之为规律，而对于认识来说，他们对规律无限强力和所有领

域的绝望情绪，将在对规律的理解中变成一种远离人的和不可改
56 变的永恒必然性之庄严而崇高的逻辑性(Logizität)。诸规律的自然和诸情绪的自然，都来源于心灵的同一个地方：它们以不可能达到有充分意义的实体为先决条件，不可能为基本主体找到某种适当的基本客体。在对自然的体验中，仅仅真实的主体就能把整个外部世界融化在情绪里，而且，不管静观的主体是否在本质上同其客体无情一致，他自身也将变成为情绪；而仅仅想认识一个从意愿和希望中变得纯粹的世界，这一点正在把主体变成非主体的、构成性的和已构成的认识功能化身。事情必然会这样。因为，只有当伦理的主体从内部行动时，这主体才是基本的；因为只有当主体(伦理的主体)从内部行动时，它才是构成性的(基本的)；只有当主体行动的场所、他行动的标准客体由纯伦理的素材来赋予形式时，即如果权利和风俗习惯与德行是一致的，如果必须放进人造形成物中借以来行动的心灵，并不多于在行动上会从其中摆脱出来的心灵，那么，主体才不必沉迷于规律和情绪。在这样一个世界里，心灵并没有试图去认识规律，因为心灵本身就是人在其经受考验的每一物质材料中的规律，他将看到同一种心灵的同一种面貌。在他看来，它将像一种小题大做和多余游戏一样呈现出来，通过主体激发情绪的力量来克服对非人环境的陌生：人所考虑的世界是心灵作为人、上帝或精灵(Dämon)所归宿的世界；在这个世界里，心灵发现了必要的一切东西，它不需要什么东西从自身中创造出来，或使之活跃起来，因为心灵生存就是竭尽所能去发现、收集和赋形直接给予自己心灵的近似者。

57 史诗中的个人，小说的英雄，产生于对外部世界的陌生。只要

世界内部是同类的，人们相互之间也就没有质的不同：也许有英雄和坏蛋、虔诚者和罪人，但是，最伟大的英雄也仅仅比一群同类人略胜一筹，而最聪明者的庄严言辞本身也能为愚笨之人所了解。只有当人们之间的区别成为不可逾越的鸿沟时，只有当诸神缄默不语（而无论是献祭品还是心醉神迷都不能搞清楚它们秘密的话语）时，只有当行为领域使自己与人们分离开来（并且因为这种独立而变得空洞，不能把诸行为的真实意义吸收进自身，不能借助行为而变成符号，并把它们融化在符号里）时，也就是说，当内心和冒险永远相互分离开来时，内心深处的私人生活才是可能和必然的。

严格地说，史诗中的英雄绝不是一个个人。这一点自古以来就被看作为史诗的本质标志，以致史诗的对象并不是个人的命运，而是共同体（Gemeinschaft）的命运。因为价值体系规定史诗的领域，所以这价值体系的完善和完整就有理由创造一种过于有机的整体，以致其中某一部分就无法如此远地与自身相分离，无法如此强烈地依赖自身，使表现为内心深处的东西变成人格。伦理的无限威力，可将每一个心灵都设定为自身特有的和无可比拟的，但这个世界对此威力还是感到陌生和遥远。如果作为生活的生活在自身中发现一种内在的意义，那么有机关系的范畴就是规定一切的范畴：个体的结构和外貌产生于部分和整体相互制约中的平衡，而不是产生于迷路的孤独个人挑战性地反思自身。所以，在这样一个完整的世界里，某一事件能够获得的重要意义，始终是一种量上 58
的重要意义：这种事件在其中象征性地所显示出来的一系列冒险，获得了自己重要的分量，而这些冒险对于一个伟大有机的生命综合体、一个民族或家族（Geschlecht）的幸福和痛苦来说，也具有同

样的重要性。由此可见，史诗中的主人公们必定都是国王，这一点是与悲剧的相同要求有所不同的原因，尽管在形式上是一样的原因。在悲剧中，这种要求仅仅产生于把所有琐碎的生活因果性从命运存在论的途径中清除掉的必然性：因为，社会的首脑人物是唯一的，其内心的冲突，在保持象征性生存的感性假象时，仅仅从悲剧性的难题中产生出来；因为，只有这种首脑人物才能在其外部的表现形态中具有孤独意义的必要气氛。在悲剧中曾是象征的东西，在史诗中就成了现实：某一命运同某个整体联系起来的重要性。在悲剧中，世界的命运曾只是一些必要的零数，这必要的零数现在加到 1 的后面，就把 1 变成了 100 万。在这里，这世界的命运赋予事件以内容的东西；而对这一命运的承载，并不为其承载者造成什么孤独，宁可说，是用难以解开的绳索，把这承载者与其命运在其生活中所改造成的共同体联系起来。

共同体是一个有机的——因此自身是充满意义的——具体总体：所以，某一史诗中的大量冒险，始终被划分成各个部分，而又绝不是严格自我圆满的：共同体是一群内心有着无限丰富生活的人，这些人有相同或类似的人们作为兄弟或邻居。荷马史诗从事件过程的中间部分开始，也不以事件的终局来结束，其原因就在于真正的史诗观念对任何艺术作品结构都采取有理由的无所谓态度，而大批外来素材的引入——如同《尼贝龙根之歌》中的狄特里希·封·伯尔恩*那样——将不会打破这一平衡：因为在史诗中，所有的人

---

* 狄特里希·封·伯尔恩（Dietrich von Bern）是日耳曼传说中的英雄。在公元 6 世纪前后收集整理的德国南部歌谣集《英雄集》中，有一些歌颂其功绩的诗篇。——译注

都有他们自己的生活，并从自己的内部意义中创造出自己的完善。59 外来的东西在这里可以平静地与中心的东西联系起来，具体事物相互之间的简单接触就产生出具体的关系，而外来的东西将由于其前景的遥远和未展开的丰富多彩而不会危害这种统一性，但仍具有有机生活的明晰性。但丁是唯一的伟大范例，在他那儿，艺术作品的结构明显胜过有机关系：所以这就是历史哲学上从纯粹的史诗到小说的一种过渡。这种过渡还具有真正史诗完美的内在无距离感和完整性，但它的人物已经是一些个人，这些个人有意识地和精力充沛地同他们所面对的闭塞现实相对抗，并在这种对抗中成为真正的人物。即使但丁总体的构思原则也是一种系统的原则，这一原则消除了史诗局部有机统一体之独立性，并把这种局部有机统一体变成按等级排列的真正组成部分。当然，这些人物的个性在次要人物形象那里比在主人公那里遇到的要多一些，而这种倾向的强度则在接近边缘时随着远离目标而增大；每一局部统一体都保持着自己抒情的独立生活，这是古代史诗不知道且不可能知道的一种类型。史诗和小说的诸先决条件的这种结合及其向着史诗的综合，是以但丁世界的二重世界结构为依据的：生活和意义在此岸世界的分裂状态，将被目前所体会的超验中生活和意义的某种一致（Zusammenfallen）所超越和扬弃：但丁把充满要求的等级制同古代史诗中无要求的有机关系对立起来，同样，他而且只有他，可以没有主人公显而易见的崇高社会地位以及参与决定共同体的命运，因为他的主人公的经历就是人类命运本身的象征性统一。

四、小说的内部形式

- 小说的基本抽象特征和由此产生的危险
- 小说本质的过程性
- 作为形式原则的讽刺
- 小说世界的偶然结构和传记形式
- 小说世界的可表述性及其表述手段
- 小说的内部范围

60 但丁世界的总体是概念的可见系统的总体。正是系统中概念本身及其等级秩序的这种感觉的物性和实体性，才有可能将完整形式和总体变成基本的和不太有规则的结构类型；穿越整体的进程可能就是一种充满紧张、然而却愉快又安全的旅行，而不是一种去探索目标的漫游；这使史诗有可能在历史哲学境况迫使诸难题已经明确显现小说界限的地方产生出来。小说的总体仅仅使自身抽象地系统化，所以，在这里可以达到的系统——在有机关系最终消失之后完整总体的唯一可能形式——只能是一些抽象概念的系统，并未直接考虑审美塑造。当然，这种抽象的系统正是一切事物所依据的最后基础，然而在已有的和所塑造的现实中，只有其与具体生活的距离，作为客观世界的风俗和主观世界过于紧张的精神生活，才变得显而易见。这样，在黑格尔的意义上，小说的诸要素就完全是抽象的；谋求乌托邦的完美，仅仅感到自身和这种完美的要求是真正的现实，这种渴望是抽象的；诸产物仅仅以持久存在的现实和强力作为基础的定在是抽象的；而进行塑造的信念则让两组抽象塑造要素之间的距离不被消除地持久存在下去，使这一距离不被克服地感性化为小说中人物的经历，并使之变为这两组抽象塑造要素的结合，从而成为艺术作品编排的工具。我们已经认
识到从小说这种抽象的基本性质中产生的危险：转变为抒情诗或 61
戏剧，或者把总体压缩为田园诗，或者最终降低到纯粹消遣性读物的水平上。只有把世界未变得完整的东西、易破碎的东西和超越自身指向外部的东西，有意识地和坚定不移地设定为最后的现实，只有用这种方法，上述危险才能加以消除。

每一种艺术形式都是由生活中形而上的不和谐来规定的，它把这种不和谐作为一种自身内完美的总体基础来加以肯定和塑造：由此产生的世界的情绪特性、人和事件的氛围都是由威胁着形式的危险所决定的，从这种危险中尚未产生出完全化解了的不和谐。小说形式的不和谐、内在意义无需进入经验生活，就提出了一个形式难题，这种难题的表面性质比其他一些艺术形式的表面性质要模糊得多，因为它有这种表面上的内容性质，所以这种形式难题就需要伦理力量和审美力量共同起作用，这种作用也许比它在明显纯粹的形式难题那里的情况更为特别和明确。与史诗的单纯天真相反，小说是成熟男性的艺术形式；生活方面的戏剧形式则处于那种人生——即使被理解为先天的类型，被理解为标准状态——之外。小说是成熟男性的艺术形式，这意味着，小说世界的

构成，客观地看是一些非完美的东西，从主观体验上来看则是一种放弃。所以，引起这种塑造的危险是一种双重危险：这种危险现在就有，要么世界的破碎明显地显露出来，且形式上所要求的内在意义也在扬弃中暴露出来，而放弃则突变为令人痛苦的绝望，要么，人们所知道的渴望太强烈了，所以不和谐就在被消解、被肯定并隐
62 藏在小说形式中，被引诱至匆忙结束——它使形式融化进不同类的异质性里，因为破碎只是表面上被掩盖，但并不能被消除，因此，打碎内容贫乏的关联，作为未加工的原材料也必定变得显而易见。然而在这两种情况下，这产物仍旧是抽象的：小说抽象基础的形式化是抽象概念自我明了的结果；形式上所要求的内在意义恰恰产生于对缺少内在意义的毫无顾忌的彻底揭示。

艺术——在与生活的关系中——始终是一种[来自生活]又[高于生活的东西](Trotzdem)；对艺术形式的创造是应加以思考的不和谐定在的最强有力证明。然而，在每一种别的形式中，由于现在已明显的原因也在史诗中，对不和谐的肯定是发生在赋形之前的事情，另一方面，对于小说来说，这种肯定则是形式本身。所以在这里，伦理学和美学的关系在赋形过程中不同于其他诗作类型中的另一种关系。在小说中，伦理学是一种纯形式上的前提，这种前提由于其深度而有可能进入决定形式的本质，由于其广度而使同样决定形式的总体得以可能形成，并由于其包罗万象而使构成要素的平衡——为此，公正只是纯粹伦理学语言中的一种表达——得以实现。在小说里，每一细节塑造中的伦理信念是显而易见的，因此，伦理信念最具体的内容是诗作本身一种有效的结构要素。这样，与其他[文学]类型在完成了的形式中静止着的存在

相反，小说表现为某种形成着的东西，表现为一种过程。所以，它是最成问题的艺术形式，并被许多人由于把“困难”和“成问题”等量齐观而视为半艺术。就小说的迷人外表来看，这种说法是有道理的，因为，只有小说才具有讽刺浪漫的性质，所有非本质讲究形式的东西（几乎直至搞错）都与它相似；消遣读物都显示出小说所有的外部特征，然而，就其本质而言，消遣读物与虚无相连，并在虚无的基础上确切地构思出来，也就是说，它是完全无意义的。所 63
以，一方面，在已完成的存在形式中，这样一些讽刺漫画是不可能的，因为赋形艺术之外的东西片刻也不能被掩饰起来，另一方面，在小说中，表面上几乎弄混淆都是可能的；这是因为有约束性和赋形效力的理念具有调节、隐蔽的性质，因为空无内容的激动感人与某一过程有——表面上的——亲缘关系，而这一过程的终极内容则是不可理性化的。但是，这种近似的情况必须在任何具体情况下，在每一准确的目光面前作为讽刺漫画显露出来，而即使针对小说真正的艺术本性，从不同方面取来的诸种证明也只具有公理的外表。这不仅因为小说在标准上的不圆满和困难，小说是在历史哲学上真正产生的一种形式，并作为其合法性的标志触及其根基：即当代精神的真正状况，而且因为，小说的过程性仅仅在内容上排除了封闭性，然而作为形式又体现着变易和存在的一种必然波动的平衡，作为生成的理念将变成一种状态，并因此在变化中把自身扬弃为生成的标准存在：“行程已开始，旅行将圆满结束。”

所以，这种“半艺术”就规定了一种比诸“完整形式”更严格和更不会出错的艺术规则，而这些规则越按其本质是不可定义的和不可表达的，也就越具有约束力：它们是一些节奏得当的规则。节奏和欣赏，自在自为的次要范畴，完全属于纯粹的生活领域，它们自身虽然对一种本质上属伦理的世界来说是无关紧要的，但它们在小说中却获得巨大而基本的重要意义：单单由于此，主观性从小说总体开始至结束都能够保持在平衡中，把自身设定为史诗上标
64 准的客观性，并因此克服抽象性，即这种形式的危险。因为这种危险也可以这样来表达：哪里伦理在内容上不是作为纯粹的先天形式必须承载某一种形式结构，而且哪里不像在史诗时代那样，在诸产物中已经有了作为内部生活要素的伦理及其行动基础之间的某种巧合，或至少其间已有了某种明确的相互接近，哪里就有这样一种危险，就是说，不是生活的总体，而是同一总体的主观方面，即由伟大的史诗所要求的观念，将模糊地甚或破坏性地被塑造为可接受的客观性。这种危险是不可回避的，只是必须从内部加以克服。因为，如果这种主观性仍旧表达不出来，或者，如果它变成趋向客观性的意志，它就没有被消除：这种隐瞒和追求，比起明确意识到的主观性之公开显现，更加主观，所以在黑格尔的意义上，也更为抽象。

主观性的自我认识及其自我扬弃，被小说的第一批理论家，即早期浪漫派的美学家们，称为讽刺（Ironie，或译为反讽）。这种讽刺，作为小说形式的正式构成要素（formelles Konstituens），意味着标准诗作的主体在内部分裂为某种主观性（内心）——它与一系列异己的（fremd）强力相对立，并致力于给异己的世界留下其渴望内容的痕迹——和另一种主观性——它看清了相互异己的主客体世界的抽象性以及局限性，在其被把握为其生存之必要性和条件的界限内理解这些抽象性和局限性，并由于这种看清，虽然让世

界的二元性得以持久存在，但同时也在本质相互不同的要素的相互制约性中，看到并塑造出一个统一的世界。然而，这种统一是一种纯粹形式上的统一；内心深处和外部世界的诸异己性和敌对性是扬弃不了的，而仅仅被看作是必然的，而且有这种认识的主体， 65
正如变成其客体的那些领域一样，是一种囿于这些领域并在内心有局限性的经验主体。这就使讽刺失去任何一种冷静而抽象的优越性，这种优越性把客观形式压缩为主观形式，即讽刺作品，并把总体压缩为一个方面，因为它迫使观察和创造的主体把他对世界的认识运用于自身，正像他的创造物一样，把自身视为自由讽刺的自由客体，简言之，变为纯接受的主体，变为为伟大史诗作出了规范规定的主体。

［小说的］这种讽刺，是［世界］脆弱性（Brüchigkeit）的自我修正：这里将从许多侧面把所有东西看作为孤立的东西和联系着的东西，价值的承载者和无价值、抽象的隔离和最具体的私人生活，停滞和繁荣，造成痛苦者和痛苦本身。

我们在新质的基础上又获得了一种生活观点，即把诸部分的相对独立与其受整体的限制不可分地联系起来。只是诸部分尽管有这种联系，绝不会失去其无情抽象的自我依赖，而其与总体的关系则是一种虽然最可能接近有机的、却一再被取消的概念上的关系，而不是什么真实产生出来的有机关系（Organik）。从编排上看，这导致了以下结果，即人们及其一系列行动虽然具有真正史诗素材的无限性，但其结构在本质上却不同于史诗。小说素材的这种严格概念上的假有机关系在其中所表现的结构差异，是同质的有机稳定性（homoge-organische Stetigkeit）和异质的偶然离散性

(heteroges-kontingentes Diskretum)之间的差异。由于这种偶然
66 性，相对独立的部分比史诗的部分要独立一些，自身要完善一些，并因此要通过超越其简单生存的手段来适应整体，以便不破坏这一整体。有别于史诗中的情况，[小说中]相对独立的部分必定具有一种严格的、编排—结构上的重要意义，不管像《堂吉诃德》的故事那样是对难题的反照，还是把隐蔽的、然而对结局有决定性意义的动机作为插入的序言，——像《一个美丽心灵的忏悔》中那样——都是如此；然而，[小说]相对独立部分绝没有由于其简单的定在而具有存在理由。当然，仅仅在编排上结合在一起的诸部分离散的私人生活这种可能性，仅仅作为征兆是有重要意义的，因为在其中，小说总体的结构最明显地变得一目了然，就自身而言完全未必然的是，每一部典范小说都显示出其结构的这种前后一致；而尝试通过在结构上仅仅坚持其这种特征来克服小说形式的困难，甚至必定会导致矫揉造作，导致过分明确的编排，就像浪漫派和保罗·恩斯特*的第一部小说那样。

因为对于偶然性来说，这仅仅是一种征兆；它仅仅使这样一种事态清晰起来，这种事态必然始终到处都存在，然而，却被艺术讽刺的编排节奏及其某种一再被揭示的有机关系之映像所掩盖：小说的外在形式基本上是一种传记形式。在生活始终不需要的概念体系和绝不能达到其内在乌托邦完美静止的生活综合体之间，波动只能在传记所追求的有机关系中客观化。有机关系是整个存在支配一切的范畴，对于所处世界的这种情况来说，如果人们想使生

---

* 保罗·恩斯特(Paul Ernst，1866—1933)，德国诗人、小品文作家、小说家和戏剧家。他反对艺术中的自然主义，要求转向古典主义，对青年卢卡奇的影响很大，卢卡奇曾在《心灵与形式》中的“悲剧的形而上学”一文中专门论述过他的创作。——译注

命的个性在其局限性中成为风格化的出发点和塑造的中心点，那 67
么有机关系将正好显得是对其有机性质的一种愚蠢压制。而对于诸基本系统的远古年代来说，某种个体生命的典范意义只是一个例子：如果这样一种计划确实会出现的话，那么把它表述为价值的承担者而不是价值的基础，想必就会成为可笑的自大。在传记形式中，个别者，即被塑造的个人，就具有这样一种自重，这种自重对于生活的全面控制来说显得太难了，而对于这种系统的全面控制来说似乎又太容易了；[个人]孤立的程度，对于孤立来说显得太大了，对于全面控制来说好像又无关紧要；这涉及由个人所承载和实现的理想的关系，这种关系对于后者来说显得太强了，而对于前者来说似乎又勉强地处于从属地位。在传记形式中，无论是对于直接的生活统一还是对于囊括一切的系统结构设计，无法达到的感伤追求都达到了安静和平衡，被变成了存在。因为传记的中心人物仅只由于其与高于他的理想世界的关系才有意义，然而，人物唯有通过其个人生活并通过体验的作用才会变成现实。这样，在传记形式中，从两种未实现的且在孤立状态下不可能实现的生活领域的平衡中，才产生出一种新的、独特的、就自身而言——尽管是自相矛盾的——是完美无缺的和充满内在意义的生活：难以解决的个人生活。

偶然的世界和成问题的个人是相互制约的现实。如果个人不成问题，那么他的目标就是直接自明的，而世界——这个世界的建造已实现了同一些现实的目标——就其实现来说，只会给他造成困难和障碍，但绝不会有内心的严重危险。只有当环境不再根据
诸理念来建设并在人身上变成主观的心灵事实，即变成理想的时 68

候，这种危险才会发生。由于把诸理念设定为不可达到的东西和——在经验的意义上——非现实的东西，由于把诸理念变为理想的东西，那么，个体性之直接的、不成问题的有机关系就被破坏了。个体性本身变成了目的，因为它发现，对它来说是本质的、使它的生活变成本真生活的东西，在自身中并不是生活的财富和基础，而是应予以寻求的东西。不过，个人的环境只是形式同一——它们为个人内心世界奠定基础——而内容上有别的根基和材料：存在着的现实和应有的理想之间出现了不可逾越的鸿沟，也就是说，结构上的差别与不同的素材相适应，必然构成外部世界的本质。这种差别最清楚地表现在理想的纯否定性上。一方面，在心灵的主观世界正像心灵的其他现实一样，理想是本乡本土的，尽管它在其水平上显得降低到体验的水平上，并因此会显得是直接的，且在内容上也是真实的，另一方面，在人的环境中，现实和理想之间的鸿沟，仅仅出现在理想的缺失以及由此引起的对纯粹现实的内在自我批判中：由于缺乏内在理想，这种鸿沟出现在对纯粹现实的无意义的自我揭露中。

这种自我毁灭的现象形式，就其简单的已有存在而言，是一种完全思想上的辩证法，而不是富有诗意—感性的直接自明性，这种现象形式是一种二重现象形式。第一，缺少内心与其行动基础之间的协调一致——内心越真实，其源泉越接近在心灵中成了理想的存在理念，这种缺少必定日趋明显。第二，这个世界不能在其对
69 理想的陌生敌视中，面对内心而真正完善起来；它既不能为作为为整体的自身找到总体形式，也不能为与整体要素的关系以及整体要素相互之间的关系找到关联的形式。换言之，这个世界是不可

表述的。无论是这样一个外部世界的诸部分还是其整体，都摆脱了直接感性塑造的诸形式。只有当这些形式可以与在其中迷途的人们的内心体验联系起来，或者与作家所表述的主观性具有观察—创造性的洞察力联系起来，只有当它们成了情绪或反思的对象时，它们才能获得某种生命。这一点就是浪漫派对小说提出要求的形式上的原因和富有诗意的辩解，认为小说应该把所有形式都纳入融合于自身的纯粹抒情中，并把纯粹思想纳入其结构中。正是为了史诗的重要意义和感性的亲和力起见，这种现实的离散性质才自相矛盾地要求将本质上完全不同的一些要素(就本身而言，部分是史诗，部分是诗作)包括在内。而这些要素的作用并不限于在其他情况下赋予平淡的和非本质的个别事件以抒情气氛和概念上的重要意义，只有在这些要素中，整体把一切都集合在一起的最后基础才会变得显而易见：构建总体的调控理念系统。归根结底，外部世界的离散结构真的以这样一点为基础，即理念系统面对现实只有一种起调节作用的强力。理念不能进入现实的内部，这一点使这种现实成为异质的离散体，并从同一种关联中创造出现实要素对与理念体系密切相联系的需要，这种需要比在但丁世界中的情况更为迫切。在但丁的世界里，每一现象的生命和意义是通过分派其在世界结构中的位置而直接赋予的，如同在荷马有机世界中
生命和意义在每一生活现象中以完美内在性被回忆起来一样。 70

小说内部形式被理解的那种过程是成问题的个人走向自身的历程，是从模糊地受单纯现存的、自身异质的、对个人无意义的现实之束缚到有明晰自我认识的历程。在获得这种自我认识之后，找到的理想虽然作为生活的意义似乎进入了生活之中，但是存在

和应然的分裂仍是扬弃不了的，而且也不可能在这一点发生的领域，即在小说的生活领域被扬弃；只有人最大限度地接近、即深刻而努力地仔细研究其生活的意义才可以达到[这种扬弃]。[小说]在形式上所要求的内在意义，将由人的体验来给予，而对意义的这种单纯一瞥就是生活所能提供的最高级的东西，就是值得整个生活投入的唯一事物，也就是这一斗争值得为之奋斗的唯一事物。这一过程包括了人类生活及其规范内容，一个人自我认识的道路，同时他的方向和范围也是给定了的。这一过程的内部形式及其最适当的塑造可能性，即传记形式，最清晰地表明了小说素材离散无限性和史诗素材连续无限性之间的重大区别。小说的无限性具有一种简单的无限性，因此为了成为形式就需要界限，而纯史诗素材的无限性则是一种有机的、自身承载价值和强调价值的内部无限性，史诗的无限性设定自己的界限本身，并从内部设定出来。对于这些界限来说，范围的外部无限性几乎是无所谓的，它只是一种后
71 果，至多是一种征兆。传记形式则为了小说去克服坏的无限性：一方面，世界的范围受到主人公可能有的体验范围的限制，而大量体验则在自我认识中通过主人公的成长过程朝着发现生活意义的方向组织起来；另一方面，孤立的人、非感性的产物和毫无意义事件的离散—异质的群体，则通过每一个个别人与中心人物和由其生活历程象征性地表现出来的生活难题联系起来而得到统一的划分。

小说世界是由充满小说内容的过程之开端和结尾来规定的，小说的开端和结尾由此成为一条清楚测量过的道路在意义上被强调的里程碑。尽管自在自为的小说不受生活的自然开端和结尾即

生与死的束缚，但它仍正好通过它开始投入和停止的那个点，指明了被难题所决定的、唯一本质的片段，接触到的此前和此后的所有事物仅仅处于远景的摹写中和与难题的纯粹联系中，它仍倾向于展开对它来说是本质的生活过程中的史诗总体。这种生活的开端和结尾并不与人类生活的开端和结尾相一致，这一点表明了传记形式按理念来确定方向的性质：一个人的发展是一条与整个世界相联系的线索，通过这条线索，世界被展开，然而，生活获得重要性，仅仅是由于它是理念和体验理想的那种系统——它起着调节作用，并规定着小说的内部世界和外部世界——的典型代表。当威廉·迈斯特（Wilhelm Meister）的诗作生活从日益严重的危机及其现有的生活状况扩展至发现本质上对他合适的终身职业时，这种传记塑造就像彭托皮丹（Pontoppidan）小说的生活历程——它从第一次重要的童年经历延续到主人公之死——一样，遵循着
同一类原则。而在所有情况下，这种风格化与史诗的风格化是截 72
然不同的：在史诗中，中心人物及其主要冒险者都是自在自为组织起来的一群人，以致对于他们来说，开端和结尾都意味着某种完全不同的东西和本质上不重要的东西：开端和结尾是高度紧张的时刻，类似于构成整体高潮的其他时刻，而这些时刻仅仅意味着高度紧张的开端或其解除。在小说里，像各处一样，但丁由于致力于将小说的塑造原则重新转回到史诗而占据着一个特有的地位。在他那里，开端和结尾是基本生活的抉择，而作为赋予意义的、并具有重要意义的一切事物，则发生在它们之间；在开端之前，曾有一种不可拯救的混乱，在结尾之后，则不会威胁到拯救可靠性。但是，开端和结尾所包括的事物，正好摆脱变化过程的传记范畴：这是入

迷状态永恒存在的生成；而对于小说形式来说，可以把握和可以塑造的东西，则被这种体验的全能意义判定为绝对的非本质性。小说在开端和结尾之间包括了其总体的本质，并以此把一个人提高到无限的高度，这种个人通过其体验必定会创造一个整体的世界，并使被创造的事物得以保持平衡；史诗中的个人绝不会达到这样一种高度，即使但丁史诗中的个人也达不到，因为这种个人将他这种意义归之于给予他的恩惠，而不是归之于他的纯粹个性。然而，由于这同一种结局，个人就成为一种单纯工具，这种工具的中心地位则因其适合于指明世界的某种疑难问题而产生。

五、小说在历史哲学上的局限性和意义

- 小说的信念
- 魔力
- 小说的历史哲学地位
- 作为神秘主义的讽刺

小说创作就是把异质的和离散的一些成分奇特地融合成一种 73
一再被宣布废除的有机关系。诸抽象成分的凝聚关系就抽象的纯粹性而言是形式上的关系:因此,最终的结合原则必定是创造性的主观性在内容上变得明晰的伦理。然而,因为这种伦理必须扬弃它自身,以便史诗创造者能实现其标准客观性;又因为这种伦理绝不能完全看透小说所塑造的客体,所以绝不能完全摆脱自己的主观性,并作为客观世界的内在意义而显现出来。所以,为了达到创作节奏的平衡,小说本身就需要一种由内容所决定的、伦理上的自我修正。这两种伦理复合体的相互作用,它们在形式上的二元性及其在赋形中的统一,就是小说的讽刺内容,即标准信念的内容,这种标准信念由于其现实情况的结构而注定具有最大的复杂性。对于其中理念被塑造为现实的每一形式而言,理念的命运在现实

中无需成为辩证反思的对象。理念和现实之间的关系可用纯感觉的塑造手段来处理，这样，在两者之间就不会有什么必须用作家自觉显露出来的智慧来加以填充的虚空。因此，这种智慧在塑造之前就能将自己隐藏在形式之后，而不必被迫在创作本身中扬弃自己。因为创造性个体的反思，即作家在内容上的伦理，是二重性的：创造性个体的反思首先朝向适宜于生活中理想的命运反思性
74 塑造，朝向这种命运关联的事实性和对其现实性之评价考察。然而，这种反思又一次成为深思的对象：它自身只是一种理想，某种主观的东西，单纯假设的东西。它也将面临一种存在于它不熟悉的现实中的命运，但是这种命运这次必须予以纯粹的反思，必须在叙述者中持续地被塑造出来。

这种对反思的需要，是每一部真正的伟大小说之最深沉的忧郁。作者的质朴性——这只是对纯粹深思之最内在的非艺术东西的一种肯定表达——在这里经受了暴力压迫，被歪曲为相反的东西；而在这方面，拼死获得的平衡，相互扬弃的反思自由波动的均衡，即第二种质朴性，小说作家的客观性只是一种形式上的代用品：这种客观性使塑造得以可能并包含形式，但是，这种包含本身的方式同意味深长的系统一起指向那必定带来的牺牲，指向永远失去的天堂，这天堂被人寻找过，然而并未找到，而对天堂徒劳的探寻和听天由命的放弃，则已使形式完善起来。小说是成熟男子气概的形式：小说作者已失去一切诗作光辉灿烂的青春信仰，即“命运和情感是一个概念的两个名字”（诺瓦利斯）；而他越是痛苦和深入地感到有必要把每一诗作的这种最本质的信条作为要求呈

现给生活，他就越必须痛苦和深入地学会理解：信条只是一种要求，而不是一种起作用的现实。而这种洞见，他的讽刺，既指向他的主人公们——他们在必不可少的诗意般的青年时代里，毁灭于这种信仰的实现——，也指向自己的智慧，这种智慧被迫看清这种斗争的徒劳无益和现实的最终胜利。是啊，讽刺在两个方向上都增强了。它不仅把这一斗争的深深无望包括进去，而且也把放弃斗争的更深的绝望包括进去；这是为了掌控现实起见，做作地适应异于理想的世界，但却遭到了可怜的失败。而讽 75
刺由于把现实塑造为胜利者，就不仅在被战胜者面前把现实的虚无性揭穿，不仅揭穿现实的胜利绝不会是最终的胜利，并会将一再地为理念新的反抗所动摇，而且也揭示了，世界把现实的优势不是归因于自己的力量——它的粗野、毫无方向不足以做到这一点——而是归因于有理想负担的心灵之内部的、尽管是必然的困难。

成人状态的忧郁产生于内心分裂的体验，即青年人对负有职责的内心呼声的绝对信任已经消失或减弱，然而我们不可能从人们现在容易教会的权势欲所热衷的外部世界，偷听到某种明确指明方向和规定目标的声音。年轻的主人公们在其路途中为神灵所指引：不管路途的尽头预示着的是没落的余晖，还是成功的幸福，或是二者兼而有之，他们都绝不独自前行，他们总是被引领着。所以，他们在行程中非常安全；他们可能因被所有的人抛弃在一个孤岛上而悲泣，他们可能在完全盲目的迷途中踉跄着走向地狱之门，然而，安全的气氛始终环绕着他们；神灵为主人公指明道路，并在路途上行走在主人公的前面。

被驱逐的神灵和尚未取得统治地位的神灵，变成为精灵(Dämonen)*：他们的强力起着作用，且生气勃勃，然而，这种强力不再穿透这个世界或者还不这么做：世界获得了意义联系和因果联系，这种联系对于变成了精灵的神灵之生气勃勃的有效力量来说是无法理解的，而从精灵的注视点来看，神灵的作为显得毫无意义。但是，神灵起作用的力量仍然没有被消除，因为它是不可被扬
76 弃的，因为新神灵的存在是由旧神灵的消失而产生出来的；而由于这一原因，这一神灵——在唯一本质的、形而上学的存在领域里——像另一神灵一样，拥有现实的亲和力。歌德这样评论过[精灵的]魔力(Dämonische)，“它不是神性的”，“因为它似乎没有理性；它不是人性的，因为它没有悟性；它不是恶魔性的，因为它是善意的；它不具有天使的性质，因为它常常使人觉得它幸灾乐祸。它与偶然相似，因为它显不出什么联系；它与天意相似，因为它指明相互联系。它似乎可以穿透限制我们的一切；它像是可以任意处理我们生活的必要部分；它把时间集中起来，又使空间展开。它像是只有在不可能者中才喜欢自己，又蔑视地抛弃可能者。”**

* Dämonen 这个词一般译为魔鬼、恶鬼，但歌德在《浮士德》中使用的 Dämon 这个词所取的显然是其积极意义，指施展好影响的小神。所以在 1831 年 3 月 2 日的谈话中，歌德说：“精灵(Dämon)是知解力和理性都无法解释的。我的本性中并没有精灵，但要受制于精灵。……(《浮士德》中的)那个恶魔太消极了，不能具有精灵，精灵只显现于完全积极的行动中。”(爱克曼辑录：《歌德谈话录》，朱光潜译，人民文学出版社 1978 年版，第 231—232 页)根据卢卡奇在序言中的说明，将这里的 Dämon 译成“精灵”，也可参见随后下文中歌德对“精灵”的魔力之说明。dämonisch 译为“恶魔的”、“有魔力的”、“精灵性的”、“无法驾驭的自然力的”。Dämoniache 译为“精灵性的东西”、“超自然的神秘力量”、“魔力”。Dämonie 译为“着魔”、“看不透的危险性”。——译注

** 歌德：《诗与真》，《歌德全集》第 10 卷，汉堡 1963 年版，第 171—189 页。

然而，有一种根本性的心灵努力，只关心本质的事物，不管它来自何处，其目标是什么，反正都一样；有一种心灵渴望，即对家乡在何处的渴望如此之强烈，以致心灵不得不在盲目的狂热中踏上似乎回家的第一条小路；而这种热情是如此之大，以致它能够一路走到尽头；对这种心灵来说，每一条路都通向本质，回到家园，因为对于这种心灵来说，它的自我性（Selbstheit）就是家园。所以，悲剧不了解神灵和精灵之间的真实差别，而对于史诗来说，如果某个精灵真的进入它的领域，精灵就是一个无能为力的、失败的更高本质，一种懦弱的神性。悲剧打破了更高世界的等级制；在这种等级制中，没有神灵和精灵，因为外部世界只是导致心灵产生、成为英雄的诱因。在自在和自为中，心灵没有完美地或有缺陷地被意义所充满，而是一种盲目发生的混乱，无所谓地面对存在着的客观感性形式，然而，心灵把每一发生的事件都变成命运，而且它仅仅同每一个人有关。只有当悲剧已经过去，戏剧的信念被超越的时候， 77
神灵们和精灵们才出现在舞台上，只有在怜悯的戏剧中，更高级世界的**空白场景**（tablula rasa）才又为高级的和次要的人物形象所充满。

小说是上帝所遗弃的世界的史诗；小说英雄的心理状态是魔力；小说的客观性是男性成熟的洞见，即意义绝不会完全充满现实，但是，这种现实没有意义就将瓦解成无本质的虚无：所有这一切说明的都是同一件事情。它们标明了小说塑造的可能性从内部划出的一些界限，同时又明确指出了历史哲学的瞬间，在这种瞬间，伟大的小说是可能的，在这种瞬间，它发展为必须言说的本质事物的象征。小说的信念是成熟的男子气概，而它的素材的独特结构是它的离散方式，即丰富的内心和冒险的分裂。勃朗宁*[长诗《帕拉塞尔萨斯》中]的帕拉塞尔萨斯说过，**“我要证明我的心灵”**，而奇妙言词的不适当之处仅仅在于这种言辞是一位戏剧主人公说出来的。戏剧的主人公不知道冒险，因为对他来说，本该成为冒险的事件，借助他所获得的心灵之被命运神化的力量，在同心灵的单纯接触时就成为命运，成为经受考验的单纯机会，成为在获得心灵的活动中已预先形成的那种东西显现出来的诱因。戏剧的主人公不知道丰富的内心如何，因为这内心是从心灵和世界的敌对的二元性中产生的，即从心理和心灵之间痛苦的间隔中产生的；而悲剧的主人公则获得了自己的心灵，因此也不知道他不熟悉的现实：对他来说，所有外在的东西都成为预先规定的和合适的命运机会。因此，戏剧的主人公没有外出去考察自己的能力：他是个英
78 雄，因为他的内心安全超然于每一检验而被**先天地**(**a priori**)担保；对他来说，形成命运的事件只是一种象征性的客观化，即一种深刻而庄严的仪式。（现代戏剧，特别是易卜生的戏剧，其最基本的内在风格缺失是，它的首要人物都必须接受检验，这些人物自身都感到同其心灵的距离，并想在他们面对诸事件的检验作出拼死坚持的愿望中消除这一距离；现代戏剧的英雄们体验到戏剧的先决条件：戏剧本身迅速经历了作家——作为其创作的现象学先决条件——在戏剧之前所必须完成的风格化过程。）

小说是内心自身价值的冒险活动形式；小说的内容是由此出

---

* 罗伯特·勃朗宁(Robert Browning，1812—1889)，英国诗人。他创作的长诗《帕拉塞尔萨斯》描写 16 世纪瑞士一位医师追求知识和爱情的故事。

发去认识自己的心灵故事，这种心灵去寻找冒险活动，借助冒险活动去经受考验，借此证明自己找到了自己的全部本质。史诗世界的内部安全则排除了这一真正意义上的冒险活动：史诗的英雄们迅速经历了一系列丰富多彩的冒险活动，然而，他们在内心和外部世界都将经受住冒险活动的考验，这一点决不成问题；统治世界的神灵们必然总会战胜精灵们（印度神话把它们称为障碍之神灵）。所以，歌德和席勒所要求的史诗英雄的被动性，即装点和充满他生活的历险活动轮舞（Abenteuerreigen），是世界广泛的客观总体形态，英雄本身只是这种展开所涉及的发光中心点，世界有节奏运动的内部最静止点。然而，小说英雄们的被动性并不是形式上的必然性，而是标志着英雄同其心灵以及周围世界的关系。他无需被动，所以每一被动性在他那里都具有一种特有的心理特性和社会特性，并在小说的可能结构中规定着一定的类型。

小说英雄的心理状态是魔力发生作用的领域。生物的和社会 79
的生活都有一种坚持其自身内在性的深刻倾向：人们只想活着，而诸产物则需要始终不受触动；如果人们不是有时被精灵之强力所侵袭，以无原因且又不可能说明理由的方式超出了自身之外并宣布取消其生活的所有心理和社会基础，那么发生作用的上帝之远离和缺席就将赋予这种在寂静中腐败的生活懒散和自我满足以独裁统治。于是，上帝对世界的离弃，就突然暴露为无实体性，暴露为紧密性和可穿透性的非理性混合：以前显现为坚不可摧的东西，在第一次接触被精灵所附体的人时就像干硬的黏土一样瓦解了，而空洞的透明性（在它的后面可以看见迷人的风景）则一下子变成了玻璃墙，在这堵墙面前，人们徒劳而无法理解地——就像窗户上

的蜜蜂一样——因不能穿过、自己又不知道这里没有通道而伤透了脑筋。

作者的讽刺是无神时代的消极神秘主义：它面对意义采取一种聪明的无知（*docta ignorantia*）态度，是精灵之善良和恶意的所作所为的描述，是放弃能对这种所作所为的事实作更多的理解，其中有一种仅在塑形上可表达出来的深深确信：在这种不想知道又不能知道中，事实上却遇见了、瞥见了和抓住了终极者，真正的实体，当前不存在的上帝。所以，讽刺是小说的客观性。

"作者的性格客观上怎么样？"* 黑贝尔问道。"就此而论，人
80 在其与上帝的关系中是自由的。"如果神秘主义者舍弃了自身，并完全献身给了上帝，他就是自由的；如果英雄在对魔鬼的抗拒中使自己在自身中和从自身中完善起来，如果英雄——对于他的心灵的行为来说——把每一种不彻底性都从被他的沉沦所控制的世界中驱逐出去，那么他就是自由的。跟上帝相比，标准的人已获得了自由，因为诸作品和实质伦理的崇高标准，根源于使一切完美的上帝的存在，根源于拯救的理念；因为这些崇高标准就其最内在的本质而言，仍然未被当前的统治者——不管是上帝还是精灵——所触及。然而，心灵或作品中标准东西的实现，不可能由其基础、由当前的东西（在历史哲学的意义上）所取代，而不危及其最特有的力量，不危及其与对象的基本关系。即使是超出已成形的神灵之外的神秘主义者，追求体验最终的和唯一的神性，而且获得了这样

---

* 弗里德里希·黑贝尔：《全集》，R. M. 维耐尔编的历史批判版，第二部分第 11 卷，柏林 1905 年第 45 页。卢卡奇描写不同的"塑造"以代替"特性"。

的体验，他也在他这种体验中同当前的上帝相联系；只要他的体验完善成作品，这作品就完善成由世界之钟的历史哲学状况所规定的范畴。这样一来，这种自由就服从于天体理论和历史哲学范畴的双重辩证发展；就这种辩证发展而言，自由最特有的本质所是的东西，即与拯救的根本关系，始终是难于言表的；可以说出来和可以塑造出来的一切东西，都言说着这种双重效用的语言。

但是，经过言说到沉默、经过范畴到本质、经过神灵到神性的这种弯路，是跳不过去的：想直接沉默必然变成未考虑成熟的历史范畴中的反思结巴(reflexiven stammeln)。这样，在完美造就的形式中，作者跟上帝相比就是自由的，因为在此形式中，而且只有在此形式中，上帝本身才成为塑造的根基，对于一切其他给定标准的形式题材来说都是同类的和等价的，并完全为其类型系统所包含：作者的生活及其质量取决于他——作为塑造的可能性——与构造中诸形式的标准联系，取决于他在技术上为了作品的结构和划分所应得到的价值。不过，把上帝归于诸个别形式真实素材的技术概念之下这种做法，显示出艺术结论的双重面貌，并把它编入在形而上学上具有深远意义的一系列作品：这种完美的、技术的内在性同最终的超验存在之间有一种——标准的而不是心理的——作为前提的先行根本的联系：创造现实的、先验的作品形式，只有真的超验性在其中成了内在的时候才能产生出来。空洞的内在性，仅仅在作者的体验中而非同时在其对万物之家园的沉思中才能确定下来，它仅仅是一种掩盖裂痕的表面内在性，而这种表面的内在性甚至也不能保持住，而且必然变得千疮百孔。比起上帝来，讽刺是作者对小说所拥有的一种自由，即塑造客观性的先验条件。

81

讽刺能够在直觉的双重眼光中看到上帝所抛弃的世界里由其所完成的事情；讽刺看到了变成理想的理念所失去的乌托邦家园，然而，它同时也在其主观—心理的局限性中，在其唯一可能的生存形式中理解了这一理想；如果讽刺说的是迷路的一些心灵在非本质和空洞的现实中的冒险活动，那么讽刺——本身是魔力——就把主体内的精灵理解为超主观的本质性，并预感到而没有说出来地去表露已过去的和即将到来的神灵们；讽刺会在内心痛苦的过程中寻找一个对它合适的世界，但未能找到，同时讽刺也塑造了造物主上帝对所有懦弱反抗其巨大而毫无价值的劣质作品所遭到失败
82 的幸灾灾祸，也塑造了救世主上帝对其还不能进入这个世界所感受到的无以言表的痛苦。作为对走到了尽头的主体性的自我扬弃，讽刺是在一个没有上帝的世界所可能有的最高自由。所以，它不只是创造总体的真正客观性的惟一可能先天条件，而且也由于小说的结构类型与世界的状况基本一致，就把这种总体即小说提升为这个时代具有代表性的形式。

第二部分

试论小说形式的类型学

一、抽象的理想主义

- **两种主要类型**
- **《堂吉诃德》**
- **《堂吉诃德》与骑士史诗的关系**
- **《堂吉诃德》的仿效：**
  - a)抽象理想主义的悲剧
  - b)现代幽默小说及其困难
- **巴尔扎克**
- **彭托皮丹的《快乐的汉斯》**

上帝世界的孤寂表现在心灵和作品、内心和冒险的不和谐上， 83
表现在缺少人所作的先验归类上。粗略地说，这种不和谐有两种类型：心灵要么比给它作为行为舞台和基础的外部世界要狭隘一些，要么比这外部世界要宽广一些。

在第一种情况下，成问题的好斗个人有魔力的特性，要比在第二种情况下显而易见，然而同时，他内心的困难却显得不大明显；一眼就可以看出，他在现实面前遭到的失败，更多地具有一种只是表面失败的外观。心灵变得狭隘的着魔(Dämonie)是抽象理想主义的着魔。这是应该选取一条直路以实现理想的信念；这种信念在异常迷惑时忘记了理想和理念、心理和心灵之间的距离，这种信念以最真诚和最坚定的信仰把应有的理念与其必然存在联系起来，并把现实同这种先天要求不相符合的情况看作它的着魔状态(Verzaubertsein)，这种着魔状态是由凶恶的精灵造出来的，只有找到破解的咒语或勇敢地同魔力进行斗争，才会解除着魔状态，并获得拯救。

因此，这种英雄类型由结构所决定的难题，在于完全缺少内在难题，而缺少难题的结果就是完全缺少先验的空间感，缺少把距离作为现实来体验的能力。阿喀琉斯(Achilles)或奥德赛(Odysseus)、但丁或阿周纳(Arjuna)*——正因为他们走在由神灵指引的
84 路上——都知道，这种指引也会落空；他们都知道，没有这种帮助，他们将会无力而又无助地面对极强大的敌人。因此，主客观世界的关系就在平衡中得到了适当保持：就真正的实力而言，主人公会感觉到他所面对的外部世界的优势；然而，尽管有这种最内心深处的谦虚，他仍旧会在最后赢得胜利，因为世界的最高力量将引导他自身较薄弱的力量走向胜利；因此，不仅想象的和真实的诸种力量对比相互适应，而且胜利和失败与世界上实际和应有的秩序也不矛盾。一旦缺少这种本能距离感——其长处将大大有助于完整的精神生活，有助于史诗的“繁荣”——，主观世界同客观世界的关系就变得荒谬了；因为行动着的心灵在史诗中予以考察时会变得狭隘，对于这种心灵来说，世界即作为心灵行为的基础，同样也会变成一种比它实际上所是的还要狭隘的世界。然而，由于一方面，世

* 阿周纳是印度古代梵文史诗《摩诃婆罗多》中的英雄。——译注

界的这种改变和每一种由此而产生的、仅仅指向改变世界的行为，并不会触及外部世界的真正中心，而且，由于另一方面，这种态度必然是一种纯主观的态度，既未使世界的本质受到触动，也仅仅为世界提供了一种歪曲的写照，所以，对心灵的反应来自与它完全异质的源泉。由此可见，行为和对抗既没有共同的量和质，也没有共同的事实和客观方向。因此，它们彼此的关系绝不会是一种真正的斗争，而只能是一种荒诞可笑的相互忽略，或一种同样荒诞可笑的、由相互误解引起的相互碰撞。这种荒诞可笑的特性，由于心灵的内容和紧张而部分得以调解，部分得以加强。因为，心灵的这种狭隘就是其关于现有理念的异常着迷状态，而理念则被设定为唯 85
一的和日常的现实。因此，这种行为方式的内容和紧张就必然同时把心灵提升到真正庄严的领域，同样又使想象的和真实的现实——小说的情节——以其怪诞性得到加强和巩固。在这里，小说离散异质的本性将得到最大限度的增强：心灵领域和行动领域，心理和情节，它们相互之间根本就不会再有任何共同之处了。

此外，这两个原则中任何一个都在自身或与他者的关系中拥有一种内在的进步或发展因素。在难题的彼岸，心灵止于为它所达到的超验存在；在从自身中获得之并使之运动起来的心灵中，不会出现任何怀疑、探求与绝望，而为了其在外部世界实现所进行的徒劳可笑的斗争，心灵也不会遭到什么损害：没有什么东西能动摇心灵内心的确信，然而这只是因为心灵被关进了这个已安全的世界中，因为心灵不能再去体验什么了。完全缺少内心深处的体验这一困难，把心灵变成了纯粹的积极活动。因为心灵在其根本存在中不为任何东西所触动地幽居于自身之中，所以心灵的每一微动都必然是一种向外的行动。因此，这样一种人的生活就必然会成为一系列连续不断自我选择的冒险活动。人沉湎于这种冒险活动，因为生活对他来说，只不过意味着就像去经受冒险活动的考验一样。他内心深处没有难题的聚精会神，迫使他将他视为一般日常世界本质的这种聚精会神变为行动；他在他心灵的这一方面没有任何沉思，缺少一种向内转的行动的倾向和可能。他必定是个
86 冒险者。但是，他不得不选的作为他行动舞台的这个世界，是一种奇特的混合物，它由异于理念的繁多有机关系和同样的理念的僵化传统所构成，这些理念在他的心灵里过着一种纯超验的生活。由此就产生了他同时自发的和在意识形态上行动的可能性：他所发现的这个世界，不仅充满了生活，而且也正好充满了那种生活的映像，正是那种生活在他身上作为唯一本质的东西而生气勃勃。然而，只要他一走近这个世界，也就从对这个世界的这种可能的误解中，产生出他荒诞忽略它的紧张：理念的映像在自身僵化的理想的疯狂面貌面前崩溃（verflattern），而现存世界的真正本质，自我维持的、无理念的有机关系，则占据着统治一切的合适位置。

在这里，最清晰地显示出这种着迷状态非神性的、有魔力的性质，然而，同时也显示出这种着迷和神性同样具有魔力的、纷乱的和迷人的相似性：英雄的心灵是静止的、完美无缺的，像一件艺术品或一尊神灵一样；不过，这种本性在外部世界只能在一些不适当的冒险中表现出来，这些冒险仅仅对于将自己的狂热封锁在自身之中这一情况来说没有什么反驳的力量；它们如艺术品一样孤立，这不仅把心灵同每一外部现实分离开来，而且把心灵同心灵自身中所有未被精灵占据的领域分离开来。这样，亲身体验所达到的

最大意义就变成最大的无意义：庄严变成疯狂，变成偏执狂。而这种心灵结构则不得不把可能的大量行动全部化为乌有。即使因为这种内心的纯反思性质，外部现实也没有完全被它所触及，并且在英雄的每一行为中“和它完全一样”作为报复表现出来，外部现实不过是一群自身完全懒散的、无形式和无意义的乌合之众，这一乌合之众完全没有任何能力进行计划周密的和统一的对抗赛，英雄 87
的超凡冒险兴致则任意地、无联系地从中挑选出它想借以经受考验的那些时机。这样一来，心理上的固执性和碎化为冒险的孤立行为就相互制约，并使这种小说类型的危险、坏的无限性和抽象性完全清楚地显现出来。

而这种情况不仅仅是指塞万提斯的天才技巧——他的著作是这种结构的永恒客观化——这种技巧把堂吉诃德心灵中的神性和疯狂无比深刻而又清晰可感地交织在一起，从而克服了这种危险，而且也是指他的著作被创作出来的历史哲学瞬间。《堂吉诃德》与其说是一种历史的偶然，不如说是对诸骑士小说的讽刺滑稽仿效，而且它与骑士小说的联系已超出与散文化的联系。骑士小说曾遭受每一部史诗的命运，每一史诗都曾想在其生存的超验条件已经由历史哲学的辩证法校正之后，试图从纯形式上维护和继续一种形式；但骑士小说失去了它在先验存在中的根源，而不再能使什么东西成为内在的形式，不得不渐渐枯萎，变得抽象，因为它被规定为用于创造对象的力量，因自己无对象内容而不得不受损；消遣读物产生了，取代了伟大史诗。然而，在这些死亡形式的空壳背后，曾有过一种纯粹的和真正伟大的形式，即中世纪的骑士史诗，尽管是成问题的。这种史诗在这样一个时代——它受到上帝的保护，

这就有可能创作和需要某种史诗——里，对某种小说形式的可能
88 性来说就是一种奇怪的情况。永远存在的被救赎性，彼岸世界生活中永远都在场的神正论，与此岸世界的分裂状态和标准不完美状态相对立，与其因迷乱和罪孽而造成的衰落状态相对立，这是基督教世界的巨大悖论。但丁则在《神曲》的纯史诗性形式中成功地把握住了这两个世界的总体性，而留在此岸世界的其他史诗作家，则不得不让超验的东西保持在艺术上未经触动的超验性中，因此，一些小说而非史诗，能够创作出只是感性地把握、寻觅而缺少内在意义的生活总体。这些小说的唯一特性、梦幻之美和优雅魅力在于，其中的一切寻觅，只不过是一种貌似的寻觅，其英雄们的每一误入歧途都由某种不可理解的、超形式的怜悯来引导和保护；在这些小说中，失去其对象现实性的距离变成为暗淡美的装饰，而克服这一距离的飞跃则变成为舞蹈姿态，因此，二者都变成了纯粹的点缀。这些小说其实就是一些长篇童话，因为超验性在其中没有被阻挡住，没有成为内在的，也没有被纳入创造对象的超验形式中，而是保持住其未受到削弱的超验性；只有它的影子，装饰性地充满了尘世生活的裂缝和深渊，并将生活的素材——由于每一种真正艺术品生气勃勃的同质性——变成为一种同样由阴影编织成的实体。在荷马史诗中，纯粹人的生活范畴的万能统治，不仅涵盖了诸人，也涵盖了诸神，并使之变成纯粹人的本质。在这里，不可思议的神性原则用同样的万能暴力统治着人的生活及其指向自身之外的辅助需要，这种表面性则剥夺了人们的典型个性，并把他们变成单纯表面的东西。

被塑造的整个宇宙之这种得到保障和完善的非理性，使上帝

的透光阴影作为某种魔力的东西而显现出来；从生活的视角来看，
这种阴影不能被理解和归类，因此不能显现为上帝；而且因为小说 89
着眼于尘世生活的塑造，所以像在但丁那里一样，不可能把上帝作为发现和指明整个存在的基本统一。《堂吉诃德》是作为对骑士小说的论战和戏仿而产生出来的，当时诸骑士小说失去了这种超验联系，而失去了这种超验联系之后——像在阿里奥斯托（Ariosto）那里一样，只要整个世界不变成为某种讽刺美的纯粹游戏——，骑士小说的神秘的和童话的外表就变成某种肤浅的东西。塞万提斯对平庸的创造性批判，重新找到通向这种形式类型的历史哲学根源之路：理念在主观上不可理解而在客观上得到保证的存在，变成了某种主观上明确被狂热维持住的、却缺少客观联系的存在；上帝因不适当地接受“自己的”素材而只能像精灵一样显现，所以上帝事实上就变成了一个精灵，这个精灵在被天意所抛弃、缺少先验定向的世界里，自以为能够扮演上帝的角色。而精灵所意指的世界就是上帝已经变成了危险却神妙的魔术园的世界，只是这世界曾被凶恶的精灵用魔法变成了散文，现在却渴望通过相信的英雄气概变回神妙的魔术园；为了保持仁慈的施魅，人们在童话世界里只是曾不得不提防的东西，在这里却变成了积极的行动，变成了为等待救赎的童话现实中现存的天堂而斗争。

因此，世界文学的第一部伟大小说就产生于基督教的上帝开始离弃世界的那个时代之初；在那个时代，人变得寂寞，只有在他无以安家的心灵中才能找到意义和实体；在那个时代，世界从其被荒谬地固定所在的真实存在的彼岸世界中挣脱出来，使自身内在
的无意义显露出来；在那个时代，现存事物的强力——由于现在降 90

格为单纯存在的乌托邦联系而得以加强——发展到闻所未闻的程度，并引发了一场快速且看来无目的的斗争，来反对正在上升的、还不可理解的、不能自我暴露又不能透穿世界的力量。塞万提斯生活在最后的、伟大而又绝望的神秘主义时代，生活在从自己本身出发狂热尝试革新没落宗教的时代；即生活在对以神秘形式上升的世界作出新的认识的时代，生活在真正体验过但已经失去目标、正在作出探索性和尝试性秘密努力的最后时代。这是着魔已被释放的时代，是诸价值在仍持续存在的价值体系中发生巨大迷乱的时代。而塞万提斯，这位信神的基督徒和天真、忠诚的爱国者，塑造性地准确表现了这种有魔力的难题的最深刻本质：如果通向先验家园的道路变得不能通行，最纯粹的英勇精神必然会变得荒诞不经，最坚定的信念也必然会变得疯狂：现实不必与最真正和最英勇的主观自明性相符合。这是历史进程、时间流逝的深刻忧郁，这忧郁由以下一点表露出来：如果有永恒内容和持永恒态度的时代已经消失，这种内容和态度就失去了意义；时代可以不理睬永恒。这是内心深处反对外部生活平淡的卑鄙无耻的第一次伟大斗争，而且是唯一的斗争，在这一斗争中，内心深处不仅未受玷污地在斗争中取得胜利，而且自身用其胜利的、尽管无疑是自我讽刺的诗意光辉美化其屡战屡败的对手。

像其他几乎每一部真正伟大的小说一样，《堂吉诃德》必定始终是这种小说类型唯一重要的客体化。诗歌和讽刺、庄严和荒诞、
91 神性和偏执狂的相互交融，曾如此密切地与当时遇到的精神状态联系在一起，以致精神结构的同一类型不得不在另一些时代显示出另外一种样子，而且绝不会有同样的史诗意义。诸历险小说接

受了《堂吉诃德》这类真正伟大小说的纯艺术形式，正像其直接先行者，即骑士小说一样，变得毫无理念。即使诸历险小说也失去了唯一富有成果的张力，即先验的张力，而且，它们不是被某种纯社会的张力所取代，就是在为了冒险而冒险某种兴致中发现了作品情节的运动原则。在这两种情况下，尽管这些作家有真正伟大的天赋，但他们却都避免不了最后的平庸，避免不了伟大小说越来越厉害地接近消遣性读物，并最终与之融为一体。随着世界变得越来越平淡乏味，随着活跃的精灵从世界中消失，竞技舞台越来越多地被托付给未成形的一群人对任何内心进行低沉抵抗，因心灵的异常狭隘而产生了两难困境：要么放弃同全部“生活”的任何联系，要么放弃真实理念世界的直接根基。

德国理想主义（Idealismus）的伟大戏剧走了第一条道路。抽象理想主义失去了同生活的任何联系，尽管是与生活不相适应的联系；为了摆脱自己的主观性及经受斗争和毁灭的考验，抽象理想主义需要纯本质的戏剧领域：对于内心和世界来说，它们相互之间的不一致（Vorbeihandeln）变得如此之大，以致这种不一致仅仅让自身在某种特意为内心和世界拼合在一起而设计和构造的戏剧现实中作为总体塑造出来。克莱斯特（Heinrich von Kleist）* 在《迈克尔·科尔哈斯》（*Michael Kohlhaas*）中所作的具有重大意义的艺术尝试表明，对于当时的世界形势来说，英雄的心理学多么有必要变为纯个人的病理学，史诗的形式多么有必要变为中篇小说的

* 克莱斯特（1777—1811）被认为是19世纪第一个伟大的德国剧作家。法国和德国的现实主义、表现主义和生存主义运动的诗人都把他奉为楷模。——译注

92 形式。如同在每一戏剧形式中一样，在中篇小说形式中，庄严和荒诞之融为一体的情况必定消失，并让位于纯粹的庄严：偏执狂(Monomanie)愈演愈烈，抽象被过分拔高——理想主义必然越来越淡薄、空无内容，越来越明显地变成“一般的”理想主义——得如此之多，以致人物形象完全游荡在非自愿的滑稽边缘，而对他们加以讽刺的最小尝试，则不得不消除庄严，把他们变成为令人不快的滑稽人物形象。布兰德(Brand)*、斯托克曼(Stockmann)和格雷格尔(Greger)的作品都是这种可能的惊世典范。所以，堂吉诃德的真正子孙波萨(Posa)侯爵就过着一种形式上完全不同于其祖先的生活，尽管这两颗心灵的亲缘关系如此之深，但他们在艺术的命运难题上，相互之间根本就不再有任何共同之处了。

不过，如果心灵的狭隘化是某种纯心理的东西，如果它失去了同理念世界存在的任何可以看得见的联系，那么，它也就不能成为某种史诗总体的支撑中心点；人与外部世界之间关系的不和谐还在进一步增大，然而，除了实际上的不和谐——它在《堂吉诃德》中只是一种始终被要求的应有和谐的荒诞对立物——外，还有理念上的不和谐：英雄和外部世界的接触变成了纯次要的，而具有如此气质的人则成为必要的配角，他装饰总体，帮助对总体的扩建，但他始终只是一块建筑基石，而决非中心点。从这一状况产生的艺术危险在于，现在要寻找的中心必定是某种特别有价值和富有意义的东西，但精神生活(Lebensimmanenz)却并不一定是超越性。

* 布兰德(1457—1521)，是德国讽刺作家、人文主义者，其诗体讽刺作品《愚人颂》对人们的愚蠢行为进行了尖锐的讽刺。——译注

因此，先验态度的变化所引发的艺术后果是，幽默的源泉不再像诗意和庄严那样是同一种东西。被荒诞塑造出来的人们，要么被降 93
低为心地善良的滑稽，要么他们的心灵变得狭隘，即他们要消灭其他一切东西，集中于定在的一点——然而这一点不再同理念世界有什么关系。这种情况必定引导他们完全着魔。尽管他们被做了幽默化的处理，他们还是变成了坏原则或全无理念的代表。艺术上最重要人物的这种反面形象，需要一种正面的平衡力量，而——现代幽默小说的极大不幸——这种“正面”只能是某种市民体面的客体化。因为这种“正面”形象同理念世界的真实联系，必定会破坏生活的内在意义以及与此相关的小说形式；即使塞万提斯和他的后继者如斯特恩恰好也只能通过庄严和幽默的统一，从心灵的狭隘化及其与超验的关系中制造出内在性。这就是使狄更斯的小说如此有无限幽默感的人物形象最终显得平淡和市侩的艺术原因：他必然要把某种在内心深处无冲突地满足于现今市民社会的人性理想类型作为英雄塑造出来，而且，为了其诗意的效果起见，他必然要给这里所要求的特性披上可疑的、勉强的或不合适的诗意光辉。所以，果戈理的《死灵魂》(*Tote Seelen*)极有可能剩下的就是一个片段：契契科夫(Tschitschikow)在艺术上是一个如此丰满和刻画成功、但又是“反面的”人物形象，对他来说，从一开始就不可能找到一种“正面的”平衡力量；而为了创造一种真正的总体——这是果戈理的史诗信念所需要的，这样一种平衡是绝对必要的：没有这种平衡，他的小说就不可能达到史诗的客观性，不可能达到史诗的真实性，没有这种平衡，这部作品可能就不得不始终是一种主观的创作，即一篇讽刺小品或一本小册子。

94 因此，外部世界唯独变得平常，所有的东西，正面的和反面的，幽默的和诗意的，都仅仅发生在这一领域内。有魔力的幽默无非是习俗某些方面的扭曲夸大；或者是其内在的因而同样也是平常的否定或克服；而“正面的事物”则是对习俗的一种可能忍受，即由习俗准确规定的界限内的一种有机生活外表。（人们不要把现代幽默小说这种由历史哲学和物质所制约的习俗性同喜剧中形式上所要求的、并因此适合于任何时候的习俗意义混淆起来。对于后者来说，社会生活的习俗形式仅仅是极其完美的戏剧本质领域里形式上的象征结局。所有主要人物——除了已被揭露的伪君子和罪犯之外——都相互婚配，这成了伟大喜剧的结局，像悲剧的结局是英雄死去一样，这正是纯象征性的仪式：两者都是显而易见的界标，是戏剧形式的塑造本质所要求的清晰轮廓。非常典型的是，随着生活和史诗中习俗的增强，喜剧的结局越来越不寻常了。《破瓮记》（*der zerbrochene Krug*）和《钦差大臣》（*Revisor*）还能使用揭露的旧形式，但《巴黎妇女》（*Parisienne*）——更不用提豪普特曼（Hauptmann）或萧伯纳的喜剧了——正像同时代人的悲剧一样，已经没有轮廓，也没有完结，都不以［英雄的］死亡为结局。）

巴尔扎克选择了一条完全不同的道路，这条道路通向纯叙事的内在性。在他看来，这里特有的是，主观—心理上的着魔是某种
95 地地道道的终极物：它是人的每一本质的、在叙事行为中客体化的行动原则；它与客观世界不相适应的关系得到了最大程度的强化，然而，这种强化遭到一种纯内在的反击：外部世界是纯粹人的外部世界，且大体上都居住着有相似精神结构的人，尽管方向和内容完全不同。这样一来，这种有魔力的不相适应，诸心灵相互之间决定

命运的一连串事件，就成为现实的本质；于是就产生了诸命运和孤独心灵纠缠在一起的那种奇怪、无边无际和混乱的熙熙攘攘景象——这种景象构成了这些小说的独特性。由于这种素材荒谬的同质性——它从该素材要素的极端异质性中产生出来——意义的内在性就得以拯救。抽象的、坏的无限性的危险便由于中篇小说中诸事件的高度集中及其这样获得的真正叙事意义而被消除。

然而，形式的这种最终胜利只是为每一单篇短小说而不是为整部《人间喜剧》赢得的胜利。确实，这种胜利的现有前提就是作品包罗万象的素材的绝妙统一。这种统一也不仅由于在这些短篇小说的无限混乱中各种人物的一再沉浮得以实现，而且也找到了一种完全适合这种素材最内在本质的表现方式：杂乱的、有魔力的非理性表现方式；而这种统一在内容上的丰满，是真正的伟大史诗的内容丰满：一个世界的总体。然而，这种统一归根结底并不是纯粹从形式中诞生出来的统一：把整体真正变为整体的东西，只不过是一种共同生活基础合乎情绪的体验，并认识到，这种体验是立足于今天生活的本质之上的。然而，只有各个细节才是叙事性地塑造出来的，整体则只是拼合起来的；在每一部分中被克服的坏的无 95
限性，转向作为统一的叙事塑造的整体：这种塑造的总体，依据于对叙事形式来说是超验的原则，依据于情绪和认识，而不是依据于情节和英雄，所以也就不会在自身中完美和完善起来。从整体来看，没有任何一部分具有某种真正的、有机的生存必然性，它可能会有缺失，而整体却什么都不会缺少，无数新的部分还可能加进来，没有任何内部的完整性会把新的部分作为现在是多余的东西而断然予以拒绝。这一总体是对生活关联的预感，这种关联将在

某一单篇小说之后，作为抒情大背景被感觉到；这种关联并不像诸伟大小说的抒情大背景那样，是成问题的，而且是在艰难的斗争中赢得的，而——在其抒情的、超越叙事作品的本质方式中——是单纯的和不成问题的，然而，使它不足以成为小说总体的事情，与其说可以为它构建出自己的世界，还不如说可以为它构建出史诗。

对于所有这些赋形尝试来说，心理的静止状态是共同的，诸心灵的狭隘化是抽象的、不变的先天现象。所以，不言而喻的是，19世纪的小说带有其向着使心理激动和使心理放松的趋势，越来越离开这种类型，并在相反的方向上寻找心灵和现实不相适应的原因。只有一部伟大的小说，即彭托皮丹的《快乐的汉斯》(*Hans in Glück*)，才表达出把这种心灵结构置于中心并在运动和发展中予以描述出来的尝试。这样提出难题，产生了一种全新的编排方式：出发点，即主体受超验本质确定无疑的制约，成为最终目的，心灵有魔力的趋势，脱离了与这种先天性不相符合的一切东西，成了真实的趋势。一方面，在《堂吉诃德》中，所有冒险的原因都是英雄的
97 内心安全感及其对世界的不合适的态度，这样一来，魔力便适合于担当正面的、推动的角色了。另一方面，在这里，原因和目的的统一隐而不见了，心灵和现实的不相符合就变得莫名其妙，表面上就完全成为非理性的了，因为心灵有魔力地变得狭隘，只是在必须放弃每一获得的东西时才显得消极，因为心灵所获得的确实不是所需要的“那种东西”，心灵所获得的比其所寻觅的更宽广，经验性更强，更有生气。一方面，在那里，生活循环的尽善尽美是同一种冒险的形形色色重复及其向着总体包含一切的中心点的扩展；另一方面，在这里，生活的运动有一个明确的和确定的方向：趋向完全

临近自身的心灵纯洁，这心灵从其冒险中学到了只有它自己——在自身一成不变的封闭状态中——才符合其控制一切的最强本能；对现实的每一个胜利都是心灵的失败，因为这胜利总是把心灵卷进本质的异化中，直至毁灭；每放弃已征服的一部分现实，实际上都是一个胜利，都是向着占有脱离幻想的自我迈出的一步。因此，彭托皮丹的讽刺就在于，他让他的英雄处处获胜，但是，一种有魔力的威力却迫使他把赢得的一切看作是无价值的和非真实的，而他一拥有它，就立刻放弃之。而奇怪的内部张力就产生于这一情况：这种反面着魔的意义，只有在结尾处，即在主人公已经听天由命时，才能真相大白，以便将内在意义的清晰回顾赋予他的全部生活。这种结局之日益明确的超验性及其在这里变得明显的与心灵的先定和谐，将把必然性之映像投射到每一先前已发生过的迷途上，是的，从这种结局与和谐来看，心灵和世界的活动关系颠倒
了：看来，英雄仿佛总是同一位英雄，而且作为这样一位英雄，自身 36
从容不迫地静观诸事件从旁边逝去；好像整个情节仅仅在于揭开那掩盖心灵的面纱。心理的能动性质被揭示为只是表面上的动力，但是——彭托皮丹伟大的高超技巧就在于此——只有在这种高超技巧随同其运动假象一起，经过一种活跃的和生气勃勃的生活总体以后，这一旅程才得以表现出来。由此就形成了这部著作在诸现代小说中卓然不群的地位；它遵照过去所确定的严格的适度情节，对每一单纯心理采取有节制的态度；而就情绪而言，在这部小说结尾处让人感觉到的听天由命，与其他同时代著作之令人失望的浪漫主义之间，有着遥远的距离。

二、幻灭的浪漫主义

- **幻灭的浪漫主义难题及其对小说形式的意义**
- **雅各布森和冈察洛夫的解答尝试**
- **《情感教育》与小说中的时间难题**
- **对抽象理想主义小说中时间难题的回顾**

对于19世纪的小说而言，心灵和现实之间另一种必然不相适应的关系类型，变得更为重要了：这种不相适应产生于这样一种情况：心灵比生活能够给它提供的命运范围更宽广。由此产生的决定性的结构差别并不在于面对生活的某种抽象的先天理性——这种先天理性将要在行动中变为现实，而它与外部世界的冲突则形成寓言，而在于某种在自身中或多或少完成了的、内容充实的、纯粹内在的现实——它同外部现实进行竞争，拥有一种自己的、丰富的、活跃的生活，这种生活在自发的自信中，把自己视为唯一真正的
99 现实，视为世界的本质，而它将这二者等量齐观的失败尝试，则成为文学创作的对象。因此，这里涉及面对外部世界的某种具体的、质的先天理性和内容上的先天理性，涉及两个世界的斗争，而根本不涉及现实同先天理性的斗争。然而，内心和世界的分裂由此变得更加厉害了。内心的类宇宙性广袤使它自身安闲和知足：一方面，抽

象的理想主义，特别是为了能够生存，必然转化为行动，必然同外部世界冲突起来；另一方面，在这里，某种逃避的可能性，好像从一开始就没有被排除。因为从自身中能够产生出一切生活内容的某种生活，会是圆满的和完美的，尽管它绝没有触及外部的陌生现实。因此，一方面，抽象理想主义的心理结构曾有一种过分的、无法阻挡的、向外的积极性特点；另一方面，这里更多的是一种朝向消极的趋势；这与其说是逃避外部的冲突和斗争，还不如说是接受它们的趋势；这是完全在心灵中解决好与心灵有关的一切事情的趋势。

当然，在这种可能性中就有这种小说类型的决定性困难，史诗的象征性表示丧失了，形式消融于未塑造出的、前后相继的模糊情绪以及对情绪的反思之中，感性所塑造出来的寓言为心理分析所替代。这种困难还由于下面一点而增大：同这种内心有联系的外部世界，与两个领域的关系相应地完全毁灭了，或者是无定形的，但不管怎么样都必定是没有任何意义的。外部世界是一个完全被习俗控制的世界，是第二自然的概念的真正实现：它是不同于感觉的法则的化身，从此出发，不可能找到同心灵的任何联系。然而这样一来，社会生活所有形成的客体化，都失去了对心灵的任何意 10〕
义。即使其荒谬的意义，作为事件的必然场所和感性化，在最后的本质核心中缺少本质时，也都无法保留；对各个人的内在命运来说，天职失去了任何重要性；对他们相互关系的内在命运来说，婚姻、家庭和阶级都失去了任何重要性。如果没有骑士这一身份，堂吉诃德是不可想象的，如果没有崇拜抒情诗人这一习俗，他的迷恋也是不可想象的；在《人间喜剧》中，所有人的异常狂热都集中并客体化为社会生活的产物，而且，即使这些产物在彭托皮丹的小说中

作为对心灵来说是非本质的东西被揭示出来，那么为了这些产物而斗争——对它们的非本质洞察和为了拒绝它们而斗争——正好构成了充满作品情节的生活过程。但是在这里，任何一种这样的关系一开始就不复存在了。因为内心提升为一个完全独立的世界，这不只是一种心灵的事实，而且是对现实的一种决定性的价值判断：主观性的这种自我满足是其最绝望的正当自卫，是对在外部世界为实现心灵的任何斗争——已经先天地被看作无望的且只是被贬低的斗争——的放弃。

这种态度是对抒情性的巨大提升，以致它不再能作出纯抒情的表达。因为抒情的主观性也是为了其象征而征服了外部世界；即使这种主观性是一种自我创造的主观性，那它也是唯一可能的主观性，作为内心，这种主观性绝不用论战的方式拒绝面对归入它的外部世界，绝不为了忘记外部世界而逃避到自己自身之中，而是任意征服地从这种毁灭的混乱中选取一些碎片，并把它们——使所有的起源都被遗忘——融合进新产生的、纯内心的抒情宇宙中。

101 但是，史诗的内心始终是被反思的，它以一种有意识的和疏远的方式实现自己，同真正抒情诗的天然无距离相对立。因此，内心的表达手段是第二性的：情绪和反思；不管表面上如何相似，这些表达手段完全不同于纯抒情诗的本质。真的，情绪和反思都是小说形式的基本结构要素，而它们的形式意义正好是由这样一点来规定的，即在其中，将会作为整个现实基础的有调节作用的理念体系显示出来，并通过其中介而被塑造出来；也就是说，在其中，情绪和反思与外部世界有一种积极的、尽管也是成问题的和荒谬的关系。当变成了目的本身时，它们的非诗意性质就必然会显得非常明显，而每一形式也必然会瓦解。

然而，这个审美难题归根结底是一个伦理难题；因此，它的艺术解决办法——与小说的形式法则相适应——可以把消除它所引起的伦理难点作为前提。内部现实和外部现实哪个居上哪个居下的等级问题，是乌托邦的伦理难点；这个难点在于，我们在多大程度上可以把世界想得美好一些从伦理上是可以自我辩明的，以及，基于其上的某种生活在何种程度上可以作为塑造生活的出发点，这种生活本身是完美的，而不是像哈曼*所说的那样，是有缺憾（不是有结束）的。从史诗形式的立场出发，这个难题必须这样提出来：对现实的这种圆满修正会转化为行动吗？——这些行动不依赖于外部的成功或失败，就能证明个人这种独断专行的权利，而且这些行动并不有损于产生这些行动的态度。如果现实同这种梦幻世界相符合或者至少比实际上所发现的世界更适合这种梦幻世
界，那么，对这样一种现实的纯艺术上的创造，就只是一种表面上 102
的解决办法。因为，只有当心灵根本不能满足精神的目前状况，或者像同样的情况所表明的，不能在一个目前可以想象的和可以塑造的、过去的或神秘的世界中得到满足时，心灵的乌托邦渴望才是一种真正天生的渴望，才值得成为世界对其外部形式的艺术上的吹毛求疵，才是对这样一些时代——它们使画出更宏伟的线条或更花哨绚丽的色彩得以可能——的装饰性的热望。这种渴望自然

---

* 哈曼（Johann Georg Hamann，1730—1788），康德的友人。他早年漫游欧陆、英国，后返乡哥尼斯堡教古代语言，信仰虔敬主义，认为真理必然是理性、信仰和经验的统一，理性不可靠，要解决哲学难题，只有靠以赤子之心相信上帝。他对赫尔德、歌德、雅可比都有影响。——译注

是可以满足的，但是，这种满足显示了渴望在无理念塑造中的内心空虚，就如同在瓦尔特·司各特[*]精彩描写的小说中所显现的那样。否则，在现实面前逃避完全无助于解决决定性的难题；在雄伟的或装饰性的、有保留的塑造中，同一类难题——常常在结构和心灵、外部命运和内部命运之间创造出艺术上难以解决的严重不和谐——变得显而易见了。对此，《萨朗波》(*Salambo*)或 C. F. 迈耶尔[**]的小说，当然是按中篇故事情节安排的小说，是很典型的范例。所以，审美的难题，即将情绪和反思、抒情和心理转化为真正叙事的表达手段，便都集中在伦理的基本难题上，集中在必要的和可能的行动问题上。有这种心灵结构的人物类型，按其本质而言，与其说是能动的，不如说是沉思的：因此，这种人物类型的史诗赋形就面临这样一个难题，即这种退回到自身里去或犹豫不决的、狂想式的行动如何才能付诸实施；史诗赋形的任务是，揭示这种类型必然的定在和本质及其必然失败之间的统一之点。

最先决定了这种失败的东西，是纯史诗赋形的另一种客观障碍：不管这种命运之规定是被肯定还是被否定，是为之痛哭还是为
103 之讥笑，都不是规范叙事的纯粹接受和再现，而是对诸事件的主观抒情态度之危险性始终比对某种内部较少从一开始就被决定了的斗争情况更容易理解。这是幻灭的浪漫主义的情绪——它承载并培养着这种抒情。这是存在应有者(das Seinsollende)面对生活过

* 瓦尔特·司各特(Walter Scott，1771—1832)，英国小说家，历史小说的首创者。——译注

** C. F. 迈耶尔(C. F. Meyer，1825—1898)，19 世纪瑞士的重要作家，著有诗歌《胡腾的末日》、《恩格尔贝格》和其他一些中篇小说。——译注

高和过多的贪欲以及对这种徒劳渴望的绝望洞察；这是一种从一开始就具有坏的良心和确信失败的乌托邦。这种确信的决定性之点是它同良心难以分开的联系；显而易见，失败是它自身内部结构的一种必然结果，而它就其最好的本质和最高的价值而言，也是被判了死刑的。所以，无论是对英雄的看法，还是对外部世界的看法，都是抒情性的：如爱恋和控诉、悲伤、同情和嘲讽。

个人的内在重要性已达到了历史的高峰：它不再像在抽象的理想主义中那样，作为一些超验世界的载体才有深远意义，而是仅就自己本身而言才有其价值，甚至存在的价值似乎只有从其主体的体验性中，从其对个人心灵的重要意义中，才能汲取说明其效用(das Gelten)的理由。

如果你欲寻觅规律的方舟是空的，
那么只有你的舞蹈是真实的。
既然这舞蹈没有目标，那就是不朽的，
它是为黄沙、为天空而舞。

亨利·弗兰克

(Si l'arche est vide oú tu pensais trouver ta loi;
Rien n'est réel que ta danse:
Puisqu'elle n'a pas d'objet, elle est impérissable.
Danse pour le desert et danse pour l'espace.

Henri Franck)

然而，主体的这种无节制提高的前提和代价，却是放弃参与外

部世界塑造中的任何角色。幻灭的浪漫主义不仅在时间—历史上紧随抽象的理想主义，而且在概念上也是它的继承者，是在历史哲
104 学方面紧随其后的先天乌托邦阶段：在那里，个人，即对现实作出乌托邦要求的承载者，为现实的粗暴力量所压倒；在这里，这种失败是主观性的前提。在那里，从主观性中产生出内心好斗的英雄气概；在这里，人由于其有与诗人类似的体验和塑造生活的内在能力，所以他就有能力成为英雄，成为诗作的中心人物。在那里，外部世界应该按照理想的榜样被重新创造出来，在这里，作为诗作而完美起来的内心，则要求外部世界献身于它作为自我塑造的合适素材。在浪漫派中，面对着现实，每一先天的诗性特点被意识到了：被超验切断了的自我，认识到自身中有一切存在应有者的源泉，并认识到——作为必然的结果——自身是现实的唯一有价值素材。生活成为诗作，然而，人也因此成为他自己生活的作者和这种生活（作为一种已创造出来的艺术作品）的观众。这种两重性只能被抒情地塑造出来。一旦它被安放进一个关联着的总体，其肯定不起作用是显而易见的：面对自身和世界，浪漫主义变得令人怀疑、令人失望和残酷：有浪漫生活感情的小说，是幻灭的小说。它已拒绝给内心以通向发生作用的任何道路，而内心则向内聚集着，然而绝不会最终放弃已经永远失去的东西；因为即便内心想这样，生活仍不使这一点变成现实：生活将迫使它进行斗争，并同斗争一起接受诗人预见到的、主人公所预感到的必然失败。

从这种事态中产生出在一切方向上都无节制的浪漫。纯心灵东西的内部丰富多彩，无节制地提高为唯一的本质性，并以一种同样无节制的无情使其定在之无关紧要者在世界的整体中显示出

来；心灵变得孤独，它与任何支撑物的任何联系都被切断，这也被 105
提高到无节制的程度，同时也用无情的清晰性阐明了这种心灵状态对这个世界态势的直接依赖。从写作布局来看，心灵追求最大的连续性，因为只有在未被任何外在者所打破的主观性中才有一种生存；然而，现实却瓦解为相互完全异质的碎片，这些碎片甚至也不像《堂吉诃德》中的冒险具有定在感觉上独立的亲和力那样，是孤立的。所有的碎片都仅仅靠所体验的恩赐情绪来生活，然而，这同一情绪将通过其反思的虚无中的整体被揭示出来。于是，这里的一切都必须被否定，因为每一肯定都在消除诸力量悬而未决的平衡：对世界的肯定会承认无理念的市侩习气，即麻木不仁地满足于这种现实是正确的，并使一种廉价而圆滑的讽刺作品产生出来；而对浪漫主义内心的明确肯定，必定会在爱虚荣的自我吹嘘、轻率崇拜、抒情的心理倾向中产生一种无形的沉迷陶醉。但是，塑造世界的两条原则相互之间太对立地异质了，以致为了同时被肯定，就不可能像在一些有向史诗超越可能的小说中的情形那样；而对两者的否定，即塑造唯一有的道路，将更新和增加这一类小说的基本危险：这种形式的小说自身化解为一种绝望的悲观主义。作为表达手段而盛行的心理描写，其必然后果是：任何无先决条件的人的价值将分化瓦解，并揭示这种价值的最终无意义；而情绪占据支配地位也有同样的必然后果：对一个自身无本质的世界的无力悲痛，腐烂的表面发出无效而单调的光芒，这些都是这种事态的种种纯杂耍技艺方面。

任何一种形式在某个地方都必然是肯定的，以便作为形式获 106
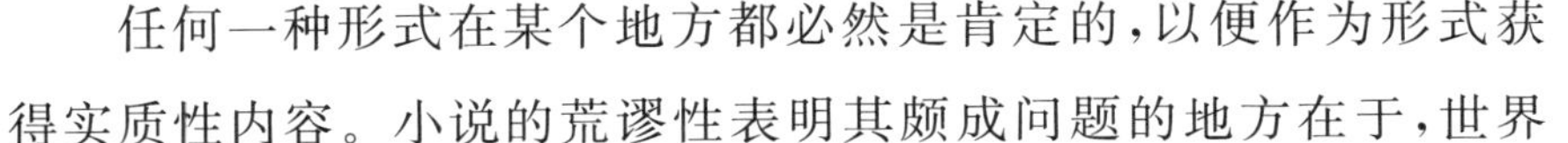
得实质性内容。小说的荒谬性表明其颇成问题的地方在于，世界

形势和人的特性——它们最适合小说形式上的诸种要求，对世界形势和人的特性来说，小说是唯一合适的形式——使塑造面临无法解决的任务。雅各布森*的幻灭小说以绝妙的抒情形象表达出这样一种悲痛："在世界上竟有如此多的无意义的精美，"现在却瓦解并粉碎了；而作者尝试在《尼尔斯·伦奈》(*Niels Lyhne*)的英雄无神论中，在对其必然孤独的大胆接受中，找到了一种绝望的肯定性，这一尝试让我们想到从原来诗作之外获得帮助。因为这种生活本应成为诗作，而实际上却成了糟糕的残片，并在塑造中真的成了如山的碎片堆；幻灭的残酷性只能使情绪的抒情贬值，但它却不能赋予人和事件以实体和定在的重要性。现在留下的是奢侈享乐和辛酸苦难、悲痛和嘲讽的一种美丽却模糊的混合物，而非统一体，是一些形象和视角，却不是生活的总体。而冈察洛夫(Gontscharow)却尝试通过一个正面的对应人物，把奥勃洛莫夫(Oblomow)这位了不起的、真实而且被看出有深意的人物放进一个总体中去，这一尝试也同样不得不遭到了失败。作家为这类人的惰性徒劳地找到了一幅感觉有如此信服力的画面，像奥勃洛莫夫无助地久卧病榻一样。面对奥勃洛莫夫——他直接并在内心最深处仅仅体验到本真的东西，却因最微小的外部现实而必然遭到可悲的失败——的悲剧的深刻性，他的强壮朋友斯托尔兹(Stolz)获胜的幸福变得平淡而无意义，但他却有足够的力量和影响力，把奥勃

* 雅各布森(Jens Peter Jacobsen，1847—1885)，丹麦小说家、诗人，丹麦自然主义运动的倡导者和最著名的代表。《尼尔斯·伦奈》是他的一部小说，描写一个人在为寻求人生真谛的斗争中最终一事无成的故事。——译注

洛莫夫的命运贬得微不足道(Mesguine):内心东西和外在东西的这种异质性令人震惊的滑稽,是通过卧病在床的奥勃洛莫夫揭示出来的;随着真实情节的展开,随着对朋友的教育工作及其失败, 107
这种滑稽越来越多地失去其被塑造的深度和广度,越来越成为从一开始就无望的人的沉着命运。

理念和现实之间的最大差异就是时间:作为持续存在的时间流程。主观性之最深刻和最感耻辱的经不住考验,与其说在于反对无理念的产物及其人类代表人物的徒劳斗争,不如说在于它不能阻挡住缓慢—持续不断的进程,在于它不得不从艰难达到的高峰缓慢而不可阻挡地滑落下来,在于时间这种不可理解的、看不见的—活动的本质逐渐夺走了主观性所拥有的一切,并不知不觉地把一些异己的内容强加于它。所以,只有理念的先验无家可归的形式,小说,才能把真实的时间,也就是柏格森的"绵延",归入它的一系列基本原则之中。我在其他相关的地方*曾说明过,戏剧不管什么时间概念,每一部戏剧都遵循正确理解的三一律(drei Einheiten)——在这方面,时间的统一意味着从其流程中被突出出来。当然,史诗中表面上时间的持续存在,人们只要想一想伊利亚特或奥德修斯的十年就行了。但是,这种时间像真实的持续存在一样缺少现实性;人们和命运仍然没有被时间所触动;这种时间没有自己的运动状态,而它的作用仅仅在于明确地表达一项事业或

* 这里指的是卢卡奇的 A modern dráma fejlödésének története(《现代戏剧发展史》),第 2 卷,布达佩斯 1912 年。序言一章曾用德文改写成一篇题为《论现代戏剧的社会学》的文章,载《社会科学和社会政治文库》(*Archiv für Sozialwissenschaften und* Sozialpolitik)XXXVII(1974)中,见第 303 页及以下几页,第 662 页及以下几页。——英译注

一种张力的大小。借此听众就能体验到，特洛伊的陷落意味着什
108 么，奥德修斯的漂泊意味着什么，正像大批斗士不得不浪迹天涯一样，那些岁月是必要的。但是，英雄们并不在诗作中体验时间，时间比不上英雄们内心的变化与否；他们把自己的年龄吸收进其特性之中，而涅斯托尔(Nestor)年迈，正像海伦娜(Helena)美丽绝伦和阿伽门农(Agamemnon)强壮有力一样。当然，史诗中的人物也会变老和死亡，也会认识每一生活的痛苦，但只是认识而已；他们经历什么以及如何经历，都具有神灵世界中极乐的无时间性特征。按照歌德和席勒的看法，对史诗的标准态度，就是对某种完全已成为过去的事物的态度；所以，这里所给出的时间是静止的，并可在一瞥之间尽收眼底。作者和人物形象可以在时间中向任何方向自由运动，时间像任何空间一样，有多种维度，却没有方向。用古尔奈曼兹(Gurnemanz)的话说，同样由歌德和席勒所确定的戏剧的标准现时性，也将时间变成了空间，而只有现代文学完全迷失了方向，才提出了不可能完成的任务，即想在戏剧上表现某些发展以及缓慢的时间流程。

只有当与先验家园的联系中止之时，时间才会成为根本性的。如同极度兴奋把神秘主义者提升到这样一个领域(在这个领域里，任何持续存在和流程都停止下来，神秘主义者仅仅由于其生物—有机体的局限性而不得不从这个领域降落到时间世界中)一样，与本质紧密联系的每一形式也在创造一个先天地取消了这种必然性的宇宙。只有在小说——其素材构成必须寻求又不可能找到的本质——中，时间才与形式一起被设定出来：时间仅仅是生命的有机体对当前意义的反抗，是生命在自身完全自成一体的内在性中坚

持的意愿。在史诗中，生活的内在意义是如此之强大，以致它取消了时间：生活作为生活进入永恒之中，有机关系从时间中仅仅携带了兴旺昌盛，却忘记了一切衰老和死亡，且远离了这一切。在小说 109
中，意义和生活是分开的，因此本质的东西和时间性的东西也是分开的；几乎可以说：小说的整个内部情节无非是反对时间强力的一场斗争。在幻灭的浪漫主义中，时间是蜕化的原则：诗，本质的东西必定消逝，而时间最终造成了诗的消逝。所以，在这里，每一价值都在失败的部分（主人公）那一边，因为这部分在消失着，保持着衰老中的青春性格，而所有的粗糙和缺少理念的严酷都在时间一边。只有作为对这种单方面抒情地反对获胜势力的斗争事后给予的修正，自嘲才转向反对沉没的本质：在一种新的、从现在起变得卑下的意义中，这种本质又一次获得青春活力的特征：理想只是对于心灵的不成熟状态来说，才显得是根本性的。但是，如果在这一斗争中，价值和非价值双方之间被极其清晰地区分开来，那么，小说的整个布局就一定会走样。只有当形式能够先天地从其领域中把生活的原则排除出去时，形式才能真正否定这种原则；如果形式一定要把生活的原则纳入自身，那么生活的原则对形式来说就变成肯定的了：于是，生活的原则不仅在其对抗中，而且在其本真的存在中，成了价值实现的前提。

因为，尽管时间的富足是生活的自我扬弃和与生活一起的时间的自我扬弃，时间仍是生活的丰富性。肯定的东西，即远离小说内容的任何绝望和悲痛由小说的形式所表达出来的那种肯定，不仅是那种遥远的、渐渐明白意义，这意义在探求失败之后以微弱的光辉明朗起来，而且也是生活的丰富性，这丰富性正好在探求和斗

110 争出现多种徒劳无果时显示出来。小说是成熟男性的形式:它的安魂曲(Trostgesang)从预知的洞见中唱响起来,失去意义的萌芽和足迹随处可见;敌手像本质的骑士一样来自同一个失落家园;所以,生活必定会失去意义的内在性,随之,这种内在性就处处同样地当下在场。这样,时间就成为小说庄严的、史诗的载体:时间无情地成了实存,而没有一个人能够从现在起逆着时间流的明确方向游去,也不能用先天性的堤坝来调节时间流难以预料的进程。但是,一种放弃了的感情仍然是活生生的:这一切必然会从某一个地方来,且必然会到某一个地方去;即使方向不能显露出任何意义,那这至少也是一个方向。而从这种已放弃了的成年感情中则产生出真正来自史诗的时间体验,因为这体验既引起行动又来源于行动:希望和回忆;这同时是战胜时间的时间体验:凝结成的统一事前(ante rem)对生活进行综观和事后(post rem)对生活进行综合理解。而当必定不可能有对这种形式和它们所产生的时间的质朴而快乐的体验时,尽管这些体验注定是主观反思性的,这些体验仍不会有把握住意义的赋形感;这些体验是在被上帝离弃的世界上生活所可能获得的最接近本质的体验。

这样一种时间体验以福楼拜的《情感教育》(*Education sentimentale*)为根据,而这种体验的缺失,对时间的片面消极理解,最终使其他大部头的幻灭小说遭到失败。在这一类型的所有伟大作品中,《情感教育》的编造看来是最少的,这部小说根本就没有尝试用某种统一化过程来克服外部现实瓦解为异质的、破损不全的部
111 分这一现象,以及用抒情的动人画面(Stimmungsmalerei)来取代缺少的联系和感性的亲和力(Valenz):现实的诸个别碎片艰难地、

断裂地和孤立地同时存在着。而中心人物形象既不通过限制人物数目和关于中心点的严格编排，也不通过强调中心人物的其他杰出个性而创造出重要意义：主人公的内心生活正像他的环境一样是易破碎的，而他的内心并不拥有使它能够同这种微小事物相对抗的抒情的或嘲讽的激情力量。但是，这部 19 世纪的小说，对于小说形式的所有困难来说都是很典型的，在其素材无以减轻的荒芜中，这是唯一一部达到了真正的史事客观性，并通过这种客观性，获得了既成形式的正面性和肯定力量的小说。

使这种获胜成为可能的正是时间。这种获胜阻挡不住的和连续不断的流动是同质性的统一原则，这原则将所有异质的片段磨光，并使它们相互之间有一种——自然是非理性的和无以言说的——联系。时间使人们〔生活〕杂乱无章恢复了秩序，并给予它一个自发繁荣昌盛的有机关系外表：一些人物没有显露出什么显而易见的意义，而且也没有使某一意义变得明显可见就又隐匿起来；他们同其他人物联系起来，并又中断了这种联系。然而，诸人物并非简单地隐没进这种无意义的生成和消逝中，这种生成和消逝在人们面前待过，并比人们更经久。它们超然于事件和心理，他们被赋予其定在的本真品质：从实用和心理上讲，不管一个人物出现得多么偶然，他总是从一种生存的和被体验到的连续性中登场，而这种从一次性的和惟一的生活激流中产生的气氛，则扬弃人物所
经历的偶然性和他们出现于其中的事件的孤立性。因此，承载所有 112
人的生活整体将变成某种活动的东西和有生命的东西：这种小说所包括的巨大时间统一体，将人们划分成一些世代，并把他们的行动划归给一个历史—社会的综合体，这里的时间统一体不是一个

抽象的概念，不是一种，像《人间喜剧》的整体那样在思维中再构建起来的统一体，而是某种自在自为存在着的事物本身，一种具体的和有机的连续统一体。只是就这点而言，这一整体是生活的真实写照，即使与这一整体相对立的诸理念的每一价值体系也仍然是有调节作用的，每一价值体系内在所包含的理念只是自己生存的理念，是整个生活的理念。但是，这种理念更加明显地表明了在人身上变成了理想的诸真实理念系统多么遥远，从而使所有努力所遭到的失败不那么枯燥无所慰藉：发生了的一切都是无意义的、易破碎的和充满悲伤的，然而总是为希望或回忆所照亮。而希望在这里并不是脱离生活的、抽象的艺术品——由于其在生活中的失败而被亵渎和玷污；希望本身就是生活的一部分，它试图适应生活，用装点生活的方式去经受生活的考验，然而，它总是不得不从生活中滑离。而在回忆中，这种持续不断的斗争变成了一条有趣的和不可理解的道路，这条道路用扯不断的线同目前经历的瞬间联系在一起。当这种瞬间提供有意识观看的时刻，以阻塞倏忽而来、飘然而去的绵延时，这时刻是多么富有这种绵延，以致已过去的和已消失的东西也丰富起来，甚至用体验的价值去美化当时悄然逝去的东西。这样一来，在奇特而忧郁的荒谬中，遭受失败的瞬间就是有价值的瞬间；对生活所拒绝的东西的思考和体验，就是丰富的
113 生活似乎从中涌出的源泉。完全缺乏实现的每一意义已被塑造出来，但是，塑造自身则达到一种真实生活总体丰富而圆满的实现。

这就是这种记忆的根本史诗性。在戏剧(和史诗)中不存在逝去的事情，或者全是当下的事情。由于这些形式不了解时间的流程，所以在这些形式中，逝去的事情和当前的事情之间没有体验上

的质的差别；时间不具有实现转变的强力，不会加强或削弱任何事物的意义。这是亚里士多德所指明的形式的意义——对典型场景的揭示和认识：戏剧的主人公们实际所不熟悉的某种事情，现在却进入了他们的视野，而他们则不得不在因此而改变了的世界中采取行动，这并非他们的初衷。然而，新加进去的东西并没有因时间观念而被弱化，对于当下的事情来说，它是完全同类的，且具有同等的价值。因此，时间流程即使在史诗中也没有改变什么：黑贝尔（Hebbel）可以依旧采用《尼贝龙根之歌》中纯戏剧上的“不会忘仇”，即克里姆希尔德（Kriemhild）和哈根（Hagen）那里复仇的先决条件，而在《神曲》中，对于每一个人物的心灵来说，他们的尘世生活都是当下活生生的东西，像同他们谈话的但丁一样，像他们接受惩罚和恩赐的居家场所一样。对于抒情的往日体验来说，只有变化才是根本的。抒情诗不了解作为对象被塑造的客体——这客体或者会存在于无时间性之真空中，或者会存在于流逝的气氛中：抒情诗塑造着回忆或忘却的过程，而客体只是体验的一个起因。

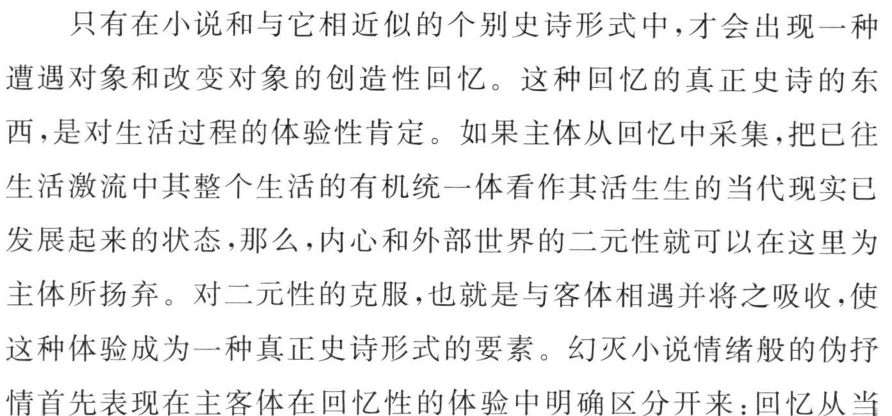

只有在小说和与它相近似的个别史诗形式中，才会出现一种遭遇对象和改变对象的创造性回忆。这种回忆的真正史诗的东西，是对生活过程的体验性肯定。如果主体从回忆中采集，把已往 114
生活激流中其整个生活的有机统一体看作其活生生的当代现实已发展起来的状态，那么，内心和外部世界的二元性就可以在这里为主体所扬弃。对二元性的克服，也就是与客体相遇并将之吸收，使这种体验成为一种真正史诗形式的要素。幻灭小说情绪般的伪抒情首先表现在主客体在回忆性的体验中明确区分开来：回忆从当

下主观性的立场出发，把握住在客体——如现实中有过的那样——及其被主体当作理想所希望得到的样本之间所设定的差异。因此，这样一种塑造的高峰和令人不快之处，既不是来源于形式遗留下来的不和谐，也不是来源于内容难以令人安慰，而是源于这样的事实，即体验的客体是按照戏剧的形式规则来构建自身，而体验着客体的主观性则是一种抒情的主观性。然而，戏剧、抒情诗和史诗并不——总是想到以何种等级次序排列——作为正、反、合存在于辩证的过程中，而它们的每一种形式则都是对世界塑造的一个种类，是与每一别的种类完全不同质的。因此，每一形式的实在性都是其自身结构规则的实现；对生活的肯定似乎来自作为情绪的形式，无异于对其形式所要求的不和谐的解决，是对其自身的形式所创造的实体的肯定。小说世界的客观结构显示出一种异质的、仅仅由调节理念所调整好的总体，这总体的意义仅仅被指明，但没有被给定。所以，个性和世界在回忆中逐渐被意识到又被体验到的统一，就其主观—建构性的、客观—反思的本性而言，是提供由小说形式所要求的总体最深刻和最真实的手段。主体在自身中回归家园，并在这种体验中显示出来，正像对希望的体验是以这
115 种对回家的预感和要求为根据一样。这种回家就是在事后把一切已经开始而又中断了的和被抛弃了的东西变为圆满的行动；情绪的抒情性，因为与外部世界、与生活的总体相联系将在这种回家体验的情绪中被超越；而理解这种统一的洞见，因与客体相联系，就从其瓦解性的分析中得到升华：这洞见将预感—直觉地理解未曾达到过并因此无以言说的生活意义，这就是所有行为的明确核心。

这种艺术类型之悖谬性的一个自然后果就是，鸿篇巨制的小

说都有某种超越史诗的倾向。在这里，《情感教育》是唯一的、真正的例外，所以对于小说的形式来说，这部小说适宜作为范本。在对时间流程及其与整个作品的艺术中心的关系的塑造中，这种倾向表现得最为明显。彭托皮丹的《快乐的汉斯》也许是19世纪所有小说中最接近福楼拜的巨大成功，在内容上则太具体化，且太强调价值以规定这样一个目标，而达到这一目标将为主人公的生活总体奠定基础并使之完善起来，以致从结尾来看，这部小说未能产生出真正史诗的完美统一。也就是说，即使对主人公来说，生活的道路不可避免地比理想要复杂得多；这条道路是必须要走的曲折之路，不经过这种曲折之路，目标就仍然是空洞而抽象的，而达到这一目标也因此失去其价值。但是，主人公只是在涉及这一被规定的目标时才确有其价值，而这样产生的价值毕竟只是已成长起来的东西的价值，而不是成长本身的价值。因此，彭托皮丹的时间体验有一种超越戏剧的东西，即超越价值承载者和抛弃意义者明确分离开来的微小倾向，这种分离虽然可用值得赞赏的节奏加以消除，但它的痕迹，作为没有完全被扬弃的二元性确实不会被根绝。

抽象的理想主义及其与时间彼岸之超验家园的密切关系，使 116
这种塑造方式成为必然。因此，这种类型的伟大作品《堂吉诃德》显得更加明显一些，也就是说，根据其形式的和历史哲学的基础，它必定向着史诗超越。在《堂吉诃德》中发生的事件几乎都是没有时间的，是一系列丰富多彩的、孤立的和在自身中完成的冒险，而结局虽然按照原则和难题使整体臻于完成，但只是使整体而非诸部分之具体整体圆满完成。这就是《堂吉诃德》的史诗性之所在，是其神奇的、没有气氛的艰辛和喜悦。当然，只有已创作的作品本

身(这种作品的生活基础并不是没有时间性的),才以这种方式出类拔萃地超越时间流程,并达到纯净境界,但承载作品的生活基础并非没时间性,也不是神话虚构的,而是从时间流程中产生的,每一个细节在时间中都有起源的痕迹。只是,在不存在的超验家园中,非常有魔力的确信之光,会吸收这种源头的阴影和被遮蔽部分,并用其光线的清晰轮廓勾画出一切。但是,这些光芒不会使我们忘记光线,因为作品甚至会把其最苦涩的喜悦和巨大忧伤不可重复地混合,归之于对时间重要性的这一次性的、也是唯一一次的胜利。如同在其他各点上一样,不是纯真的作家塞万提斯战胜了他不熟悉的形式的危险,找到了几乎不可能的完美之路,而是不归的历史哲学瞬间的这位直觉幻想家做到了这一点。塞万提斯的幻想产生于两个世界时代的分水岭,看清并理解了这两个时代,并把最使人迷惑不解和不知所措的疑难问题提升进完全领悟了的、完全变成了形式的超验之光明领域。他的形式的先行者和后继者,即骑士史诗和冒险小说,都表明了这种形式的危险——它来源于
117 骑士史诗和冒险小说向史诗的超越,来源于它们不能对绵延(drurée)予以赋形:平庸琐碎变为消遣读物的倾向。这是这种小说类型的必然难点,像因为不能超越过分棘手和过强存在的时间,瓦解即无形式就是其他小说形式,即幻灭小说的危险一样。

三、作为一种综合尝试的《威廉·迈斯特的学习时代》

- **难题**
- **社会共同体理念及其塑造的诸形式**
- **教育小说的世界与现实的浪漫化**
- **诺瓦利斯**
- **歌德解决问题的尝试和小说向史诗的超越**

《威廉·迈斯特的学习时代》在美学和历史哲学上都处于这两种小说类型之间:它的主题是难以解决的、由体验的理想所引导的个人与具体社会现实的和解。这种和解既不会、也不应该是一种自我满足,又不会、且不应该是一种从一开始就有的和谐;这种和谐甚至会导致现代幽默小说已经刻画出性格的类型,只是这种和谐在现代幽默小说中是一种必然之恶。弗莱塔格(Freytag)的《借方与贷方》(*Soll und Haben*)是这种无思想和反诗意原则之客体化的一个范例。人物类型和情节结构在这里受制于形式的必然性,即内心与世界的和解虽然难以解决,却是可能的;必须在艰难的斗争和迷途中去寻求这种和解,而且一定能找到这种和解。所以,这里考虑到的内心就处于前面分析过的两种类型之间:它们同超验理念世界的关系是一种不受束缚的、在主观和客观上都松散了的关系，然而，完全自立的心灵并没有把自己的世界完善成一种自身完美的或应予以完美的现实——它作为假设和竞争强力与外部现实相对立，而是作为与先验秩序更远距离地、然而还未减弱地联系起来的标志，自身怀有一种对尘世家园的渴望，这家园与理想
118 相符——这种理想就正面而言是不清楚的、就负面而言是明确的。所以，内心一方面是一种宽广的因而变得更温和、更能灵活适应、更具体的理想主义，另一方面又是心灵的一种扩展，这心灵要在行动中影响现实，而不只是静观。这样一来，内心就横亘在理想主义和浪漫主义之间，并在自身尝试综合和克服双方时，被双方作为一种妥协而予以拒绝。

从这种由主题给出的、在社会现实中有行动效力的可能性中，产生了这样一种结果：外部世界的划分，职业、等级、阶级等等，作为社会行动的基础，对于这里予以考虑的人物类型来说，具有决定性的重要意义。因此，理想在这些人中规定着他们的行动，并具有如下内容和目标：在社会产物中可以找到适合于心灵的联系和满足。但是，至少在假定的意义上，心灵的孤独借此被扬弃了。这种效用以人们内心的共同体为前提，以对人与人之间本质事物的理解和合作为前提。但是，这种共同体既不是完全自然地根源于社会联系和休戚相关的自然一致(像在古代史诗中那样)，也不是一种神秘的共同体体验——它在这种恍然大悟面前，忘记了孤独的个性是某种暂时的、僵化了的和罪恶的东西，并抛诸身后，而是从前固执于自身的孤独个性的一种相互磨合和相互适应；它是一种丰富而充实的听天由命的结果，是一种教育过程的成就，是一种通

过努力和斗争获得的成熟。这种成熟的内容是自由人性的一种理
想，这种自由人性把社会生活的所有产物理解和肯定为人类共同 119
体的必然形式，然而同时，自由人性把这些产物仅仅视为生活的基本实体发生作用的起因，换言之，自由人性不是在严格的国家—法律的自为存在中，把握这些产物，而是把这些产物作为获得目标的必要手段加以超越。因此，抽象理想主义的英雄行为和浪漫主义的纯粹内心，就被允许作为相对合理的、但仅被允许作为有待超越和适应内化秩序的趋势；它们本身好像该受谴责，注定要毁灭，正像满足于每一种缺失理念的外部秩序，即庸俗习气一样，仅仅是因为这是既定的秩序。

理想和心灵之间的这样一种关系结构，使主人公的中心地位有了局限性：这种中心地位是偶然的；主人公之所以从无数作出相同追求的人中间被挑选出来，并被置于中心，只是因为他的寻求和发现把世界的整体性最清楚地揭示了出来。但是，在记录威廉·迈斯特学习生涯的城堡中，也有雅尔诺(Jarno)和罗萨里奥(Lothario)以及社团许多其他成员的学习生涯，而在住养老院的贵族妇女的回忆中，小说本身包含着与主人公的教育经历类似的详情。当然，幻灭小说也知道中心人物的这种偶然的中心地位(然而，抽象的理想主义却不得不使用一个有孤独特征的并被置于中心的主人公)，但是，这一点只是揭示恶化着的现实的一种手段：在每一种内心深处的必然失败中，每一单个人的命运只是一段插曲，而世界则是由无数相互异质的、独立的插曲编排起来的，这些插曲只是把必然失败作为共同的命运一起分担下来。然而在这里，主人公地
位的相对性的世界观基础就是朝向共同目标的各种努力获胜之可 120

能性；个别人物通过命运的这种共同性彼此紧密地联系起来，而在幻灭小说中，生活轨迹的并行只是增添了人物的孤独感。

因此在《威廉・迈斯特的学习时代》中，即使在抽象的理想主义完全专心于行动与浪漫主义变成沉思的、纯内心的行动之间，［歌德］也找到了一条中间道路。人性，作为这种塑造类型的基本信念，要求在主动性和沉思之间、在影响世界的愿望和对世界的接受能力之间有一种平衡。人们把这种形式称之为教育小说。这是有理由的，因为教育小说的情节一定是一个指向一定目标的、有意安排的过程，是人物身上某些品格的展示，没有人物和幸运偶然事件的积极介入，这些品格是绝不会在他们身上茁壮发展起来的；因为按照这种方式所达到的目标，本身就是某种对他人来说有教化价值和促进作用的东西，本身就是一种教育手段。由这一目标规定的情节，有一种基于安全的宁静。但是，这不是一个联系密切的世界之先天性的安宁；这是目标明确和目标确定且趋向教化的意志，这意志创造着最终安全的氛围。这个〔小说的〕世界本身绝没有脱离危险。估量出每个人所遭受的危险，一批一批的人，因为他们没有能力适应这个世界，所以不得不走向毁灭，而另一些人，因为他们轻易而无条件地屈服于每一现实，所以不得不渐渐衰萎及枯竭而死，面对这种危险，也许每个人都有一条个人拯救之路，但并不是先天就有获得拯救的可能性。然而，确实有这样一些道路，而且我们看到整个人类共同体——相互帮助，尽管其中也有一些差错和迷乱——走上了这些道路，正胜利地临近终点。而究竟有
121 多少道路成为现实，至少必须尽可能地为所有的人敞开着。

因此，这种小说形式显著而基本的安全感，来自其中心人物的

相对化，这种相对化又取决于对共同命运和生活塑造的可能性之信念。这种信念一消失，从形式上来表达，也就意味着：小说的情节一旦由一个孤独的人——他仅仅穿过种种虚假的或真实的共同体，但其命运并未归入其中——的命运来构成，塑造的方式就必定会发生根本改变，且接近幻灭小说的类型。因为，孤独在这里既不是偶然的，也不是个人产生的，倒不如说它意味着，向往本质的意志通到社会产物和共同体的世界之外，一种共同体只有在〔生活的〕表面上基于妥协才可能存在。也就是说，即使中心人物是成问题的，那他的难点也并不在于其所谓的“错误倾向”，而恰恰在于他想把自己内心深处的东西在世界上真正加以实现。这种形式的小说确实还保留下来有教育意义的东西，并使这种形式的小说同幻灭小说严格区分开来，也就是说，主人公最终处于听天由命的孤独状态，但这并不意味着他的全部理想都完全破灭或被玷污了，而是意味着他认识到内心和世界的差异，意味着积极地去实现对这种二元性的洞见：他满足于听天由命地接受社会的生活方式，把自己封闭起来，并自为地把只有在心灵中才可实现的内心保存起来。他所产生的表情举止，表达着目前的世界状况，但既不是反对它，也不是肯定它：这只是一种对世界状况予以理解的体验，是一种力求对双方都公平合理的体验，而且这种体验把心灵自身不能在世 122
界中起作用，不仅视之为这个世界失去本质，而且也视之为心灵的内在虚弱。当然，在大多数个别情况下，教育小说的这种后歌德式类型和幻灭小说类型之间的界限常常是变动不居的。《绿衣亨利》(Grünen Heinrich)的第一稿也许最清楚地表明了这一点，而最后的定稿则明确而坚定地走上这种形式所要求的道路。但是，这样

一种迅速变动的可能性（尽管是可克服的）表明了一种巨大的危险，该危险威胁到从其历史哲学基础出发的这种形式：这是一种不可作为典范的、非象征的、不得不破坏史诗形式的主观危险。因为在这种先决条件下，无论是主人公还是其命运，都可能是某种纯个人的东西，而〔作品〕整体就变成一种回忆、被讲述的私人命运，正如某个一定的人成功地剖析了给予他的那个外部世界一样。（幻灭小说用压倒命运并使之雷同的普遍性，来补偿人物增强了的主观性）而这种主观性较之讲述语气的主观性更加难以消除：这种主观性赋予所有被表述的东西——即使技术性塑造被客体化到最完美的程度——以纯私人的不幸、无关紧要和狭隘小气的性质；它留下的就是让人更加难堪地发觉总体缺失的视角，因为它每一时刻都要求塑造这样一种总体。现代教育小说的绝大部分都无可挽救地陷入这种危险之中。

《威廉·迈斯特的学习时代》中的人物和命运结构决定了其社会环境的建构。即使在这里也有一种中间状态：社会生活的产物既不是一种固定、安全和超验世界的映像，也不是自身中一种完整的、清楚划分的秩序——它实体化为目的本身；因而此后真的就从
123 这个世界里排除了［小说人物］探求和迷路之可能性。然而，社会生活的产物也没有形成无定型的人群，因为，否则把注意力朝向秩序的内心必然在其领域中始终是无家可归的，要达到这一目标可能从一开始就是不可想象的。因此，社会世界必定成为一个习俗世界，但是，活生生的意义就有可能部分穿透这个世界。

于是，外部世界就产生了一个异质性的新原则：不同的产物和层次，按其意义之可穿透性而划分成非理性的和不可理性化的等

级，在这种情况下，这种意义就不是某种客观的东西，而是个性起作用的可能性。作为创作因素的讽刺，在这里发展成完全具有决定意义的重要性，因为既不会允诺任何产物自在自为地获得这种意义，也不会否认任何产物有这种意义，因为它们是否如此适用，从一开始就根本没有被弄清楚，而只有在同个人发生相互作用时才能显露出来；这种必然的模棱两可还将由于以下情况而得到增强，即在个人的相互作用时，根本就不可能确认，诸产物适合或不适合个人是否应归结于个人的成败，甚或就是对这种产物的一种评判。然而，对现实的这种讽刺性的肯定——因为这种悬而未决甚至把一缕光辉都倾泻到完全抛弃理念的做法上——确实只是一个中间阶段：教育过程的完成必然会使现实的某些部分理想化和浪漫化，并使其他部分毫无意义地归之于散文。然而另一方面，在描写这种回归家园及其交通工具时不应放弃讽刺立场，让位于无条件的肯定。因为社会生活的这些客观化的确也只是超然于外在化之外的某些事情变得可见和富有成果的活动诱因，是这些客体化使自己的现实性质所依据的先前的、讽刺的现实同质化——这 124
些客体化对于主体的视角和倾向具有看不透的本质，它们面对这些视角和倾向是独立的存在——，在回归的那一刻被扬弃掉而不损害整体的统一。这样所达到的、富有意义的和谐世界就是真实的，并具有现实的同一特征，如同抛弃意义和看透破碎意义的不同分层——它们在小说情节中做了现实的先导——一样。

在浪漫主义现实形态的这种讽刺节奏中，存在着这种小说形式的另一种巨大危险，这种危险也只有歌德部分地成功逃脱了。这种危险使现实浪漫化，直至完全超出现实那一领域，或者如艺术

的原来危险所清楚表明的那样，浪漫化直至进入彻底远离难题、超出难题的范围，而对于这种范围来说，小说的塑造形式已不再够用了。诺瓦利斯正是在这一点上把歌德的作品作为散文式的和反诗性的作品加以拒绝，他用在现实事物中实现了的超验，即用童话作为目标和史诗规范，来对抗《威廉·迈斯特的学习时代》的塑造方式。他写道："《威廉·迈斯特的学习时代》在一定程度上完全是散文式的和现代的。浪漫的东西就毁灭于此，自然诗、美妙的东西也是这样。歌德只论及人的日常事情，自然和神秘主义都完全被忘掉了。《威廉·迈斯特的学习时代》是一个诗化的、市民的家庭故事。其中美妙的事情明确地被当作诗歌和狂热来处理。艺术的无神论是该书的精神……该书压根儿至多是非诗化的，尽管表述得很有诗意。"另一方面，这又不是偶然的，而是思想和素材之间谜一
125 般的、却非常理性的心灵亲睦，以致诺瓦利斯就用这样一些倾向来追溯骑士史诗的时代。像这种史诗一样（这里谈论的当然是诸努力的先天共同体，而不是某种方式直接或间接的"影响"），即使他也想去塑造在尘世独立的、显而易见的超验总体。因此，他这种风格几乎像骑士史诗的风格一样，不得不把童话作为目标。然而，一方面，中世纪的史诗作者以质朴—自然的史诗思想直截了当地意在塑造这尘世世界，并连同照亮世界的当代超验一起把现实神化为童话，仅仅作为其历史哲学的礼物来获取，另一方面，对于诺瓦利斯来说，这种童话现实把重建现实和超验之间已破裂的统一作为有意识的创作目标。然而，他因此就不能实行在这一点上决定一切的、完全彻底的综合。现实太受其无理念的尘世艰难的牵累，而超验的世界则因其太直接来源于完全抽象的哲学假设领域而太轻

浮和毫无内容，以致它们不能有机地结合成对活生生总体的塑造。
这样一来，诺瓦利斯在歌德那里敏锐揭示的艺术缺陷，在他自己的
作品中变得还要更大一些，而且完全无法消除：诗的胜利，诗对整
个宇宙之神化和拯救的统治，并不具有把所有其他尘世和散文的
事物拉进这天堂以贴近自己的基本力量；现实的浪漫化只是给现
实披上了诗的抒情外表——并没有使自己转化为事件，转化为史
诗，以致真正的、叙事的塑造，不是显示着、且还在增加着歌德式的
困难，就是为抒情反思和情景画所环绕。因此，诺瓦利斯的风格仍
然是一种纯反思的风格，这种风格虽然在表面上掩盖了危险，但在 126
本质上却增加了危险。因为社会世界产物的抒情—情绪性的浪漫
化，不可能涉及其在当前精神状况下同内心本质生活的缺少预先
稳定的和谐，而且由于诺瓦利斯摒弃了歌德所走的道路，在这里找
到了一种从主体出发创造出来的、在讽刺上悬而未决、尽可能不触
及社会产物的平衡，所以他就只剩下唯一的一条道路可走，就是将
诸产物在其客观的定在中抒情地予以诗化，从而创造出一个美好、
和谐、就自身而言始终是不变的、没有内在联系的世界，这个世界
只是反思地，只是从情绪上而不是在叙事上既同最终变得现实的
超验，又同难以解决的内心，联系起来，这样就不会成为真正的总
体。

然而，即使在歌德那里，克服这种危险也不是没有困难的。虽然为了新生的社会领域，他强调看透意义纯潜在的和主观的本性，支撑整个社会结构的共同体思想仍然要求，诸社会产物在这里具有一种比已克服了的领域更大、更客观的实体性，因而更真实地适合于应然主体。然而，对基本困难的这种客观主义扬弃，必然使

小说接近史诗；但是，如同不可能通过讽刺性的重新塑造来获取这种超验并使其余一批小说完全同质一样，也不可能把作为小说开端的东西作为史诗来结束。因此，超验的、因此也是破碎的贵族世界，作为主动控制生活的象征，必然与产生自小说的真实精神并与戏剧美妙统一的气氛相对立。这个贵族等级的内在化，确实是通
127 过决定与小说缔结的联姻方式，以最大的力量从感性—叙事上塑造出来的；所以，贵族等级的客观优越性也就被贬低为对更自由和慷慨的生活来说一种仅仅更为有利的机会，然而，对每个拥有为此需要的内在前提的人来说，这种机会都是敞开着的。不过，尽管保留了这种讽刺，这个等级仍被提高到它在精神上不能与之匹敌的实体性高度：贵族等级应该在自己的框架内（尽管被限制在一个有限的圈子里），展现一种普遍的和广泛的文化盛况，这一盛况能够把各种各样的个人命运之解决办法纳入自身；也就是说，它必须把某种关于史诗之难题彼岸的光辉，倾泻到由贵族等级所限定和建造的世界。而且，即使歌德最明智的艺术节奏，把新的难题引入小说并让其显露出来，也不能躲开小说结局的这种内在结果。然而，就这个世界本身而言，在其仅仅相对地适合于本质生活的状态中，也并不存在任何会呈现出这样一种风格的可能因素。对此，〔歌德〕最后的著作中多受指责的、幻想的参考资料，神秘的城堡，替天行道类的、无所不晓的知情者等等，都是必要的。在这里，歌德采用了（浪漫主义）史诗的塑造手段，而且如果他试图轻易地和讽刺性地再次贬低在他看来对塑造小说结尾的感性意义和重要性是绝对必要的这些手段，消除其史诗特性，并把这些手段转变成小说形式的要素，那么，他在这里就一定会遭到失败。他在塑造上的讽刺

（它在别的地方处处都用足够的实体来供给不值得赋形的东西，并用形式的内在性来接收任何超验的活动）在这里只会使神妙事物（通过揭示其游戏性的、任意专断的和最终非本质的性质）遭到贬低，却不能阻止美妙事物不和谐地破坏整体的语调统一：美妙事物将变成没有隐含深邃意义的故弄玄虚，变成一种没有现实重要性 128
却被过分强调的情节动因，变成没有优雅装饰的游戏点缀。不过，美妙事物不只是对时尚的一种承认（如一些人所辩解的那样），尽管如此，不考虑如何来自《威廉·迈斯特的学习时代》的这种如此无机的“美妙事物”，也是完全不可能的。这是一种根本的形式必然性——它迫使歌德运用这种奇迹；而他的运用之所以必然失败，是因为，与这位诗人的世界观相适应，这种奇迹与其说想要一种成问题的形式，不如说许可它有自己的基础，即应塑造的时代。即使在这里，这位诗人的乌托邦观点也忍受不了美妙事物停留在对时间所给定的难题的描画上，并满足于一瞥且在主观上体验一种不可能实现的意义；这种观点迫使他把一种纯个人的体验——假定它可能是普遍有效的——设定为存在的和根本的现实意义。但是，现实并不必强使自己上升到这种感性水平上来，而且——如同在伟大文学形式具有决定意义的所有难题中一样——，也没有更伟大更出色的塑造艺术能够消除这一鸿沟。

四、托尔斯泰与对社会生活形式的超越

- **小说塑造同传统习俗的论战**
- **托尔斯泰的自然概念及其对小说形式产生的难以解决的后果**
- **托尔斯泰在叙事文学形式的历史哲学中的双重地位：对陀思妥耶夫斯基的展望**

［小说］向史诗的这种超越总是停留在社会生活之内，而只要
这一超越在被塑造的世界之决定性的地方苛求一种实体性——这
个世界不能以任何哪怕是微弱的方式承受这种实体性并使之保持
平衡——，它就将破坏形式的内在性。向往超越难题、即向往史诗
129 的想法，在这里确实只是倾向于社会的形式和产物的内在乌托邦
理想，所以，整个来看，这种想法并没有超越这些形式和产物，而仅
仅超越了其历史给定的、具体的可能性，当然，这一点就足以破坏
形式的内在性。这样一种看法只有在幻灭小说中，在内心世界和
习俗世界不一致必然导致对后者的全盘否定的地方，才产生出来。
然而，只要这种否定仅仅意味着一种内心的看法，那么小说的内在
性一旦获得形式，就始终得以保持，而在未达到平衡时，整个来看，

谈论的与其说是形式的一种抒情—心理的瓦解过程，倒不如说是小说向史诗的超越（我们已经分析过了诺瓦利斯的独特立场）。但是，如果在一种同样现有的现实中把对世俗世界的乌托邦拒绝予以客体化，而对论战的抗拒又这样获得塑造的形式，那么超越就是不可避免的。西欧的发展并不曾有过这样一种可能性。在这里，心灵的乌托邦要求指向某种从一开始就不可能实现的东西：指向外部世界，这世界是与一种千差万别的和极为精致的、成为内心世界的心灵相适应的。不过，对世俗的拒绝并不是指向世俗性本身，而是部分地指向其心灵的陌生感，部分地指向其缺少精致化，也部分地指向其纯粹文明而非文化的本质特性，部分地指向其枯燥而贫乏的精神荒漠。不过，除了某些纯粹的、几乎神秘被称呼的无政府主义倾向之外，这始终是指一种在社会产物中客观化的文化，它是与内心相适应的。（这是歌德的小说触及的这种发展之点，只有在他那里才找到了这种文化，由此才产生出《威廉·迈斯特的学习时代》的特有韵律：越来越本质化的[社会]产物阶层（Gebilde- 130
schichten）随着主人公越来越成熟——越来越放弃抽象理想主义和乌托邦浪漫主义——而越来越超出他的期望。）所以，这种批评只能抒情地表达出来。卢梭的浪漫主义世界观具有背离每一文化结构世界的内容，即使在他那里，论战也成为纯论战性的，也就是说，成为雄辩的、抒情的和反思性的；西欧的文化产物世界如此牢固地根源于构造它的诸社会产物的不可摆脱性，以致它绝不会有能力采取与论战不一样的方式同它相对抗。

19 世纪俄国文学被赋予了作为信念和塑造的基础，只有在更大程度上接近这种有机—自然原始状态，才使这样一种创造性的

论战成为可能。在本质上是“欧洲的”幻灭浪漫主义者的屠格涅夫之后，托尔斯泰创造了小说向史诗的最强有力超越这种形式。托尔斯泰真正史诗的和远离每一小说形式的伟大思想，在于追求一种基于同感的、简单的、与自然紧密联系着的人类共同体的生活，这种生活依赖于大自然节律，在其产生和消失的节奏中运动，并把非自然形式的一切狭隘和分离的事情、瓦解着和僵化着的东西排除出自身之外。在给 A. A. 托尔斯泰伯爵夫人的信中，托尔斯泰在谈到其中篇小说《三个死者》（*Drei Tode*）时写道：“农民（Muschik）[*]安静地死去了，他的宗教就是他与之一起生活过的自然。他伐树、种麦、割麦，他宰羊，羊在他那里出生，孩子们降生于世，老人们故去，他知道这条他绝回避不了的规律，如同巴琳雅（Barinja）[**]那样，正是她直接盯着他的眼睛看……树安静地死去，死得那么简单而美好。之所以说它死得美好，是因为它不说谎骗人，因为它不扮怪相，无所畏惧，也无所遗憾。”

131　托尔斯泰历史地位的矛盾之处比所有其他东西都更多地证明，小说正是我们这个时代必然的史诗形式，并表现在这样一点上，即使在他——不仅渴求这个世界，而且具体、明确而广泛地目睹和塑造它——那里，这个世界也不使自己转变为运动，转变为行动；这个世界始终只是史诗塑造的一个要素，然而并不是史诗的现实本身。因为旧史诗的自然—有机世界正好是一种文化，它的有机性质就是其文化特质，然而，这指的却是被托尔斯泰设定为理想

* 原文为俄文，指帝俄时代的农民。——译注

** 小说中的女庄园主。——译注

和作为存在来体验的自然，就其最内在的本质而言，就是作为自然的自然，而这样一种自然则与文化相对立。这样一种必然的对立，就是托尔斯泰小说无法解决的难点。由此可见，不是因为他没有在自身中真正排除文化，也不是因为他同他作为自然来体验和塑造的东西的关系是一种纯感伤的关系，也就是说，不是由于心理的原因，而是由于形式的原因及形式同其历史哲学基础的关系，他对史诗的看法必然在难以解决的小说形式方面获得。

只有在文化的基础上，不管人们对它可能采取何种态度，一种关于人和事的总体才是可能的。所以，托尔斯泰史诗作品的决定性的东西——无论是作为结构，还是作为具体的丰富内容——都属于被他视为难以解决而予以摈弃的文化世界。然而，由于自然（虽然它并不会完善为内部独立和完美的总体）确实还是某种同样客观存在的东西，那么在作品中就产生出关于现实的两个社会层面，它们不仅在被赋予的价值存在中，而且在其存在的质量上都完全是异质的。而它们首先使作品总体的结构得以可能的相互关联，只能是从一种现实到另一种现实所经历的道路；或更确切地 132
说，由于方向是由评价的结果给定的，这条道路就从文化通向自然。但是由此——作为作家的信念和他所看到的时代之间矛盾关系的矛盾后果——一种感伤的、浪漫主义的体验就成为整个塑造的中心：也就是诸重要人物对其周围的文化世界所能提供给他们的一切东西的不满，和从他们的摈弃中产生的对自然界其他更为本质的现实的寻求和发现。从这个主题中产生的矛盾，还由于以下情况而增大，即托尔斯泰的这种“自然”不具有使这个主题可能得以实现的丰富和圆满，这种“自然”像歌德小说结束部分的那个

世界相对而言最具实体性那样，将成为主人公能够企及和安居的家园。倒不如说，这种“自然”只是在事实上担保，在世俗性之外真有本质的生活，它是一种在丰满而真诚的自我体验中、在心灵的自我体验中能够达到的生活，但人们从中必然会无可挽回地重新堕入另一个[世俗]世界。

托尔斯泰也不会通过他在自然和文化之间——在二者之中都可以安身，但对二者又都是陌生的——调配爱情和婚姻的特有态度，来逃避自己世界观的这种无法安慰的后果，这是他用具有世界历史意义的作家英雄式的无情所造成的。在自然的生活节奏中，在没有激情的、自然的生生灭灭的节奏中，爱情最具体、最显而易见地形成了驾驭生活的强力。但是，作为纯自然强力，作为激情的爱情，确实不属于托尔斯泰的自然世界：这爱情太受个人与个人之间关系的制约，所以太孤立，等级划分过多和高雅化；它太文化了。

133 在这个世界上占据着真正中心地位的爱情，是作为婚姻的爱情，作为结合的爱情——结合和成为一体的事实，比谁置身其中更重要，和作为生育手段的爱情；婚姻和家庭是生命自然延续的手段。由此就在这种建造中引入了一种思想上的分裂，如果这种分裂没有创造出另一种异质的现实层面，而且这个现实层面不会随着本身异质的两个领域而被引入布局的联系中，那么它在艺术上就很少有什么意义；所以，爱情被塑造得越真实，就必然越强烈地突变为意图的反面：这种爱情对文化的胜利，应该是本原的东西对虚假美化事物的胜利。然而，这种胜利将变为自然对一切人类高贵和伟大的绝望吞噬，这种自然存活在人中间，然而，当爱情在我们的文化世界里确确实实尽情享受时，它就只能作为对最低级、最没有精神、最脱离理念的世俗的适应而尽情享受下去。所以,《战争与和平》结尾处的情绪,即令人欣慰的家庭教育气氛——在这里,所有的寻求都结束了——比最成问题的幻灭小说的结尾都具有更深刻的绝望性。以前有过的一切东西都荡然无存;如同荒漠的沙粒覆盖着(埃及)金字塔一样,所有心灵的东西都被动物的自然性淹没,化为乌有。

结尾处这种非本愿的绝望连接着一种本愿的绝望:对世俗世界的描写。托尔斯泰的评价和摈弃态度延伸到描写的每一个细节。他所描写的这种生活的无目的性和无本质性,不仅为看清它的读者客观地表达出来,也不仅作为逐渐失望的体验表达出来,而且也作为先天的、固定的而又激动人心的虚空和不安的烦闷表达出来。这样,每一段对话和每个事件都保留下作家对它们所作判决的印记。

134

与这两种[私人婚姻世界和公众社会世界的]体验群体相对立的,是对自然的本质体验。在十分罕有的伟大瞬间——大多是死亡的瞬间,有一种现实向人展示出来,在这种现实中,人以透视一切的突然性看到并把握住关于他、同时支配他的本质,即他生活的意义。在这种体验面前,全部过往生活都陷入虚无之中,他的所有冲突和痛苦及其所造成的全部烦恼和错误,都显得狭隘,又非本质。意义显现出来了,进入生气勃勃生活的道路向心灵敞开着。而且在这里,托尔斯泰又一次用真正天才的不合乎理性的无情,揭示了他的形式及其基础的最深刻困难:死亡的伟大瞬间给予这种有决定意义的幸福——,这是安德烈·包尔康斯基在奥斯特里茨战场受伤面对死亡的体验,是加里宁和沃伦斯基于安娜死亡之际在卧榻旁的同一体验，而真正的幸福就是现在死去，能够这样死去。但是，安娜好起来了，安德烈也苏醒过来，伟大的瞬间也不留痕迹地消失了。人们又生活在世俗的世界里，人们又过上一种无目的又非本质的生活。伟大的瞬间所指明的道路，随着这瞬间的消逝而失去了它们指引方向的实体性（die Substantialität）和现实性；人们不会走这样的道路，而如果人们以为踏上了这样的道路，那么这种现实就是伟大体验显露已经表明的那种东西的苦涩漫画。（列文对上帝的体验和随后对所获得的东西的坚持——尽管不断在心理上失去了，与其说源自于塑造者的想象，不如说源自于思想家的意志和理论。它是纲领性的，且没有其他伟大瞬间的直
135 接鲜明性。）有能力真正经历其体验的少数人——也许普拉东·卡拉塔耶夫（Karatajew）是唯一这样的人物——是一些必不可少的次要人物：每一个事件都没有改变他们，他们绝没有以其本质被卷进事件之中，他们的生活没有客观化，他们不可塑造，只可暗示，仅仅作为与其他人物的对立而存在，所以在艺术上就可具体地加以规定。他们是边缘的美学概念，而不是现实。

与这三个现实层面相适应的是托尔斯泰世界的三个时间概念，而它们的不协调最鲜明地显示了这些如此丰富且从内心深处塑造的作品的内在困难。世俗世界其实是没有时间限制的：连续不断重现和重复性的千篇一律依照无意义的自身规律进行着；这是一种没有方向、没有发展、没有消失的永恒运动。诸人物来回替换，但是，随着他们的更迭，什么都没有发生，因为每一个人物都同样是非本质的，每一个人物都可以由任何另外一个人物来取代。人们随便什么时候都可以离开这个世俗世界：人们总会找到或抛

弃同一种五彩缤纷的非本质性。托尔斯泰的自然之河在此之下潺潺流淌：一种永恒节律持续不断，且老一套。而在这种情况下变化着的东西，也只是一些非本质的东西：在其中紧密联系在一起或沉或浮的个人命运，其生存不具有基于自身的任何意义，这种命运与整体的关系不是吸收而是毁灭其个性，这种命运——与无数同类的和有相同价值的其他命运相比，是作为个人的命运，而非作为[生活]节奏的一个要素——对于整体来说是完全无关紧要的。伟大瞬间使对本质生活和有意义进程的预感明朗起来，但它们仍然是这样一些瞬间：它们与其他两个世界隔绝，在根本上与那两个世界无关。因此，时间的三个概念不仅是相互异质的，彼此无法统 136
一，而且没有一个概念能表达真正的期限，真正的时代，小说的生活要素。对文化的超越，只是把文化毁掉，没有让更有保障、更本质的生活来取代它；小说形式[向着史诗]的超越，使文化变得更成问题——在纯艺术上，托尔斯泰的一些小说就是被过分夸张了的幻灭浪漫主义类型，即福楼拜形式的巴洛克(Barock)版本——在比其他塑造更具体的塑造上，没有接近所渴望的目标，没有接近超越难题的史诗现实。因为预见的实在自然世界，仍然是预感和体验，也就是主观性的，而对于所塑造的现实来说，则是反思性的；它——在纯艺术上——还与向往更合适现实的任何渴望是一样的。

[文学的]发展没有超出幻灭小说的类型之外，最近一段时间的文学也没有显示出本质上有创造性的、形成新类型的可能性：现有的文学就是对以前塑造方式的无创造性的模仿，这种模仿似乎仅仅在形式而非本质的方面——在抒情和心理方面——才具有创

造力。

托尔斯泰本人当然采取一种双重态度。在一种完全针对形式的考察——然而这种考察在他那里恰恰不可能影响他的信念以及他所塑造的世界的决定性东西——中，他必然会被理解为欧洲浪漫主义的终结。但是，就他的整个作品少量伟大瞬间——这些瞬间只是形式上的，仅仅就作品中被塑造的整体而言，又是主观—反思的——他指明了一个清楚区分开来的、具体存在的世界；如果这个世界不能扩展为总体，那么它对于小说的诸范畴来说就是完全无法接受的，因而就需要一种新的塑造形式：更新了的史诗形式。

这是一个纯心灵现实的领域，其中，人作为人——而不是作为
137 社会的存在物，然而，也不是作为孤立的和无与伦比的、纯粹的因而也是抽象的内心——存在着；在其中，如果这种内心有一天将作为被纯真体验到的不言而喻的事情，作为唯一真实的现实而出现在现场，那么就会从所有可能的实体和关系中形成一个新的和完善的总体。这一总体远远胜过我们已分裂了的现实，而且仅仅用作为背景，正像我们社会的—“内心的”二元世界胜过了自然世界一样。但是，我们绝不能从艺术出发来实行这种变革：伟大的史诗是一种受历史瞬间的经验制约的形式，而把乌托邦作为存在来塑造的每一种尝试，都仅仅以对形式的破坏而告终，却创造不了现实。按照费希特的说法，小说是罪大恶极（die vollendeten Sündhaftigkeit）时代的形式，而且，只要世界处在这些日月星辰的统治之下，小说就一定仍然是占统治地位的形式。在托尔斯泰那里，对突入一个新的世界时代的预感，是显而易见的：然而，它仍然是有争论的，充满渴望的和抽象的。

只有在陀思妥耶夫斯基的作品中，这个新世界——它远离反对现存事物的每一斗争——才被描绘为易见的现实。所以，他和他的创作形式都处在这些考察之外：陀思妥耶夫斯基没有写什么小说，而在他的作品中显而易见的塑造信念，无论是肯定还是否定，都与 19 世纪欧洲浪漫主义无关，也与对它的各种各样的，也是浪漫主义的反应无关。他属于新世界。只有对他的著作作出形式分析才能指明，他是否已经是这个世界的荷马或但丁，或者他是否仅仅提供颂歌——这些颂歌由后来的诗人同其他的先驱者一起，结合成伟大的统一体，他是否只是一个开端，或者已经是一种实现。于是，从历史哲学上解释预兆的任务，只能是说出我们是否真 138
的正开始离开罪大恶极的状况，或者是否只有纯粹的希望才能宣告新事物的到来；新事物来临的征兆还如此微弱，以致它会被只是存在者的无益政权(unfruchtbaren Macht)随时轻而易举地扼杀。

人名索引

本索引所标页码为德文版页码，参见中文版边码

术语德汉对照表

Abstand,距离,疏远
Apriori,先天,先天理性,先天性

Bedingtheit,限性
Brüchigkeit,易碎性,腐败

Dämon 精灵,魔鬼
Dämonie 魔力,精灵性,魔性
Dämonische,超自然的神秘力量,精灵性的东西,魔力
Dämonisch,有魔力的,恶魔的
Dasein,定在,此在,生活,生存
Dichtung,文学作品,诗
Diskret,离散的

Einstoffigkeit,同质性
Epik,das Epos,史诗,叙事诗
episch 史诗的,叙事诗的
Epopöe 史诗,叙事诗
Existent,生存着的
formen,赋形

Gebärde,手势,表情,姿势
Gebilde,构成物,形成物,产物
Gegeben,给定的
Gegebenheit,情况,事实,现实事物
Gemeinschaft,共同体
Geschlossen,封闭的,自成一体的,完整的
Geschlossenheit,完整性,封闭性,自成一体
Gesinnung,信念,观念,态度,思想
Gestalten,塑造,创造
Gestaltung,塑造,形态
Geste 姿态,表示
Gott,上帝,神

Heimat,故乡,家乡
Heimlos,无家可归的

Immanent,内在的
Immanenz,内在性
Innerlichkeit,内心深处,精神生活

Kategorie,范畴,种类,集团
Kohärenz,关联
Kontingent,偶然的
Konvention,习俗
Kreatur,生物,造物

Logizität,逻辑性

Macht,强力,政权
metasubjektiv,超主观的
normativ,标准的,规范的

Organik,有机关系

Paraklet,圣灵
Positivität,实证性,正面性,肯定性
Prius,居先者
Problem,难题
Problematik,困难(性),难点
Problematisch,成问题的,难以解决的
Prosa,散文
Prozeβartig,过程性

Rhytmus,节律

der Schein,映像
scheinen,映现
Schema,图式,图型,模式
Schematismus,公式主义,公式化
Selbstheit,自我性
Sinn,意义,含义,感性
Sollen,应有,应然,责任
Sollend,应然的
Sosein,本质
Substanz,实体,实质

Topographie,地形,地形学
Totalität, 总体,总体性
Theodizze,神正论,完美辩护
Transzendent, 超验的
Transzendental, 先验的
Transzendenz, 超验性
Transzendieren, 超越
Trostgesang,安魂曲
Typologie, 类型学

Urbild,原型

Valenz,亲和力
Vers,韵文
Vorbeihandeln,误解

Das Werden,变易
Wunderbares,神奇事物,奇迹

译　后　记

《小说理论》是卢卡奇的早期代表作之一，在一定程度上也可以说是卢卡奇思想发展的一个重要起点。因此，要深入研究卢卡奇的整个思想，也不能不追溯到《小说理论》。尤其重要的是，西方文化哲学的一些研究，也多把《小说理论》作为其代表作之一来引用。

鉴于我多年对研究卢卡奇的思想感兴趣，自然常常会涉及卢卡奇的早期著作及其思想，在接触有关材料中深感《小说理论》的重要价值，从而也产生了翻译该书的意向。

在此有必要提到此前南京大学出版社出版了张一兵教授主编、张亮、吴勇立先生翻译的《卢卡奇早期文选》，《小说理论》就是其主体部分。我们在翻译该书时有些地方参考了他们的译本。

我们是根据联邦德国慕尼黑 1994 年 7 月德国袖珍本出版社 GmbH & Co. KG 出版的德文版本译出的。这个版本——第一次 1963 年由 Hermann Luchterhand Verlag，Neuwied und Berlin 出版，此后作为"Luchterhand 丛书"的 36 卷出版——恢复了 Paul Cassirer 1920 年在柏林出的第 1 版的原文。

该书的前言和第一部分及第二部分一、二两节由我翻译，首都师范大学李怀涛博士翻译了第二部分的三、四两节，济南大学张梅博士和湖南科技大学张东辉博士分别翻译了第二部分的一、二两节，最后都经我校对审定。李怀涛还协助我查对了一些有歧义的中、英文译本及其他相关资料。

商务印书馆编辑对译稿提出了许多宝贵的意见，在此深表谢意。

译文中必有错误或不妥之处，望行家批评指正。

燕宏远

2012 年 6 月 26 日

于湖南长沙岳麓山下

图书在版编目(CIP)数据

小说理论/(匈)卢卡奇著;燕宏远,李怀涛译.—北京:商务印书馆,2017
(汉译世界学术名著丛书:120年纪念版:珍藏本)
ISBN 978-7-100-14878-8

Ⅰ.①小… Ⅱ.①卢… ②燕… ③李… Ⅲ.①小说理论—理论研究 Ⅳ.①I054

中国版本图书馆CIP数据核字(2017)第161203号

汉译世界学术名著丛书
(120年纪念版·珍藏本)
小 说 理 论
试从历史哲学论伟大史诗的诸形式
〔匈〕卢卡奇 著
燕宏远 李怀涛 译

商 务 印 书 馆 出 版
(北京王府井大街36号 邮政编码100710)
商 务 印 书 馆 发 行
北京市松源印刷有限公司印刷
ISBN 978-7-100-14878-8

2017年12月第1版　　开本 710×1000 1/16
2017年12月北京第1次印刷　　印张 10½
定价:55.00元

珍藏本
纪念版

汉译世界学术名著丛书

笛卡尔哲学原理

（依几何学方式证明）

附录：形而上学思想

〔荷兰〕斯宾诺莎 著

王荫庭 洪汉鼎 译

商务印书馆
SINCE 1897 The Commercial Press

2017年·北京

RENATI DES CARTES

PRINCIPIA PHILOSOPHIAE

MORE GEOMETRICO DEMONSTRATA

ACCESSERUNT EIUSDEM

COGITATA METAPHYSICA

PER

BENEDICTUM DE SPINOZA

AMSTELODAMENSEM

斯宾诺莎

汉译世界学术名著丛书

（120年纪念版·珍藏本）

出 版 说 明

2017年2月11日，商务印书馆迎来120岁的生日。120年前，商务印书馆前贤怀揣文化救国的理想，抱持“昌明教育，开启民智”的使命，立足本土，放眼寰宇，以出版为津梁，沟通中西，为中国、为世界提供最富智慧的思想文化成果。无论世事白云苍狗，潮流左右激荡，甚至战火硝烟弥漫，始终践行学术报国之志，无改初心。

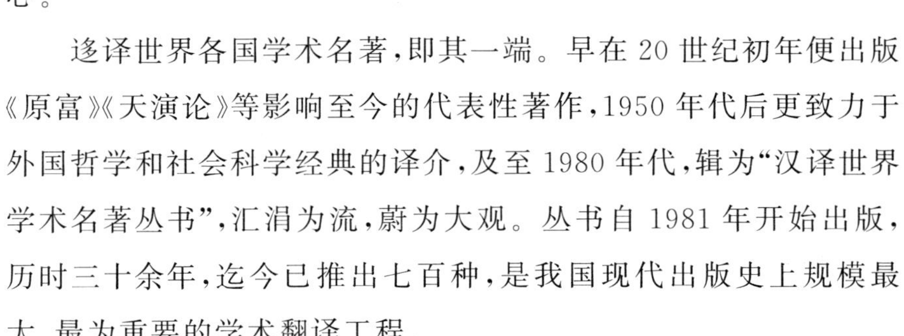

迻译世界各国学术名著，即其一端。早在20世纪初年便出版《原富》《天演论》等影响至今的代表性著作，1950年代后更致力于外国哲学和社会科学经典的译介，及至1980年代，辑为“汉译世界学术名著丛书”，汇涓为流，蔚为大观。丛书自1981年开始出版，历时三十余年，迄今已推出七百种，是我国现代出版史上规模最大、最为重要的学术翻译工程。

丛书所选之书，立场观点不囿于一派，学科领域不限于一门，皆为文明开启以来，各时代、各国家、各民族的思想与文化精粹，代表着人类已经到达过的精神境界。丛书系统译介世界学术经典，引领时代思想，为本土原创学术的发展提供丰富的文化滋养，为推动中国现代学术和现代化进程做出了突出的贡献。

为纪念商务印书馆成立120周年，我们整体推出“汉译世界学术名著丛书”120年纪念版的珍藏本，寄望既利于文化积累，又便于研读查考，同时向长期支持丛书出版的译者、编者和读者致以敬意。

两甲子后的今天，商务印书馆又站在了一个新的历史时间节点上。我们不仅要铭记先辈的身影和足迹，更须让我们的步伐充满新的时代精神。这是商务人代代相传的事业，更是与国家和民族的命运始终紧密相连的事业。我们责无旁贷，必须做好我们这代人的传承与创造，让我们的努力和成果不仅凝聚成民族文化的记忆，还能成为后来人可以接续的事业。唯此，才能不负前贤，无愧来者。

商务印书馆编辑部

2017年10月

目　　录

译序：关于斯宾诺莎的《笛卡尔哲学原理》

（一）《笛卡尔哲学原理》的写作经过和历史背景

《笛卡尔哲学原理（附形而上学思想）》一书出版于 1663 年（阿姆斯特丹），是斯宾诺莎生前用他自己名字出版的唯一著作[①]。关于这部著作写作和出版的经过，在《斯宾诺莎书信集》里保存了几封有关这方面情况的重要书信[②]，尤其是 1663 年 7 月斯宾诺莎从伏尔堡（Voorburg）寄给友人奥尔登堡（H. Oldenburg）的一封信（第十三号）：

> 高贵的先生：
>
> 盼望已久的信终于收到了。在开始答复您之前，我想简略地告诉您，为什么我没有立即给您回信。
>
> 当我四月份搬到这里后，我就动身到阿姆斯特丹去了，因为在那里有一些朋友请我把一篇关于依几何学方式证明的笛

① 斯宾诺莎生前一共出版了两部著作，一部是《笛卡尔哲学原理》，一部是《神学政治论》，前书是用他自己的名字发表，后书由于种种政治原因匿名出版。

② 参阅《斯宾诺莎书信集》（英文版，伦敦，1928 年，下同）第八、九、十三、十五号。

卡尔哲学原理第二篇和阐述某些重要形而上学问题的论文提供给他们，这篇论文是我在以前向一个青年人讲授哲学时，由于不愿向他公开讲解自己的观点而撰写成的；他们又进而请求我，一有机会就把《哲学原理》第一篇同样也用几何学证明方式写出来。为了不辜负我的朋友的愿望，我立即开始了这项工作，两个星期就把这个任务完成了，并亲手交付给他们。接着他们又恳求我让它出版。不过我提出了一个条件，要他们当中哪一位朋友为我这本著作的文字作一番润饰功夫，并且加上一个短序，向读者声明：我并不承认这本著作所阐发的观点是我自己的，甚至我自己的观点正与写在这本著作中的观点相反。而且还应当列举一些例子来证明这点。所有这些由一位负责经管这篇论文的朋友允诺去做了。这就是我在阿姆斯特丹耽搁的缘由。

……亲爱的朋友，终于这个时机到了，我可以向你说明所发生的这一切，并且告诉你为什么我会让这本著作问世。这可能是这样：我想趁此机会，使得有些在我们国家占据显赫地位的大人物愿望看到我的其他著作，而这些著作我承认是我自己的，他们就会尽这样的责任，使我能够出版它们而不至有触犯国家法律的危险。如果事情正是这样，那么我就会毫不犹豫地立即付印。但如果事情并非这样，那么我宁可沉默而不冒昧强加己见于人，以至拂逆国人，遭人敌视。……[①]

情况是这样：在 1662—1663 年间，有一个青年名约翰·卡则

① 《斯宾诺莎书信集》第 122—124 页。

阿留斯(J. Casearius)[①]来莱茵斯堡(Rhynsburg)向斯宾诺莎求习哲学,斯氏以此人年轻,性情未定,不欲授以自己的学说,乃授以笛卡尔哲学[②]。于是不久就写成几何学方式证明笛卡尔《哲学原理》第二篇以及第三篇一部分的手稿。经友人之怂恿,又在两个星期的时间内同样用几何学方式处理了笛卡尔《哲学原理》第一篇。此外又汇集他平日有关形而上学重要问题讨论和思索的结果,成《形而上学思想》。在友人梅耶尔(L. Meyer)替本书作了序言,声明它并不是阐发斯宾诺莎自己的观点之后,这部《笛卡尔哲学原理(附形而上学思想)》拉丁文原本就于1663年在阿姆斯特丹问世,一年之后,荷兰文译本出版。

理解这本著作一个关键的地方就是这部著作并不像斯宾诺莎其他著作那样是阐发他自己的观点,而是用几何学方式陈述笛卡尔观点,正如作者自己在上面所引的信中所说:"我并不承认这本著作所阐发的观点是我自己的,甚至我自己的观点正与写在这本著作中的观点相反。"[③]但是斯宾诺莎为什么用自己的名字出版的不是阐发自己观点的著作,而是陈述另一位哲学家而且又是自己所不赞同的观点的著作呢?要理解这点,我们必须深入到斯宾诺莎当时所处的历史背景和生活环境中去。

斯宾诺莎第一批哲学著作问世是在十七世纪后半叶初期。在

① 这是1663年2月德·福里(Simon de Vries)从阿姆斯特丹致斯宾诺莎一封书信(第八号)中所提及的名字。后来库诺·费舍(Kuno Fischer)认为这青年为阿尔贝特·博许(Albert Burgh)。

② 参阅《斯宾诺莎书信集》第九号。

③ 同时可以参阅本书梅耶尔的序言,这篇序言是梅耶尔在斯宾诺莎授权之下写成,斯宾诺莎也完全同意这篇序的看法。参看《斯宾诺莎书信集》第十三号,第十五号。

这以前，欧洲已经发生过两次资产阶级革命：1525年德国宗教改革运动和农民战争；1566—1609年尼德兰资产阶级革命。尼德兰这次资产阶级革命推翻了西班牙的封建专政，建立了欧洲第一个资产阶级共和国——尼德兰联邦（荷兰）。由于资产阶级革命的胜利，扫除了资本主义生产发展的障碍，因而荷兰的经济得到了很大的发展，工场手工业生产达到了特别高度的水平，贸易航海事业也特别繁荣，拥有了欧洲最大的舰队，荷兰资产阶级又通过东、西印度公司从殖民地掠取了巨大的财富，因此，正如马克思所说，荷兰在当时不仅在政治上而且在经济上都是"标准的资本主义国家"。[①] 在这样一个政治经济基础上，反映资产阶级要求的新思想体系也就在形成和发展中，这个新思想体系的一个主要的斗争目标就是中世纪天主教会和经院哲学。在中世纪"政治和法律都掌握在僧侣手中，也和其他一切科学一样，成了神学的分支，一切按照神学中通行的原则来处理。教会教条同时就是政治信条，圣经词句在各法庭中都有法律的效力。……神学在知识活动的整个领域中的这种无上权威，是教会在当时封建制度里万流归宗的地位之必然结果"。因此"一般针对封建制度发出的一切攻击必然首先就是对教会的攻击，而一切革命的社会政治理论大体上必然同时就是神学异端。为要触犯当时的社会制度，就必须从制度身上剥去那一层神圣外衣"。[②] 总之，对神学的批判和攻击就成为这时期新思想家们理论活动的出发点和主要课题。

---

① 《资本论》第一卷，人民出版社1975年版，第820页。

② 恩格斯：《德国农民战争》，载《马克思恩格斯全集》第七卷，人民出版社1959年版，第400—401页。

但是，这时期资本主义生产尚未完全摆脱封建制度的束缚，封建制度和天主教会仍保持相当大的势力，而且资产阶级并不是反对一切宗教，他们只是为了信奉维护他们统治利益的新宗教而去反对封建的天主教会，这就给这些新思想家们的反封建教会神学的斗争带来了重大的困难。斯宾诺莎就是在一个宗教偏执和盲目信仰的犹太人环境中生活和进行哲学活动的。斯宾诺莎的家族和许多别的犹太人被残暴的西班牙天主教教会于 1492 年从西班牙驱逐到葡萄牙，又于 1593 年为了逃避西班牙宗教裁判所的迫害，由葡萄牙迁流至阿姆斯特丹。年轻的斯宾诺莎在文艺复兴运动人文主义思想影响下，通过对中世纪犹太思想家著作的潜心研究，科学知识的学习和实践，以及培根、笛卡尔哲学的涉猎，使他很早就摆脱了宗教迷信的偏执，采取了对神学批判的态度，成为一位无神论的坚定战士，不信灵魂不灭，否认天使存在，反对超自然的人格神。犹太教会虽然几次诱惑斯宾诺莎放弃这种无神论的立场，但是坚信自己真理的斯宾诺莎坚决地拒绝了。这样，年轻的思想家就遭到"永久开除教籍"和"诅咒"，被逐出阿姆斯特丹，并禁止任何人和他交往[①]。这是 1656 年，也就是《笛卡尔哲学原理》出版的前七年所发生的事件。在这样的严重迫害和监视下，斯宾诺莎不能不采用间接的形式来公布自己的无神论观点。在上面所引的致奥

① 犹太教会开除斯宾诺莎教籍的决定书这样写道："遵照天使的意旨和圣徒的判决，并征得神圣上帝和本圣公会全体的同意。我们把巴鲁赫·斯宾诺莎开除教籍，驱逐出教会，并予以谴责和诅咒……无论白昼和黑夜都该诅咒的东西！在睡眠和从梦中醒来时都该诅咒的东西！在外出或回家时都该诅咒的东西！……警告你们，谁都不要以口头或书面同他交谈，不对他进行任何服务，不同他住在同一屋子里，不同他并肩站着，不阅读他编写的任何东西。"

尔登堡的书信中，斯宾诺莎就说他想趁此机会，将来可以出版他自己的其他著作，而不至于有触犯国家法律的危险。因此在1663年用自己名字公开出版的是《笛卡尔哲学原理》，因为笛卡尔哲学虽然是近代哲学的开端，然而他的二元论却是以超自然的上帝为前提；而1670年真正阐发自己观点的《神学政治论》却是匿名出版。但是这一切都阻止不了伟大的唯物主义无神论者斯宾诺莎展示自己光辉的思想。所以在《笛卡尔哲学原理》，特别是在附录《形而上学思想》里，表面上虽然采取了笛卡尔观点的形式，然而却在这个表面的形式下面表露了这位伟大的思想家同经院哲学和笛卡尔哲学根本对立的重大暗示。

（二）《笛卡尔哲学原理》一书的结构和内容梗概

本书的结构正如书名所标出的，包括两个部分：《笛卡尔哲学原理》和附录《形而上学思想》。前者是采取几何学方式讲述笛卡尔哲学原理，后者是对一些重要形而上学问题和概念分析说明的札记。如果说前者是更多表明笛卡尔观点，那么后者对他自己的哲学观点却有更多的暗示。

《笛卡尔哲学原理》第一篇是阐述笛卡尔哲学一般形而上学原理，主要取材于笛卡尔的《形而上学沉思》和《哲学原理》第一章“论人类知识原理”。在本篇绪论里，斯宾诺莎首先揭示了笛卡尔怀疑方法和知识基本原则，虽然他自己对这种方法和基本原则保持批判的态度，然而由于这是向学生讲授笛卡尔哲学，所以完全按照笛卡尔原来的次序来呈现的，十个界说全部是引自笛卡尔《形而上学沉思》的"附录"中的界说。一个值得注意的地方是斯宾诺莎对笛卡尔的哲学命题体系的处理。笛卡尔在"附录"里第一个命题是"简单地考察神的本性就可以认识神的存在",而这个命题在斯宾诺莎的《笛卡尔哲学原理》里列入了第五个命题,前面四个命题是根据散见在《形而上学沉思》和《哲学原理》中的观点构成,它们的中心思想即"我思故我在"。斯宾诺莎这样的处理会使我们更清楚地理解笛卡尔哲学的本质。因为笛卡尔哲学的出发点和基本前提是"我思故我在",这是他的知识基本原则,一切结论都从"我思"这第一义谛推导而出。因此,神的一切性质也应该从这一前提出发。笛卡尔在其《形而上学沉思》附录里,把神的存在列为第一命题,这是和他的知识基本原则矛盾的。所以,斯宾诺莎需要对笛卡尔命题体系作一番重新编排和改造,只有这样才能更符合于笛卡尔的观点。正因为这种处理使笛卡尔哲学基本原理同斯氏本人的哲学基本原理明显地对立起来,这样更表露了斯宾诺莎自己的观点。这点我们以后还要详述,这里提一下就行了。自命题五之后的十七个命题都是讨论神的存在及其性质。这里神的观念基本上是笛卡尔的神的观念。但是我们也可以找到作者自己关于神的观念的一些暗示。例如命题十七释理:"神的理智、意志、决定和力量仅在思想上才有别于神的本质。"也就是说,神的本质即为神的理智、意志、决定和力量。这种观点和斯宾诺莎在《伦理学》中所说的"神的力量就是神的本质"[①]、"神的理智就其被理解为构成神的本质而

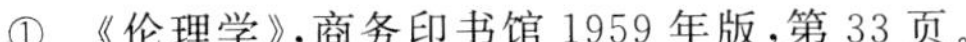

① 《伦理学》,商务印书馆 1959 年版,第 33 页。

言都异于人的理智”[①]是完全一致的。这就是说神的一切属性都“应当理解为表示神圣实体的本质的东西，亦即属于实体的东西”[②]，而不是我们所任意加之于神的。这就把斯宾诺莎神即自然的思想显露出来了。同样在命题十九里，把永恒性界说为无限的存在，批判和抛弃以无始无终的绵延来理解永恒性的经院哲学观点，这都可以在《伦理学》中找到明确的说明。

《笛卡尔哲学原理》第二篇是阐述笛卡尔物理学的一般力学原理，主要取材于笛卡尔《哲学原理》第二章“论物质事物的原理”。梅耶尔告诉我们，本篇是斯宾诺莎讲授笛卡尔哲学的主要内容。关于斯宾诺莎对本篇阐述的笛卡尔物理学观点的态度，我们可以从在本书出版后两年斯宾诺莎写给奥尔登堡的一封信里得到说明。在那封信里，斯宾诺莎告诉他的朋友，除了笛卡尔运动第六条原则外，他是同意笛卡尔的全部运动原则的。虽然惠根斯认为笛卡尔这些运动原则都是错误的，但他不能同意惠根斯的观点，他反对的只是第六条运动原则，即便是这条原则，他对惠根斯的看法也有所保留[③]。当然在以后，斯宾诺莎这种态度有了改变，但在1663年，无论如何他是同意笛卡尔运动原则这一部分的。也正是这个理由，他把它作为自己讲授笛卡尔哲学的主要课题。本篇包括九个界说、二十一个公理、三十七个命题，这一部分都是一些古典力学的内容，从中我们可以看到这位大哲学家对于当时科学相当熟悉，这是我们研究斯宾诺莎认识论时应当注意的。他的唯理主义

①② 《伦理学》，商务印书馆1959年版，第21页。

③ 参阅《斯宾诺莎书信集》第三十二号。

方法并没有妨碍他进行大量的科学研究和实验[①]。

《笛卡尔哲学原理》第三篇只是一篇残文，取材于笛卡尔的《哲学原理》第三章“论可见的世界”。正如作者自己告诉我们，他企图在这里根据“自然事物最一般的基本原理”“推出全部自然现象”。

附录《形而上学思想》大约成于1663年前几年，是斯宾诺莎关于经院哲学和笛卡尔哲学研究与批判的一篇札记。比起《笛卡尔哲学原理》，它更多地包含了斯宾诺莎自己的思想[②]。德国哲学史家库诺·费舍在他的《近代哲学史》里，认为斯宾诺莎写《形而上学思想》的目的，首先在于同笛卡尔进行辩论，如果不是直接辩论，就是间接辩论[③]。而另一个研究斯宾诺莎的德人弗洛伊登塔尔则认为，在《笛卡尔哲学原理》写作之前，斯宾诺莎就编成了《形而上学思想》，为了同《笛卡尔哲学原理》一起发表，这位哲学家又重新修订一下，它的基本内容不是反对笛卡尔主义，而是反对经院哲

① 在《斯宾诺莎书信集》里有着大量关于当时科学及其实践方法的讨论，涉及力学、物理学、天体观察和动物学，他曾经和科学家惠根斯进行了学术交往，通过奥尔登同波以耳展开了学术争论，并且他自己就进行大量的科学实验。柯勒鲁斯(Colerus)在其斯宾诺莎传记里告诉我们，斯宾诺莎非常有兴趣于昆虫的研究，并用显微镜进行了多次的观察〔弗洛伊登塔尔(Freudenthal)《斯宾诺莎生活史》德文版第61—62页〕，鲁卡斯(Lucas)也告诉我们斯宾诺莎关于显微镜和望远镜的著作将会向他揭示“光学的最美丽的秘密”，如果不是死阻止他的话(弗洛伊登塔尔《斯宾诺莎生活史》德文版第14页)。科学家胡德(Hudde)和耶勒士(Jelles)也曾经把他们在透镜计算中所遇到的困难，以及望远镜的构造请教过斯宾诺莎(见《斯宾诺莎书信集》第三十六、三十九号)。莱布尼茨也把他的光学论文(Notitia optica promota)寄赠斯宾诺莎请予批评(《斯宾诺莎书信集》第六十五、六十六号)。斯宾诺莎自己也写了一篇“虹的代数测算”论文。

② 参阅本书梅耶尔序言，他说《笛卡尔哲学原理》包括了“笛卡尔还没有解决的某些重要和困难的形而上学问题”，主要就是指《形而上学思想》这篇附录。

③ 库诺·费舍：《近代哲学史》，德文版，海德尔堡，1898年，第二卷，第299页。

学[1]。事实上,我们从《形而上学思想》的内容中看到,斯宾诺莎在这里不仅反对经院哲学,而且也揭示了自己和笛卡尔哲学观点的分歧。

《形而上学思想》第一篇主要阐明一般存在物及其状态的一些形而上学问题。第二篇主要阐明神及其属性以及人的心灵诸问题。由于本文篇幅所限,译者在这里不一一介述了。

(三)几何学方法与斯宾诺莎的唯理论

《笛卡尔哲学原理》,正如斯宾诺莎最后的代表作《伦理学》一样,是完全用几何学形式呈现的。前一著作是用几何学方式证明笛卡尔的观点,而这些观点是斯宾诺莎所不同意的或者他认为是错误的观点;后一著作是用几何学方式证明斯宾诺莎自己的观点,也就是他认为是正确的观点。根据这种用同一种几何学形式既能证明正确的观点,又能证明错误的观点,一些资产阶级学者就认为几何学方法在斯宾诺莎那里无论如何不是达到知识真理的必要方法,几何学方法对于斯宾诺莎哲学体系和认识论只是一种外在的形式,一种只有教育学意义的工具,从而阉割了斯宾诺莎认识论方法论的几何学基础及其科学意义。例如英国学者罗斯(Ross)就认为斯宾诺莎几何学方式只是一种文字上的表现形式,纯粹是形式的东西(见他的《斯宾诺莎》),帕洛克(Pollock)在他著名的《斯宾诺莎的生平及其哲学》一书中写道:"斯宾诺莎并不认为几何学

① 弗洛伊登塔尔:《斯宾诺莎和经院哲学》,德文版,莱比锡,1917年,第94页。

的陈述和证明形式是达到哲学真理的必要方法。”[①]美国的《笛卡尔哲学原理》译者汉斯·伯列坦(H. H. Britan)在其“导言”中说:“斯宾诺莎使用几何学方法的目的是为了教学(Pedagogical),而非为了哲学。”[②]因此,我们在研究《笛卡尔哲学原理》时,有必要探讨一下斯宾诺莎几何学方法的性质和意义,以及它与斯宾诺莎哲学体系、认识论之间的关系,只有这样,我们才不仅能更好地理解《笛卡尔哲学原理》,而且也对斯宾诺莎的最后代表作《伦理学》采用的几何学形式有一明确的观念。我们可以这样说:如果《知性改进论》是《伦理学》认识论的导言,那么《笛卡尔哲学原理》可以说是《伦理学》几何学方法的试验。

数学方法(主要是几何学方法)在十七世纪的新思想家们的理论活动中占据相当重要的地位,这是和当时反对经院哲学(中世纪的封建僧侣哲学)的斗争与数学取得重大的发展相适应的。十七世纪我们一般可以看做方法论问题觉醒的世纪,这种觉醒一方面由于当时资产阶级是新的生产方式的代表,要把生产力从封建生产关系的桎梏下解放出来,迫切要求认识现实和自然,发展科学和技术,因而传统的经院哲学烦琐僵死的方法受到他们的激烈批判和攻击,另一方面当时在新的经济基础上成长的近代自然科学通过科学方法的自觉运用(数学的演绎方法,经验科学的归纳方法)以致获得了它自身的独立性,给予了近代哲学一个很深刻的方法论影响。德国哲学史家文德尔班(W. Windelband)说近代哲学的积极开端一般就是

① 帕洛克:《斯宾诺莎的生平及其哲学》,伦敦,1880 年,第 30 页。

② 汉斯·伯列坦英译本:《笛卡尔哲学原理》,芝加哥 1905 年,第 XI 页。

对方法反省的探索。[1] 我们认为还是符合一些历史情况的。因此我们看到这时期思想家们都在致力于新的求知方法的探寻:1620 年培根着重指出:“无论人的赤手或者人的理智,听其自然,都不能发生多大的效力,工作的完成要靠工具和帮助,而工具和帮助都是理智和手所同样急切需要的,正如手的工具使手运动或给它指导一样,心的工具则给理智提供暗示或警告。”[2]所谓“心的工具”就是求知的方法。正是在这种要求下,培根完成了他的宏著《新工具》(Novum Organum)以有别于亚里士多德的《工具论》,提出归纳法代替亚氏的三段论式演绎方法,因为当时亚氏这种方法在经院哲学家的手中已成为神学的恭顺婢女;笛卡尔也在同样的精神指导下进行了他的方法论探讨,在他的《在科学中正确指导理性和探索真理的方法谈》(简称《方法谈》,1637 年),以及他早期的《指导理智的规则》(大约写成于 1628 年,出版于 1701 年)等书中,和培根一样,强调了方法论研究的重要性:“如果没有方法,想去研究真理,那是绝不可能的。”[3]可是他所创导的方法是唯理主义的演绎方法,正如他所说的“要研究获得知识的方法,则我们必须起始研究那些号称为原理的第一原因”[4],然后从这些清楚而明晰的基本原理推绎出其他一切确实的知识。斯宾诺莎承继了培根和笛卡尔,也把方法论作为自己哲学的一个重要部分,在他的《书信集》中,我们可以找到大量和当时思

① 文德尔班:《哲学史》,英文版,纽约,1956 年,第 378 页。

② 参见《十六—十八世纪西欧各国哲学》,商务印书馆 1975 年版,第 9 页。

③ 笛卡尔:《方法谈》第二篇,见《笛卡尔哲学文选》,英文版,剑桥,1911 年,卷一,第 92 页。

④ 笛卡尔:《哲学原理》,商务印书馆 1960 年版,第 IX 页。

想家科学家有关方法论认识论的讨论,在《笛卡尔哲学原理》问世之前,专门著述了关于认识论方法论的著作《知性改进论》(1662年),以作为自己哲学著作《伦理学》的导论,这篇著作致力于寻求“最足以指导人达到对事物的真知识的途径”,“尽力寻求一种方法来医治知性,并且尽可能于开始时纯化知性,以使知性可以成功地无误地并尽可能完善地认识事物”。[①] 如果说培根的方法偏重于归纳法,这是当时经验科学的影响,那么笛卡尔和斯宾诺莎的方法偏重于演绎法,则是和当时数学、几何学的发展密切联系的。我们知道,数学方法是一种“公理的方法”,从一些最基本的定义、公设和公理推导出其他一切数学命题,证明严格和明晰,富有逻辑力量,这样就和传统的经院哲学僵死空洞无力的方法形成强烈的对比,给予了当时思想家们很大的影响,他们都想把这种方法贯彻到人类一切其他知识领域中去。本书梅耶尔的序言就给我们描绘了一幅当时思想界对数学方法倾迷的图画:“凡是想在学识方面超群绝伦的人都一致认为,在研究和传授学问时,数学方法,即从界说、公设和公理推出结论的方法,乃是发现和传授真理最好的和最可靠的方法……他们由于同情哲学的不幸的命运,放弃了叙述科学的这种通常的大家习用的方法,踏上了新的然而困难重重的道路,期望运用数学那样的可靠性来论证哲学的其他部门,使这些部门同数学一样的繁荣昌盛。”[②]这种方法使当时的思想家想到人类一切知识都应当首先建立在一些最基本的知识原则上面,然后从这

① 《知性改进论》,商务印书馆1960年版,副标题及第22页。

② 本书第35—36页。

些原则按照严格的逻辑演绎过程推出其他一切知识，因此笛卡尔曾经表示过："几何学家为了完成极其复杂的证明而使用的那种长段推理链锁的方式，是那样的简明和易解，以至使我想象所有那些我们需求的知识都可以按照同样的方式进行。"[①]"我当时顶喜欢数学，因为数学的推理确切而且明白；但是我那时还没有觉察到它的真正的用处，当我想到它只不过用在机械技术上时，我觉得非常奇怪，它的基础既然这样稳固，这样坚牢，人们竟然没有在上面建造起更高大的建筑物。"[②]笛卡尔自己也并没有在它上面建造起更高大的建筑物，他只把几何学方法运用于自然（物理学部分），关于形而上学和人的心灵，他认为不能采用同样的方法。[③] 霍布斯也曾经要求用几何学方法来处理伦理学，但也未实现，唯有斯宾诺莎却凭他锲而不舍的精神，把这种方法用到哲学各个部门，企图在这个基础上建筑起人类知识的大厦。当笛卡尔认为人的意志是自由的，不能采用数学的方法，斯宾诺莎却宣称"我将要考察人类的行为和欲望，如同我考察点、线、面和体积一样"。[④] 当经院哲学把知识看成神学的附庸，一切都企图从目的论来理解时，斯宾诺莎攻击说："他们对于所发生的任何事情只求知道它们的目的因，只要他们听到这些事情的究竟目的何在，他们便心满意足，因为他们以为除此以外，再也没有什么可以探讨的原因了。"[⑤]他认为他们完全

① 《笛卡尔哲学文选》，英文版卷一，第 92 页。

② 《十六—十八世纪西欧各国哲学》，第 105 页。

③ 在《形而上学沉思》附录中笛卡尔曾经做了一个尝试，建立了十个界说，七个公设，十个公理和四个命题。但仅此而已，未做进一步推演。

④ 《伦理学》，第 90 页。

⑤ 同上书，第 34—35 页。

是“凭主观的揣想,以己之心,度物之心,以自己平日动作的目的来忖度自然事物的目的”。[①] 所以“这种说法如果没有数学加以救治,实足以使人陷于永远不能认识真理”。[②] 在他看来,“因为数学不研究目的,仅研究形相的本质和特质,可提供我们以另一种真理的典型。”[③]可见,数学几何学方法在斯宾诺莎哲学体系认识论里,绝不是什么可有可无的外在形式,而是作为反对经院哲学的斗争武器,是和他的唯理主义认识论密切相联系的。因此《笛卡尔哲学原理》之所以采取几何学证明方式,一方面是把笛卡尔的认识论与其方法结合起来,另一方面也是为他自己的哲学体系所要采取的形式作一个尝试和准备,所以我们说《笛卡尔哲学原理》是《伦理学》几何学方法的一种试验。

唯理论在认识论上的根本信念,就是认为对未知对象的一切可靠的和坚实的知识只有从已经确实认识到的东西中取得和推出来,求知的过程无非就是从一些最基本的原理进行推导的演绎过程。这一点,斯宾诺莎在《笛卡尔哲学原理》第三篇中表述得非常明白:“认识植物的本性或人的本性的最好方法就在于观察这些生物是如何从某些原胚中逐渐产生和发展的。因此应当设想出一些基本原理,这些原理要非常简单而且易于理解,同时从这些原理中,像从原胚中一样,要能够推出星球、大地以及在可见世界中所遇到的万事万物的起源,即使我们知道事物的产生并非如此也无妨。因为用这种方法说明事物的本性,比起对事物现在的状态作

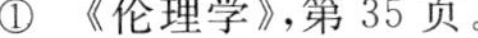

① 《伦理学》,第35页。

② 同上书,第36页。

③ 同上。

简单的描述当然要好得多。”[1]在这样一种信念指导下，知识必然就要成为一个演绎系统，“仿效数学的范例，从最明白的东西进到最暗昧的东西，从最简单的东西进到比较复杂的东西”。[2] 用现代的术语来说，这就是从公理出发的公理系统或公理方法。因此我们认为斯宾诺莎的几何学方法实际上就是现代科学中通用的一种构造公理系统的方法，对斯宾诺莎的几何学方法的性质和意义，我们应当从这方面来历史评价，这样我们才能认清他的几何学方法和唯理论的内在必然联系。

的确，在《笛卡尔哲学原理》中，斯宾诺莎是用几何学方法证明他所并不同意的笛卡尔的观点，但这个事实并不是说明几何学形式只是一种外在的形式，而是更深刻地告诉我们，斯宾诺莎是把方法论和认识论、方法和观点、形式和内容结合起来。在他看来，一个正确的方法如果没有一个正确的哲学前提是绝不能得到真理的，笛卡尔的观点之所以错误，在于他的前提即“我思故我在”是错误的。正确的方法，唯有正确的前提才能成为获得事物真知识的途径，这个任务就在他的《伦理学》这部代表作中完成了。

（四）斯宾诺莎的唯理论和笛卡尔的唯理论

在我们对笛卡尔和斯宾诺莎这两位哲学家的哲学体系、认识论和方法论的差异的研究中，《笛卡尔哲学原理》给予了极其宝贵

---

① 本书第 135 页。
② 本书第 136 页。

的哲学史料。本文只想从两个方面对这问题进行一点初步的探讨：(1)斯宾诺莎唯理论和笛卡尔唯理论；(2)斯宾诺莎神的观念和笛卡尔神的观念。通过这两方面的分析研究，我们可以看出唯物主义者斯宾诺莎对二元论者笛卡尔的批判和改造。

斯宾诺莎曾对他自己认识论的出发点同一般哲学家以及笛卡尔的区别作了一个简洁明确的说明："一般哲学家是从被创造的事物开始，笛卡尔是从心灵开始，我则从神开始。"[①]关于斯宾诺莎的神的观念，我们在下节分析，这里使我们感兴趣的是斯宾诺莎明确地把自己的认识论前提和笛卡尔的认识论前提对立起来，从而批判了笛卡尔的主观唯心主义的认识论。我们知道，笛卡尔和斯宾诺莎在认识论方面都是倾向于唯理主义，在他们看来，一切人类的知识都可以如同数学那样找出一些最基本的知识原则，根据这些基本原则就可推导出人类其他的一切知识。在《哲学原理》序言中，笛卡尔写道："要研究获得知识的方法，则我们必须起始研究那些号称原理的第一原因。这些原则必然包括两个条件：第一，它们必须是明白而清晰的，人心在注意思考它们时，一定不能怀疑它们的真理。第二，我们关于别的事物方面所有的知识一定是完全依靠于那些原理的，以至于我们虽可以离开依靠于它们的事物，单独了解那些原理，可是离开那些原理，我们就一定不能知道依靠于它们的那些事物。因此，我们必须努力由那些原则推得依靠于它们的那些事物方面的知识，以至使全部演绎过程中步步都要完全明

① 斯太因(Ludwig Stein)：《莱布尼茨和斯宾诺莎》，德文版，柏林，1890年，第283页。转引自麦康(R. Mckeon)：《斯宾诺莎的哲学》，英文版，1928年，第92页。

白。"[①]笛卡尔认为人是天赋地具有这些原理、观念，他称之为"自然的理性"、"自然之光"。同样，斯宾诺莎也认为人在进行理智活动时，正如打铁要铁锤一样，需要一些"天赋力量所制造的理智工具"[②]以作为我们一切推理知识的本源，这种理智工具，他称之为"真观念"，在我们寻求事物的真知识时，我们"必须首先有一个真观念作为天赋的工具存在于我们心中"。[③] 因此，在斯宾诺莎看来，"方法不是别的，只是反思的知识，或观念的观念……好的方法在于指示我们如何指导心灵使依照一个真观念的规范去进行认识"[④]。在这里，我们看到这两位哲学家都有一种共同的唯理主义倾向，但是我们绝不能认为这两位哲学家唯理论的基础是一样的。事实上这两位哲学家认识论的基本前提存在着根本的对立，这一点只要我们对他们每人的知识基本原则的内容作一般考察就会明白的。笛卡尔的一切知识的基本原则是"我思故我在"。他怎样发现这个基本原则，这是斯宾诺莎的《笛卡尔哲学原理》第一篇绪论中的内容。斯宾诺莎把这一点说得非常明确和简洁："为了发现真正的知识原则，笛卡尔进而研究了他是否能对那些能够成为他的思想对象的一切事物加以怀疑，其目的是在发现最后有没有什么他还未曾怀疑过的东西。如果他靠这种怀疑的方法找到了用先前的理由或某种别的理由都无法怀疑的某种东西，则他就有权认为，在他看来这就可以成为一种基础，在这种基础上他能够建立起自

① 笛卡尔《哲学原理》，第 IX—X 页。

② 参阅《知性改进论》，第 28—29 页。

③ 《知性改进论》，第 31 页。

④ 同上。

己的全部知识。"[①]经过这样普遍的怀疑之后,终于笛卡尔找到了"不管怀疑的理由如何,我们却不能不深信怀疑者的存在。而且,怀疑的理由越是多,则使他确信自己存在的论据也就越多,因此,无论笛卡尔怀疑到哪里,他终于不得不宣告说:'我怀疑、我思想,因此我存在。'"[②]由此可见,笛卡尔这种知识原则是以直觉感知到怀疑者思想者的当下存在作为知识的出发点,从而推导出世界的存在来。而且为了保证自己基本原则和一切知识的确实可靠性,最后他不得不抬出上帝来作辩护。他认为,既然上帝是不骗人的,那么我这个明晰观念就不会是假的。所以斯宾诺莎说,当笛卡尔发现了神之后,"这时他就会知道,最善良最公正的神使他有能力辨别真伪,并不是为了欺骗他,因此,数学真理和一切他觉得十分明显的真理就不能再引起他的怀疑了"。[③] 显然,斯宾诺莎是不同意笛卡尔这种方法和这种知识基本原则的,事实上,斯宾诺莎在绪论最后对于这种观点给予了批判,他说:"没有获得清楚而且明晰的神的观念之前,我们就不能确信任何东西。而在我们不知道我们本性的创造者是否欺骗我们以前,我们就不能有这种观念;因此当我们不知道我们本性的创造者是否欺骗我们的时候,我们就不能确信任何东西,等等。对于这种看法,我的回答是:我同意大前提,但不同意小前提,因为我们有清楚而且明晰的三角形观念,虽然我们不知道我们本性的创造者是否欺骗我们,但是如果我们有前文详细说明过的那种神的观念,则我们对神的存在或者某种数

① 本书第 47 页。
② 本书第 48 页。
③ 本书第 50 页。

学真理更不能有所怀疑。”[1]这里神的观念就是最圆满存在的真观念，斯宾诺莎明确说明他只从真观念找寻真理的确定性，而否认笛卡尔以神的公正不欺骗等伦理性质来作为真理的根据。斯宾诺莎认为真理之所以为真理就在于它是一个真观念，而真观念是必然符合它的对象的(《伦理学》第一部分公则六)，真观念的真理性是不需要凭借任何外在的标志，它自身就有其确定性，这就是“真观念必定符合它的对象”。[2] 所以他在《伦理学》中写道：“凡具有真观念的人无不知道真观念包含最高的确定性。因为具有真观念并没有别的意思，即是最完满最确定地认识一个对象。……并且除了真观念外，还有什么更明白更确定的东西足以作真理的标准呢？正如光明之显示其自身并显示黑暗，所以真理即是真理自身的标准，又是错误的标准。……他知道他的观念符合它的对象，即因为，他具有一个与对象相符合的观念，或因为真理即是真理自身的标准。”[3]正因为斯宾诺莎把观念的真理性建筑在与事物相符合的真观念自身的本性上，所以我们看到在《笛卡尔哲学原理》里，斯宾诺莎批判和抛弃了笛卡尔那种以神是公正无欺骗的道德性质作为清楚明晰观念的确定性的根据的唯心观点，而尽量从观念自身内容来证明它的真理性。在第一篇界说、公理中，斯宾诺莎特别强调所谓原因的圆满性和结果的圆满性相互关系的理论，“如果我说，原因超越地包含着它的结果的圆满性，那么我是想借此指出，原因

---

① 本书第53—54页。

② 《伦理学》，第4页。

③ 同上书，第75—76页。

比结果本身在更高的程度上包含结果的圆满性。”[①]“某物所包含的任何实在性或圆满性都形式地或超越地存在于其最初的和恰当的原因中。”[②]这里的意思是说，任何事物都必有一个原因，而这原因的内容一定比结果更丰富（“超越地”），至少是一样（“形式地”）。因此，要对一个事物的本质形成一个正确的观念，就必须从它的原因的观念来构思。正如某人看见面前有两本用同一笔迹写成的书（一本出自卓越的哲学家，一本出自某下流作者），又假定他只注意字母的写法和顺序，而不注意文字和言语的内容，即不联系到它们的作者，那么他就看不出这两本书之间有任何差异；但假定他注意文字和言语的内容，那他就会发现这两本书实有重大差别。[③] 根据这种理论，要确定我们观念的真理性一定需要以一个更完满存在的观念为前提，这种确定性不能像笛卡尔那样建筑在“我思故我在”这个不完满的自我上，而只能依赖于一个最圆满的存在上，这个存在就是斯宾诺莎的神（自然）。所以在第一篇公理十后斯宾诺莎批判笛卡尔以“我思”作为出发点说道：“根据我们此刻在思想，绝不能推出我们以后也将思想，因为我们关于我们的思想所具有的概念并不包括或包含思想的必然存在，要知道即使假定思想不存在，我也可以清楚而且明晰地设想思想。然而，既然任何原因的本性在自身中都应当包含或包括其结果的圆满性，那么很显然，在我们之中或在我们之外此刻必然会有某种我们还不知道的东西，它的概念或本性也包括着存在，它并且是我们的思想开始存在和

① 本书第55页。

② 本书第61页。

③ 本书第62—64页。

继续存在的原因。”[①]和这种观点完全一致的，在《知性改进论》中，斯宾诺莎写道：“为了使心灵能够充分反映自然的原样起见，心灵的一切观念都必须从那个能够表示自然全体的根源和源泉的观念推绎出来，因而这个观念本身也可作为其他观念的源泉。”[②]而“当我们具有最完善的存在的观念时，我们的方法也最为完善”。[③] 这里所谓根源的观念，最完善的存在的观念，就是神的观念，自然的观念。因此我们看到，在笛卡尔的主要著作（《方法谈》、《形而上学沉思》和《哲学原理》）里，是从“我思故我在”的我开始，而斯宾诺莎的《伦理学》则从实体、神、自然（三者为同一个东西）开始，前者以自我为认识论第一前提，后者以实体、自然为认识论第一前提；前者以神不欺骗人为观念的真理和确实性的根据，后者以事物的本质、自然的本性为观念的真理和确实性的根据。两者认识论的出发点有天壤之别。所以我们认为斯宾诺莎唯理论实际上是对笛卡尔唯心主义唯理论一个带有唯物主义倾向的改造。[④] 而在《笛卡尔哲学原理》呈现笛卡尔认识论基本原则时，作者却向我们暗示了他自己认识论的基本原则。

---

① 本书第 64 页。

② 《知性改进论》，第 32 页。

③ 同上书，第 34 页。

④ 我们之所以说是一个带有唯物主义倾向的改造，是因为唯理论不论是唯心主义的唯理论，还是唯物主义的唯理论，最终总是和唯物主义原则相违背的，正如毛泽东同志在《实践论》中所指出：“理性的东西所以靠得住，正是由于它来源于感性，否则理性的东西就成了无源之水，无本之木，而只是主观自生的靠不住的东西了。”又“如果以为理性认识可以不从感性认识得来，他就是一个唯心论者。”事实上斯宾诺莎为了解决理性认识的来源，最后不得不假定一种莫须有的所谓“神的无限的理智”，人的精神活动都是这个“无限的理智”的一种样式。

斯宾诺莎唯理论和笛卡尔唯理论对立的另一个表现则在意志问题上。笛卡尔持意志自由论，斯宾诺莎则主张意志决定论。这一点我们可以从梅耶尔在斯宾诺莎授权之下所写的序言中看出："这里有许多原理被作者当做错误的思想予以否定，他对这些原理有着完全不同的看法。例子很多，比方其中一个就是《哲学原理》第一篇命题十五的附释和'附录'第二篇第十二章中关于意志所说的话（虽然在这里证明写得非常精确和详尽），因为据他本人看来，意志并不是和理智不同的，它远没有笛卡尔赋予它的那种自由。"[①]在笛卡尔看来，人的意志是自由的，意志的范围大于理智的范围，人之所以犯错误就在于这种自由意志的滥用，所以他说："意志较理解的范围为大，这就是我们错误的来源。其次，智力的认识，只扩及于呈现它面前的不多几件事物，永远是有限制的，而在另一方面，在某种意义下，意志可以说是无限的，因为我们看到，任何人的意志的对象，甚至是上帝的无限意志的对象，都可以成为我们意志的对象。因此，我们往往易于使意志超出我们所能明白了解的那些对象以外；既然如此，则我们之偶然错误也就不足为奇了。"[②]这种意志自由论实际上就排斥了意志对客观物质世界的依从性，把意志看成是不受物质制约的独立的精神实体，这是和笛卡尔的二元论联系在一起的。而斯宾诺莎却正相反，在他看来，自然界中除了实体及其样式之外，别无任何其他东西，实体和样式都受

① 本书第40—41页。

② 笛卡尔：《哲学原理》，第13—14页。

必然性所支配，而人的理智和意志都不过是实体的思想属性的样式，因此人的意志绝不是自由的，而是被决定的。“正如人的身体不是绝对的，而是以确定的方式按照广延的自然规律，为运动和静止所限制一样，人的心灵或灵魂也不是绝对的，而是以确定的方式，按照思想的自然规律为观念所限制”。[①] 因此“意志与理智是同一的”[②]，意志并没有任何笛卡尔所说的自由。“如果人们清楚理解了自然的整个秩序(totum ordinem naturae)他们就会发现万物就像数学论证那样皆是必然的”。[③] 就我们所知：斯宾诺莎不仅批判了笛卡尔的意志自由论，而且也曾经批判了培根的意志自由主张，斯宾诺莎在致友人信(第二号)中说：“关于培根，我将很少提及，因为他关于错误原因的意见是极其混乱的……至于他所假定的其他原因完全可以归到和笛卡尔同样的那个错误上去，也就是认为人的意志是自由的，比起知性更广阔，或者用培根更为混乱的话来说，就是知性并不是干燥的光，而是有意志灌输在里面。”[④]总之，斯宾诺莎和笛卡尔、培根对立的要点就在于人的精神活动是否受制于客观物质世界，是否服从自然界的必然规律。因此我们认为，虽然斯宾诺莎的意志决定论由于绝对地否定偶然，把偶然等同于非必然，因而还带有宿命论的色彩，然而比起笛卡尔、培根的意志自由论，斯宾诺莎更接近于唯物主义地解决意志问题。

① 本书第 41 页。

② 《伦理学》，第 82 页。

③ 本书第 183 页。

④ 《斯宾诺莎书信集》，英译本，第 76—77 页。

(五)斯宾诺莎的神的观念
——“形而上学地改了装的、脱离人的自然”

近代哲学从中世纪哲学分离开来,一个重要的契机是神的观念的内容转变。从《笛卡尔哲学原理》,特别是《形而上学思想》中,给予了我们一个从经院哲学的有意志的人格神向自然转变的启示。虽然在这本著作里,斯宾诺莎是在陈述笛卡尔的神的观念,但是我们却不能不感到笛卡尔的神在斯宾诺莎的分析下已获得了新的内容。

1. 神是自因的

我们知道,笛卡尔在其《形而上学沉思》附录里,关于神的存在提出了三个证明:(1)先天的(a priori)证明,“只要我们单独考察神的本性,就能知道神的存在”(“附录”命题一),这实际上就是奥古斯丁(Augustine)和安瑟伦(Anselm)的本体论证明的翻版。(2)后天的(a posteriori)证明,“我们自身中具有神的观念,所以神必然存在”(命题二),这即所谓人类学(anthropological)证明,我们心中的一个观念的客观实在性必定需要一个原因,这个原因不仅客观地,而且超越地或形式地包含它的客观实在性,所以我们自身中的神的观念必然有一个客观地和超越地或形式地包含它的客观实在性存在于我们之外,这就是神。(3)也是后天的证明:“神可以从拥有神的观念的我们自身的存在来证明”(命题三)。笛卡尔虽然是近代启蒙哲学家,但他的神基本上仍是超自然的人格神,而其认识论的基本原则又是从“我思”开始，因此他的神存在的证明是强调后天的证明，即从我们的神的观念来证明神的存在，“从包含在我们对上帝的概念中的必然存在，我们可以充分推断出它的存在来，人心后来在复检其具有的各种观念时，它就发现了一个极其主要的观念——一个全知、全能、全善的神明观念。它看到，在这个观念中不止含有可能的偶然的存在，而且含有绝对必然的永恒的存在……它既然看到在至极完美的神明观念中含有必然的永恒的存在，因此，它也当显然断言，这个极其完美的神明就存在着”。[1] 这种证明当然是极其荒谬的，唯心的，这一点康德早已指出来了，从我们思想中的观念绝不能推出它的对象必然存在来，正如我有五百元的观念，却推不出我现在身边有五百元钱。但是当斯宾诺莎神的观念已经不再是有意志自由的人格神观念，笛卡尔这样的证明更显得拘泥可笑。因此我们看到，在《笛卡尔哲学原理》中，斯宾诺莎在神的存在的证明上所强调的完全和笛卡尔不同（虽然证明的秩序仍和笛卡尔一致），他所强调的就是力图从神的本性自身来证明神的必然存在：“单独考察神的本性，就可以认识神的存在。……只有根据本命题才可以说存在属于神的本性，或者说，神的概念包含着必然存在，正如三角形的概念包含着三角形三内角之和等于两直角；或者说，神的存在一如神的本质，乃是永恒的真理，对神的属性的几乎全部知识都依赖于本命题，这些知识使得我们热爱神（或获得最高的幸福）。”[2]在《形而上学思想》里，

① 笛卡尔：《哲学原理》，第 6 页。

② 本书第 65 页。

他写道:“对于被创造的事物可以说,它享受自己的存在,这是因为它的存在并不来自它的本质。反之对于神,就不能说它享受存在,因为神的存在正如神的本质一样就是神自身。”[①]这里就显出一个很大的分歧点,当笛卡尔尽量从“我思”,从人的观念和人的关系来后天证明神的存在时,斯宾诺莎却尽量摆脱人的观念和人的关系,纯从神自身的本质来客观证明神自身的存在,神既然就是自然,那么就不需要任何超自然的东西作为它的原因,它即自身存在的原因。因此,斯宾诺莎以后在《伦理学》中提出“自因”(causa sui)这个概念。“自因,我理解为这样的东西,它的本质即包含存在,或者它的本性只能设想为存在着”。[②] 所以神“必定是自因,换言之,它的本质必然包含存在,或者存在即属于它的本性”。[③] 斯宾诺莎这种思想,恩格斯给予了极高的评价:“斯宾诺莎:实体是 causa sui [原因自身]——把相互作用很好地表现出来了。”[④]并把斯宾诺莎这种“坚持从世界本身说明世界”的思想褒奖为“当时哲学的最高光荣”。[⑤] 斯宾诺莎神(自然)存在的这种观点,也可从《笛卡尔哲学原理》第一篇命题七他对笛卡尔证明的批驳,以及他自己提出的证明中看出来,他明确指出笛卡尔提出的公理根本无法证明神的存在,继后他自己提出了两个补则:一、“事物按其本性愈圆满,则它包含的存在愈多和愈必然,反之,事物按其本性包含的存在愈必

① 本书第 166 页。着重点是译者加的。

② 《伦理学》,第 3 页。

③ 同上书,第 6 页。

④ 恩格斯:《自然辩证法》,人民出版社 1957 年版,第 192—193 页。

⑤ 同上书,第 8 页。

然，则必更圆满”。二、“谁有力量保存自己，他的本性就包含着必然的存在”。[①] 根据这两个补则，他对命题七的证明：“如果我有力量保存自己，则我的本性就会是这样的，我会包含必然的存在，因此我的本性会包含一切圆满性，但我这个能思想的存在物发现自己有许多不圆满性……所以我没有任何力量保存自己。……故另有一物保存我，但是这物不能没有力量保存自己，所以，这物有力量保存自己，换言之，它的本性包括必然的存在。”[②]从笛卡尔的自我确信神存在转变为神的本性必然存在，从主观证明神存在转变为客观证明神存在，即神就是自己必然存在的原因，这就给神过渡到自然提供了理论根据。

2. 神即自然

如果说，笛卡尔神的观念还带有某些中世纪经院哲学家的人格神的内容，它不仅是全知全能，一切真知识的源泉，一切事物的创造者，而且它具有自由意志，能奖善罚恶，公正无私，是一个没有任何广延的精神实体，[③]那么，斯宾诺莎的神的观念就明显摆脱了这些有神论的内容，神，在斯宾诺莎那里，完全是自然的同义语。在《神学政治论》第一章中，他明白说过：“自然力量自身即是神的力量，如果我们不理解自然的原因，那就是不理解神。因此假如不了解任何事物的原因而求助于神，那是最愚蠢的事，因为神的力量

① 本书第71—72页。

② 本书第72—73页。

③ 参阅笛卡尔的《哲学原理》，第一章。

和自然的力量是同一的","违反自然就是违反神"。[①] 在致友人的一封信中,他写道:"我并不把神同自然分离开来。"[②]在《伦理学》中宣称神有广延属性,反对经院哲学的上帝创世说和鄙弃自然的观念,坚决主张神就是自然。"神根据必然性而认识自己,也根据同样的必然性而动作。"[③]

正因为斯宾诺莎主张神即自然,所以他在《笛卡尔哲学原理》中抛弃了笛卡尔所谓神是公正无私的、不欺骗人的等道德人格化的属性,提出了观念的真理性就在于观念自身的本性,从自然(实体)本身来找寻我们一切观念的最高确定性。

在《笛卡尔哲学原理》,特别是在《形而上学思想》里,斯宾诺莎给了我们一个很重要的神的性质的观念,那就是神的理智、意志、决定、力量和神的本质是同一个东西。"神的理智、意志,或者神的决定和力量仅在思想上才有别于神的本质"。[④] "神的意志和力量,同神的理智没有外在的区别……神用以创造、理解、保存或热爱被创造事物的理智、力量和意志彼此之间是完全没有区别的,而只有对我们的思想说来,它们才有区别"。[⑤] 神的意志、力量、决定即为神的本质,都是同一种东西,这实际上就是否定笛卡尔的神的自由意志、自由决定的人格神观念,把神还原为按照客观必然性而活动的自然,神只是根据它本性的必然性而活动。所以斯宾诺莎

① 《斯宾诺莎全集》,德文本,柏林,1874 年,第一卷,第 29 页。

② 《斯宾诺莎书信集》,英译本,第 99 页。

③ 《伦理学》,第 43 页。

④ 本书第 84 页。

⑤ 本书第 180 页。

说:“应当说,或者神是无能的,因为实际上一切都是必然的,或者神是万能的,我们在事物中所发现的必然性只是来源于神的决定。”[①]神的“万能”变成神的“无能”,这就彻底摧毁了超自然的人格神存在。因此,斯宾诺莎在《形而上学思想》里批判了经院哲学、笛卡尔哲学中人格神的谬见,他写道:“神希望借以爱自己的意志是从神借以认识自己的无限理智中必然产生的。但是这三种东西,即神的本质、神借以认识自己的理智,以及神希望借以爱自己的意志,彼此如何区别开来,这是我们所不能知道的。我们并非不知道神学家用来说明这个问题的那个名词(即人格),可是,虽然我们也知道这个名词,我们却不知道它的意义,也不能对它形成一个明白而且清晰的概念。”[②]“神并不恨任何人,也不爱任何人。”[③]“圣经并不教导和自然之光相违背的东西……如果我们在其中发现了和自然之光相违背的东西,那么我们就要用我们用来驳斥可兰经或者达摩经那种自由去驳斥这种东西。”[④]正如我们所知道的,在七年之后,这就引导到他对圣经的批判,匿名出版了不朽的无神论著作《神学政治论》。这样一种神的观念就是后来在《伦理学》中所归纳的:“现在我已经说明了神的本性和神的特质,就是:神必然存在;神是唯一的,神只是由它的本性的必然性而存在和动作;神是万物的自由因,以及神在什么方式下是万物的自由因;万物都在神之内,都依靠神,因而没有神就既不能存在,也不能被理解;最后我

① 本书第 183 页。
② 本书第 180 页。
③ 本书第 180 页。
④ 本书第 182 页。

又说明了,万物都预先为神所决定——并不是为神的自由意志或绝对任性所决定,而是为神的绝对本性或无限力量所决定。”[①]一句话,笛卡尔的神是万物超越的原因,而斯宾诺莎的神则是万物自身固有的原因,也即自然自身。

斯宾诺莎把神还原为自然这个光辉的思想,费尔巴哈作了很高的评价:“他是近代哲学家中唯一的一位奠定了批判和认识宗教和神学的基础的人;他是第一个坚决反对神学的人;他第一个典范地表达了这样的思想,即不能把世界看成是某个按照自己意向和目的而行动的个人的结果和产物;他第一个从自然界的普遍的宗教哲学意义来估价自然界,因此我高兴地向他表示我的钦佩和尊敬。”[②]马克思在《神圣家族》中指出:斯宾诺莎的实体(神)实质上就是“形而上学地改了装的,脱离人的自然”。[③]

3. 资产阶级学者对斯宾诺莎的神的观念的歪曲和利用

和哲学史上其他问题一样,在斯宾诺莎的神的观念上也展开了尖锐的两条基本哲学路线的斗争。当费尔巴哈和马克思、恩格斯对斯宾诺莎的唯物论无神论作出极高的评价的同时,资产阶级学者却对斯宾诺莎的神的观念进行唯心主义的神秘主义的歪曲。

---

① 《伦理学》,第 33—34 页。

② 《费尔巴哈著作选集》,1955 年俄文版第 2 卷,第 500—501 页。

③ 马克思和恩格斯:《神圣家族》,见《马克思恩格斯全集》,人民出版社 1957 年版第 2 卷,第 177 页。附带指出一下:斯宾诺莎的神即自然,世界的统一性和必然规律性思想,一直影响到二十世纪,伟大的物理学家爱因斯坦说:“我相信斯宾诺莎的上帝,他的上帝表现宇宙的和谐,不过问人世的祸福”。

在他们的分析下，斯宾诺莎仿佛是一个“有科学根据”的宗教家，神秘主义者。

耶可比(Jacobi)、谢林、黑格尔的歪曲是大家早已熟悉的，这里我们只想举出一些新近的所谓哲学史家或斯宾诺莎研究者的曲解。

帕洛克(F. Pollock)在他的著名的《斯宾诺莎的生平及其哲学》一书中写道：“斯宾诺莎不唯不忽视神学，而且提供神学以新的热情。”[①]并著述了《斯宾诺莎在世界宗教体系中的地位》(伦敦，1891 年)一书。

文德尔班在其《哲学史》里，把斯宾诺莎看成是“完全的和直率的泛神论”。并且认为他的哲学体系中充满了宗教精神[②]。

著名的斯宾诺莎注释家罗宾逊(Robinson)肯定地说，斯宾诺莎的哲学“不仅在逻辑上是科学的，而且在伦理上是宗教的，因为它给予我们一种唯一科学地论证了的关于神的学说。它是关于神的学说，同时也是真正的幸福、形而上学、伦理学和宗教”。[③]

美国普林斯顿大学教授维·斯苔士(W. Stace)在其《宗教和现代意识》一书中写道：“斯宾诺莎的全部哲学按其精神来说是宗教的，甚至是神秘主义的。”[④]而新黑格尔主义者，宗教的狂热信徒，美国的鲁一士(J. Royce)更以歪曲为能事，在他的《近代哲学的精神》中写道：“斯宾诺莎是有宗教信仰的……斯宾诺莎那种奇特

---

① 帕洛克：《斯宾诺莎的生平及其哲学》，伦敦，1880 年，第 166 页。

② 文德尔班：《哲学史》，英译本，1956 年，第 409 页。

③ 罗宾逊：《斯宾诺莎伦理学释义》，莱比锡，1908 年，第 47 页。

④ 斯苔士：《宗教和现代意识》，伦敦，1953 年，第 151 页。

但笃厚的虔敬，……就宗教论，斯宾诺莎的思想固然也有着明显的限度的，在他的世界中，只有一个庄严宏丽的外貌，只有一个有宗教意义的因素，这便是神圣本体的圆满性。可是就这一点在斯宾诺莎的立场上，已足够我们相信，我们可以在仁爱和信仰中，获得一种超升的没有烦恼的安息，所以将他的宗教意识和基督追效一书作者的宗教意识加以比拟是恰当的。”①

资产阶级学者们的这些歪曲，无非是来论证他们自己的宗教信仰，达到为资本主义制度作辩护的目的。对这些歪曲最有力的驳斥是历史的证据，这里我们做一些历史的回顾是必要的。从最早的柯勒鲁斯（Colerus）所写的斯宾诺莎传记里（载于帕洛克《斯宾诺莎的生平及其哲学》一书中），我们知道斯宾诺莎在当时是以无神论者著称的，他的《神学政治论》被当时反动派切齿痛恨，指斥为“亵渎神圣的、无神的、毁灭灵魂的著作”（参阅上书第十二章）。后来英国大主教贝克莱也一再说到“霍布斯和斯宾诺莎的那些狂诞的幻想，以及近代无神论——无论是霍布斯的、斯宾诺莎的、柯林斯的或者任何人的无神论”（见 Frazer 编的《贝克莱集》第二卷，第 334 页）。十七世纪法国主教休爱（Huet）在其《关于信仰和理性的一致》一书中更凶恶地攻击斯宾诺莎道：“假如我遇见他，我是不会饶恕他这个疯狂而不信神的人的，值得给他带上镣铐和加以鞭笞”（见弗洛伊登塔尔《斯宾诺莎生平及其学说》，海德堡，1927 年版，第二卷，第 215 页）。此外在十七世纪，培尔在他的《历史和批判辞典》中，十八世纪的狄德罗在他的《百科全书》中，也都一致

① 鲁一士：《近代哲学的精神》，第三讲。

认为斯宾诺莎是无神论者，斯宾诺莎学说是属于“无神论体系”。只有到了十九世纪，许多唯心主义哲学家和哲学史家，为了避免唯物主义的无神论在政治上的激进色彩，才把斯宾诺莎说成是一个纯粹认自然为神的泛神论者，以后就每况愈下，直至把他描绘为一位神秘的宗教家，有如我们前面所摘引的，他们与其说是历史评价，毋宁说是歪曲利用，因此在我们今天对伟大的唯物主义无神论者斯宾诺莎的研究中，我们一定要正本清源，恢复斯宾诺莎哲学的本来面目，对资产阶级学者们的恣意歪曲进行揭露和批判。

（六）结束语

本文的任务只是就《笛卡尔哲学原理》的性质、特点和写作经过，有关《笛卡尔哲学原理》的一些重要问题，以及资产阶级学者的歪曲利用，作一个简短的说明和介绍，以供读者在阅读本书时参考。应当说明的是我们在这里着重指出斯宾诺莎哲学体系、认识论方法论的唯物主义无神论基础，这并不意味着斯宾诺莎的哲学体系不包含**很大的局限性**。只是篇幅所限，未能再作分析。

斯宾诺莎这本著作已整整出版三百多年，但其中所显露出来的作者自己的无神论观点是永不会消失的。如果本译本的出版能够使我们对斯宾诺莎唯物主义无神论的研究深入一步，译者就感到最大的满足。

1979 年于北京

序

路德维希·梅耶尔[*]致敬爱的读者

凡是想在学识方面超群绝伦的人都一致认为：在研究和传授学问时，数学方法，即从**界说**、**公设**和**公理**推出**结论**的方法，乃是发现和传授真理最好的和最可靠的方法。这是千真万确的。既然对未知对象的一切可靠的和坚实的知识只有从已经确实认识到的东西中取得和推出来，这些确实认识到的东西必然就应该是这样一种基础，使得在这个基础上建立起来的人类知识大厦不会自身倾倒，也不会由于最轻微的撞击而遭到破坏。数学家通常用界说、公设和公理等名称所表示的那些基本概念就具有这种性质：无论谁，即使匆匆浏览一下数学这门高贵的科学，也丝毫不会怀疑它们的。因为界说只是对于表示相应对象的记号和名称的一种尽可能明确的说明，而**公设**和**公理**或心灵的普遍概念，则是这样一种清楚而且

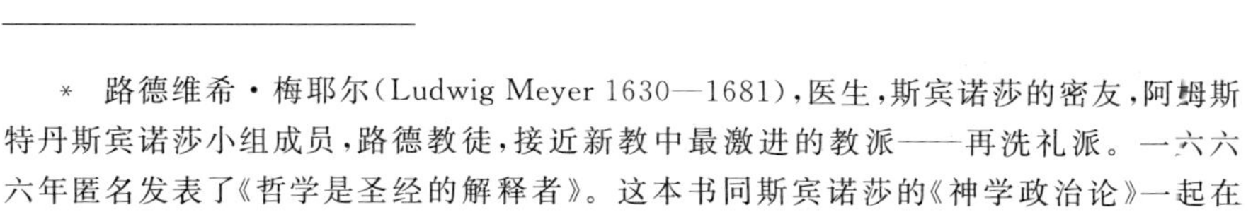

* 路德维希·梅耶尔（Ludwig Meyer 1630—1681），医生，斯宾诺莎的密友，阿姆斯特丹斯宾诺莎小组成员，路德教徒，接近新教中最激进的教派——再洗礼派。一六六六年匿名发表了《哲学是圣经的解释者》。这本书同斯宾诺莎的《神学政治论》一起在一六七四年为荷兰政府查禁。斯宾诺莎死后，梅耶尔参加了出版斯宾诺莎《遗著》的工作。——译者注

明晰的表述，凡是真正懂得词句意义的人都不能拒绝予以承认。

但是尽管如此，除数学外任何一门别的科学都不用这种方法来叙述；这里使用的是和数学方法有天渊之别的另一种方法，数学方法的特点是运用彼此有固定联系、间或杂以习题和说明的界说和分类。因为以往几乎所有的人（就是现在还有许多试图建立和叙述科学的人）都持这样的见解：认为这种方法是数学这门科学所特有，而不适用于其他科学，并且是其他科学所排斥的。于是出现这样一种情况：这类作者并没有用任何坚实的理由证明自己的论断，而只是力图拿或然的和似是而非的道理反复断定它们。就这样，他们出版了许多厚本书籍，其中找不到任何论证确凿、真实可信的东西，反而充斥着各种争论和分歧。用一种非常脆弱的论据所论证的见解，随后很快就受到另一种非常脆弱的论据的反驳，并被同一种武器所破坏和抛弃。因此，心灵本来是在热切地追求着不可移易的真理，企图在那里找到自己盼望的隐蔽所，并且安全地和幸运地驶向和达到所追求的知识的港口，现在却看到自己处在议论纷纭莫衷一是的激烈争辩的汪洋之中，左摇右摆，毫无定见，而且任何时候都绝无摆脱这种处境的希望。

自然，持另一种见解的也有人在。他们由于同情哲学的不幸的命运，放弃了叙述科学的这种通常的、大家习用的方法，踏上了新的然而困难重重的道路，期望运用数学那样的可靠性来论证哲学的其他部门，使这些部门同数学一样的繁荣昌盛。他们中间有人按照这种方式叙述了已被公认并在学校讲授的哲学，有人则按照这种方式叙述了新的、独立发现的哲学，并向学术界介绍了这种哲学。长时期来，许多人都对这件工作做过徒劳的尝试，而最后终于出现了本世纪最光辉的明星勒奈·笛卡尔。他依据这个方法首先在数学中把古人无法接近而今人又仅能期冀的真理从黑暗引入光明，然后给哲学奠定了不可动摇的基础，并且示范地指明了绝大部分真理都可以用数学的程序和确实性在这个基础上建立起来。在所有认真研读过他那些绝对找不到充分赞词的著作的人看来，这个道理就像正午的太阳一样明显。

虽然这位高贵的和无与伦比的人物的哲学著作遵循着数学中采纳的证明方式和程序，但是它们不是用欧几里得和其他几何学家在《几何原理》中所采纳的方法来处理的。在《几何原理》中，首先是讲界说、公设和公理，紧跟着就是命题及其证明。笛卡尔的方法跟欧几里得的方法却大不相同。笛卡尔把自己的方法称为分析的方法，并且认为这是真正的和最好的教授方式。因为笛卡尔在其《对第二类反驳的答复》* 末尾区分了两种确然的证明（apodictice demonstrandi）：一种证明叫分析的（analysin），它“指示一条真正的道路，在这条道路上，对象可以顺序地（methodice）和仿佛先天地（a priori）被认识”。另一种证明是综合的（synthesin），“它利用一连串的界说、公设、公理、命题和提问，因此，如果要否认结论中的某些东西，它立即会表明，这些要否认的东西已包含在前提之中了。它就用这种方法征服了读者的反对和固执，强迫他同意”，等等。

虽然这两种论证方法都是可信的、毋庸置疑的，但是它们并非

* 一六四一年笛卡尔写完《形而上学沉思》以后受到阿尔诺（Arnauld）、伽桑狄（Gassendi）、霍布士等人的反驳。《对第二类反驳的答复》是对阿尔诺等的反驳的答复。——译者注

对任何人都同样有益、同样适用。多数人没有学过数学这门科学，因此他们既不懂得处理数学时所使用的综合方法，也不懂得发现这门科学时所使用的分析方法。因此他们对于这些书籍中所讲的和确凿地证明的原理，自己既无法理解，也不能将它们传授给旁人。于是乎就有许多激于盲目热情或崇拜他人权威的人标榜笛卡尔的大名，背诵他的意见和学说，而一旦要有所论述，则流于徒然的空谈，不能证明任何原理。这同古今“逍遥学派”* 的人士的作法毫无轩轾。为了帮助这些人，我早就希望有精通分析方法和综合方法，熟悉笛卡尔的著作，并且掌握他的哲学的人来担当这项任务，把笛卡尔用分析的形式所叙述的原理用综合的形式表述出来，并且用普通的几何方法加以论证。鄙人虽然意识到自己学养不足，难以承担这项重大的任务，倒有心去做这件工作，甚至开始做了。但是由于别的事情的缠绕，使我无法继续做下去。

所以，当我听说我们的作者为了向自己的一个学生讲解笛卡尔哲学，用几何学的证明形式对他讲述了笛卡尔《哲学原理》整个第二章和第三章的一些原理，以及笛卡尔还没有解决的某些最重要最困难的形而上学问题，并且在朋友们坚决请求下同意把讲述的东西亲自修订增补，拿去付印的时候，我是非常高兴的。因此我便同他合作，只要是出版这本书所必需的，我都乐于给以帮助。我又请作者用同样的方式叙述笛卡尔《哲学原理》的第一章，俾使用这种方式表述出来的全部完整的学说，一开始便能得到更好的理

---

* “逍遥学派”(Peripatetic)指亚里士多德学派的哲学家。在中世纪后，“逍遥学派”常指经院哲学家。梅耶尔在这里着重指出了斯宾诺莎所运用的数学方法的意义，指出了它和僵死的经院哲学方法的区别。——译者注

解和更多的赞同。作者知道这一切理由都是有根据的,不愿意拒绝朋友的请求和读者的期待,并委托我照管印刷出版事宜,因为他住在乡下,远离城市,所以不能督视此次出版。

敬爱的读者,本书向你叙述的内容,即是笛卡尔《哲学原理》的第一章、第二章和第三章的一部分,我又将作者的《形而上学思想》作为附录缀于书末。但是,当我们说(如封面标题所示)这里是笛卡尔《哲学原理》第一章时,那并不是说,笛卡尔在该章中所叙述的全部内容都在这里按几何学证明方式呈现出来了。其实这一章的内容只包括一些最重要的形而上学问题以及笛卡尔在其《形而上学沉思》中所考察的一些问题,有关逻辑或者只从历史见地来说明和提及的一切其他问题这里都略去了。为了更好地完成自己的任务,作者逐字借用了笛卡尔本人在其《对第二类反驳的答复》末尾用几何学形式叙述的几乎全部文字。因此,他首先把笛卡尔的全部界说陈述出来,然后在笛卡尔的许多命题中插入作者自己的一些命题。唯有公理则非始终都紧跟在界说之后,而只是放在命题四之后。同时为了便于论证,改变了公理的顺序,并且删除了所有多余的公理。虽然我们的作者深知这些公理(正如笛卡尔本人在他的第七条公设中所做的那样)能够像定理一样加以证明,也可以算作命题。我甚至曾请他这样做,但是因为他忙于更重要的著作,只能腾出两周时间用在这一章上(本来他应该在这期间完成这本著作的),因此他无法满足自己的愿望和我的愿望,仅仅加上一些简略的说明来代替证明,而留待将来再去进一步作全面完整的论述。如果这一版售完之后需要再版,我将尽力使作者继此未竟之业,写完阐述可见世界的第三篇全文。(我在这里只是刊载了这一

篇的部分文字，因为作者必须在这里中止自己的讲授，但是我不能因为这一部分很短就不让它同读者见面。）为了妥善地完成这个工作，应该在第二篇中补充关于液体的本性和特点的某些原理，这件事，我也要尽力设法让作者今后去完成它。

不仅在安排和说明公理方面，并且在证明命题和其他结论方面，我们的作者常常离开笛卡尔，而使用了跟笛卡尔的方式大不相同的证明方式。人们不应当将这种情况看成好像是他想要纠正这位名家；这种做法的目的其实只在便于维持现在所采用的程序，不使公理的数目增加过多。因此，他本来还应该把笛卡尔未作任何证明就提出来的许多命题再加以证明，并且补充笛卡尔完全忽略的某些原理。

但是，首先我想请读者注意，在下面所有的叙述中，即在《哲学原理》第一篇、第二篇和第三篇的残文中，同样也在其《形而上学思想》中，作者所讲述的乃是笛卡尔本人的观点，这些观点的论证就像在笛卡尔著作中所叙述的那样，换言之，这些观点是从笛卡尔所奠定的基本原则中必然得出来的。既然他答应对自己的学生讲授笛卡尔哲学，那么一步也不离开笛卡尔的观点，不讲述同笛卡尔的学说不相符甚至相反的见解，对他来说乃是一个良心问题。因此不要认为他这里所讲的就是他本人的观点，或者只是笛卡尔学说中他所赞同的那些观点。虽然他承认笛卡尔这些观点中有些是真的，有些则如他公开宣布的，是和他正相反对的。这里有许多原理被作者当做错误的思想予以否定，他对这些原理有着完全不同的看法。例子很多，比方其中一个就是《哲学原理》第一篇命题十五的附释和《附录》第二篇第十二章中关于意志所说的话（虽然在这里证明写得非常精确和详尽)。因为据他本人看来,意志并不是和理智不同的,它远没有笛卡尔赋予它的那种自由。正是在这个地方,笛卡尔(这从他的《方法谈》第四篇和《形而上学沉思》第二篇以及其他地方也可以明白看出来)不加证明就武断地认为人的心灵是绝对能思想的实体。虽然我们的作者也承认世界上存在着能思想的实体,但是他否认这个能思想的实体就构成人的心灵的本质。他倒是坚持这样的观点:正如广延不为任何界限所限制一样,思想也不为任何界限所限制。因此,正如人的身体不是绝对的,而是以确定的方式按照广延的自然规律为运动和静止所限制一样,人的心灵或灵魂也不是绝对的,而是以确定的方式按照思想的自然规律为观念所限制。他得出结论说,思想的存在只有在人的身体开始存在的时候才是必然的。根据这个界说,我们很容易看出意志并不是不同于理智的东西,有如笛卡尔所断言的那样,我们绝不能说意志赋有那种自由。甚至,意志作肯定和否定的能力,在他看来也只是一种虚构,因为肯定和否定并不是在观念之外的某种特别东西。至于其余的能力,像理智、欲望之类,在他看来都应当算作虚构,或者最多算作我们用抽象方法所形成的概念,如人类的概念、多石性的概念,以及这一类的其他概念。*

* 为了使读者更清楚地认识梅耶尔在序里一再强调的斯宾诺莎和笛卡尔在意志自由问题上的对立,下面我们从他们两人的主要著作里摘录一些有关意志自由问题的言论,供读者研究参考。

笛卡尔:

"虽然上帝不是骗子,我们却往往陷于错误,因此,我们如果想探究错误的起源和原因,以便防止它们,那我们就必须说,它们依靠我们的意志,而不是依靠我们的理解……

我还必须指出：在某些地方所使用的"这一点或那一点超出了人的认识范围"一语，也应当这样看待，即是说它只是按照笛卡尔的意义使用的，不应当认为，仿佛作者这样说就是他本人的意见。

"我们只有两种思想方式，一为理解的知觉作用，一为意志的动作。

"在判断时，意志和理解都是必需的。我承认，在判断时理解是必需的，因为我们万不能假设，我们能够判断我们所不了解的东西。不过要想同意我们在任何程度下所知觉到的事物，意志也是在所必需的。不过在构成一个判断时，我们并不一定要完全了解一种事物，因为有许多事物，我们纵然对它们只有很模糊、很纷乱的知识，我们也可以同意。

"意志较理解的范围为大，这就是我们错误的来源。其次，智力的认识，只扩及于呈现于它面前的不多几件事物，永远是有限制的。而在另一方面，在某种意义下，意志可以说是无限的，因为我们看到，任何人的意志的对象，甚至是上帝的无限意志的对象，都可以成为我们意志的对象。因此，我们往往易于使意志超出我们所能明白了解的那些对象以外。既然如此，则我们之偶尔错误，也就不足为奇了。

"我们意志的自由是自明的。最后，我们还分明具有一个自由的意志，可以任意来同意或不同意。"(《哲学原理》，1960年商务印书馆版，第12—15页)。

斯宾诺莎：

"心灵是思想的某种一定的样式，所以心灵不能是自己的行为的自由因，换言之，心灵没有绝对能力以志愿这样或志愿那样，……用同样的方式可以证明心灵中没有认识、欲求、爱好等等的绝对能力。因此这些能力和类似这些的能力，如其不是纯粹虚构的东西，便是我们所习惯于从个别事物所形成的一些玄学的或一般的东西。因此理智和意志与这个观念和那个观念或这个意愿和那个意愿的关系，就好像石的性质与这块石头或那块石头，又好像人与彼得和保罗的关系一样。……我认为意志是一种肯定或否定的能力，而不是欲望；我说，意志，是一种能力，一种心灵借以肯定否定什么是真、什么是错误的能力，而不是心灵借以追求一物或避免一物的欲望。……

"在心灵中除了观念作为观念所包含的意愿或肯定否定以外，没有意愿或肯定与否定。证明：心灵中没有志愿这样或不志愿那样的绝对能力，只有个别的意愿，即这个肯定和那个肯定，这个否定和那个否定。让我们试设想一个个别意愿，亦即思想的一个样式，借此意愿或思想的样式，心灵肯定三角形三内角之和等于两直角。则这一个肯定包含三角形的观念或概念，换言之，没有三角形的概念，则方才所肯定的便不能被在作者看来,只要我们的理智沿着笛卡尔所发现和经历的道路去研究真理和认识事物,所有这些东西,以及更高超更精致的东西,不仅都能清楚明白地为我们所理解,而且甚至能够毫不费力地加以说明。因此,他认为笛卡尔所奠定的科学基础和他在这些基础上建立起来的哲学并不足以弄清和解决形而上学中出现的所有困难问题。为了把我们的理性提高到认识的顶峰还必须有其他的基础。

最后(为了结束这篇序),我们想提醒读者注意,我们不应当忽略,把这一切研究心得发表出来只是为了发现和传播真理,以及鼓励人们去研究真正的和笃实的哲学。因此我请求诸位,在准备阅读本书之前,为了从书中吸收一切丰富的养料(这是我对诸位衷心

设想。……再则三角形的观念必定包含这一个肯定,即三内角之和等于两直角。所以,反过来说,三角形的观念没有这一肯定也不能存在或被设想。所以这一肯定属于三角形的观念的本质,除此以外,没有别的。……除了观念以外,没有意愿。

"意志与理智是同一的。证明:意志与理智不是别的,只是个别的意愿与观念本身。但个别的意愿与观念是同一的,所以意志与理智是同一的。"(《伦理学》,1959 年商务印书馆版,第 80—82 页)

"意志不能说是自由因,只能说是必然的。证明:意志,和理智一样,乃是思想的一种样式;所以每一个意愿只有为另一个原因所决定,才可以存在,可以动作,而此另一个原因又复为另一原因所决定,如此递进以至无穷。倘使意志是无限的,则它的存在与动作也一定同样为神所决定,并非因为神是绝对无限的实体,乃是因为神具有能表示思想的永恒无限的本质的属性。所以无论怎样理解意志,有限的也好,无限的也好,都有原因以决定它的存在与动作,所以意志不能说是自由因,只能说是必然的或被迫的。

"由此推知,第一:神并不依据意志的自由而活动。第二:意志与理智同神的关系正如运动与静止以及所有一切自然事物同神的关系一样,其存在与动作都在一定方式下,为神所决定。"(同上书,第 29 页)——译者注

的希望)，请补上某些脱漏，细心改正若干阑入的错字，因为它们有时会妨碍我们去理解作者的论证和真正的见解，这是只要看一看勘误表就容易相信的。

笛卡尔哲学原理

（依几何学方式证明）

第 一 篇

绪 论

在叙述命题及其证明之前，我觉得必须简略地讲一下，笛卡尔为什么要怀疑一切，他用什么方法发现知识的可靠的基础，以及最后，他用怎样的方式摆脱一切怀疑*。我本想利用数学形式来说明这一切，但是据我看来，详细的分析虽属必要，在这里却会妨碍正确的理解，尤其是因为考虑到现在必须简明扼要、了如观画地说明这一切。

为了尽可能在认识事物时审慎地前进，笛卡尔力求：

1）排除一切成见，

2）找出能够用来建立一切知识的基础，

3）发现错误的原因，

* 参看笛卡尔《哲学原理》第一章“论人类知识原理”。——译者注

4）清楚而且明晰地理解一切事物。

为了做到第一、第二和第三点，他开始怀疑一切。但他并非怀疑论者。怀疑论者除怀疑而外别无其他目的。笛卡尔这样做是为着使自己的心灵摆脱一切成见，从而最后找出坚实不易的知识基础，这种知识基础只要存在，就不会不为他发现。因为真正的知识原则都必须是十分清楚的和可靠的，它们无需作进一步的论证，也根本没有可以置疑的地方，而如果没有它们，就什么都证明不了。经过长期的怀疑，笛卡尔发现了这些原则，此后他就不难辨别真伪和发现错误的原因。进而他告诫自己切勿把某种错误可疑的东西当做真实可靠的东西。

但是为了做到第四点即最后一点，即为了清楚而且明晰地理解一切，他坚持一条基本规则：历举所有其他的观念由以形成的一切简单观念，然后对其中的每一个分别加以考察。因为笛卡尔认为，只要他能够清楚而且明晰地理解简单观念，则毫无疑问，他也就可以同样清楚而且明晰地理解由这些简单观念所形成的其他一切观念。作了这番初步说明以后，我就要简略地说明一下笛卡尔怎样怀疑一切，怎样发现了知识的真正原则，他又怎样摆脱了怀疑的一切困难。

怀疑一切。首先他仔细考察感官获得的一切事物，例如天、地、诸如此类，以及自己的躯体，所有这些事物，他迄今曾认为是真实的。他现在怀疑它们的可靠性，因为他发觉感官有时欺骗他。做梦的时候他常常相信在他之外有许多事物真实地存在着，后来发现原来是假的。最后，因为他甚至亲自听见醒着的人抱怨他们早已断缺的四肢如何疼痛。因此他颇有理由地怀疑自己身体的存在，并从这一切论述中可以正确地推断说：感觉并不是一种能够在它的上面建立全部知识的坚实的基础（因为它们值得怀疑）；可靠的基础在于其他更加可信的原则。为了继续找出这些原则，他进而仔细考察所有的共相（universalia），例如：一般的有形自然界、自然界的广延、形、量等等，还有所有的数学真理。虽然他认为这些观念比他用感官获得的那些观念更可靠些。但是就在这里他也发现了怀疑它们的理由，因为其他人由于这些观念也犯了错误，特别是因为他的心灵中有一种旧想法，认为有一个全能的神既然能把他创造成现在这个样子，它也许能使他为那些他觉得最清楚的观念所欺骗。笛卡尔就用这种办法怀疑一切。*

发现一切知识的基础。为了发现真正的知识原则，笛卡尔进而研究了他是否能对那些能够成为他的思想对象的一切事物加以怀疑，其目的是在发现最后有没有什么他还未曾怀疑过的东西。如果他靠这种怀疑的方法找到了用先前的理由或某种别的理由都无法怀疑的某些东西，则他就有权认为，在他看来这就可以成为一种基础，在这种基础上他能够建立起自己的全部知识。表面上他虽然对一切都怀疑了，因为无论是感官获得的观念，还是仅为理性所认识的东西，他都加以怀疑，但是还有一个对象未予考察，这就是怀疑者本身，这里所说的怀疑者并不是指他有头、有手和其他肢体，这些已经怀疑过了，而是指他正在怀疑，正在思想，等等。经过仔细的考察，笛卡尔看出，无论根据以前的任何理由，他都不能怀

* 笛卡尔在《形而上学沉思》第一篇，《哲学原理》第一章第一—七节中陈述了他的怀疑原则。——译者注

疑这一点。因为梦中思想也好，醒时思想也好，他总归在思想，总归存在着；纵然别的人或他本人在别的事情上错误了，但是他们犯错误时毕竟存在着。他不能假定他的本性的创造者会如此阴险，竟然在这件事情上也能欺骗他；因为即使在他受骗时我们也应该承认他存在。最后，不管怀疑的理由如何，我们却不能不深信怀疑者的存在。而且，怀疑的理由越是多，则使他确信自己存在的论据也就越多。因此，无论笛卡尔怀疑到哪里，他终于不得不宣告说："我怀疑，我思想，因此我存在(dubito, cogito, ergo sum)。"*

笛卡尔发现了这一真理，于是就找到了一切知识的基础，并找到了一切其他真理的尺度和准则，这就是：凡是像这个真理一样可以清楚而且明晰地设想的东西都是真的。**

由上所述可以十分明显地看出，除此以外，知识不能有任何其他的基础，因为要怀疑所有其他的基础是很容易的。唯有这个基础是绝不能怀疑的。但是，关于这条基本原则首先应当指出："我怀疑，我思想，因此我存在"这一论断并不是省略大前提的三段论推理，因为如果这是三段论推理，则其前提应当比结论"我存在"更加明白和更加清晰，因此，"我存在"这个判断便不会是一切知识的原始基础。此外它也不可能是可靠的结论，因为它的真理性要取决于上面曾为作者怀疑过的共相。由此可见，"我思想，因此我存在"这个论断是一个单一判断(unica propositio)，它完全是和"我是能思想者"(ego sum cogitans)这个论断等值的。

* 这是笛卡尔《形而上学沉思》第二篇的内容。——译者注

** 参见笛卡尔《形而上学沉思》第三篇。——译者注

其次，为了预防可能有的混乱，我们应当知道（因为这也应当清楚而且明晰地认识到）我们是什么。如果清楚而且明晰地认识了这层道理，那我们便不会把我们的存在同其他的存在混淆起来。因之，为了从前述中推出这一切，我们的作者继续作如下的说明。

他回忆起他从前关于自己所想到的一切：他的灵魂是像风、火或以太一样遍布在他的身体的各个比较粗糙的部分的某种细致的东西；他对自己的身体比对灵魂更加熟悉，更有清楚而且明晰的知觉。现在他发现这一切显然跟他刚才可靠地认识到的东西有矛盾：因为他可以怀疑自己的身体，但是既然他在思想，他就不能怀疑他自己的存在。其次，既然他对身体没有清楚而且明晰的知觉，则依其方法的规定，他应当把它当做虚妄的东西予以丢弃。随后，既然考虑到关于自己他已经确定了的东西，他就不能认为一切肉体的东西属于他的本质，于是他继续研究到底什么东西属于他的本质，到底什么东西他不能怀疑，并要由此推论出他自己的存在来。这样，他就确定了以下几点：他必须保障自己不受欺骗；他必须理解许多东西；他怀疑一切他不能理解的东西；他迄今只肯定一个真理；他把其余一切都当做虚妄的东西予以否定和抛弃；他甚至违背自己的意志想象了许多东西；最后，他把许多东西都看成仿佛是从感官中产生的。他可以根据这里的每一个主张同样令人信服地推论出自己的存在，其中每一个主张都不容置疑，最后，所有这些都可以在一种属性下加以设想。由此可以得出：所有这些都是正确的，并且都属于他的本性。因此，当他说"我思想"时，他是指思想的一切样式：怀疑、理解、肯定和否定、欲望、厌恶、想象和感觉。*

* 参看笛卡尔《形而上学沉思》第三篇前一部分和《哲学原理》第一章第八、九节。——译者注

在将要讨论身体和灵魂的区别时，首先应当在此地指出两点，这对于以下的说明是特别有益的。第一点，思想的这些样式都可以清楚明晰地认识到而与其余一切尚属可疑的东西无关。第二点，如果给这些样式加上某种尚属可疑的东西，则我们对于这些样式所具有的清楚而且明晰的概念就会变成模糊的和混乱的东西。

摆脱一切怀疑。为了使他所怀疑的一切复归可靠，为了消除任何怀疑，笛卡尔继续研究最圆满的东西的本性，以便相信它的存在。因为如果能够确定这个最圆满的东西是存在的，它的力量创造和保存万物，它的本性是反对欺骗的，那么由于作者不知道自身存在的原因而产生的怀疑就会失所依据了。这时他就会知道，最善良最公正的神使他有能力辨别真伪，并不是为了欺骗他。因此，数学真理和一切他觉得十分明显的真理，就不能再引起他的怀疑了。* 然后他继续分析，以便消除怀疑的其他原因，他问道：我们有时之所以犯错误是什么缘故呢？这是由于我们利用了自由意志，因此我们甚至同意我们仅仅模糊地知觉到的东西，当他发现了这一点时，他就能够得出结论说：如果他只同意清楚而且明晰地认识到的东西，他就可以避免错误。人人都能轻易地做到这一点，因为人人都有控制自己的意志，使它不超出知性范围的权力。但是，既然我们早年就接受了许多不易摆脱的偏见，我们就必须避免这些偏见，而只同意清楚而且明晰地认识到的东西。为此他继续列举我们全部思想由以形成的一切简单概念和观念，并且分别加以

* 参看笛卡尔《哲学原理》第一章第二十九节以下以及《形而上学沉思》第三篇。——译者注

考察，以便确认其中什么是明白的，什么是暧昧的。这样一来，他就能够容易地辨别明白的东西和暗昧的东西，而形成明白的和确定的思想；同时他也容易发现灵魂和身体之间的实在区别，像发现我们的感官所知觉的印象中什么是明白的，什么是暧昧的一样；最后，也容易发现睡着和醒着的区别。经过这一番分析，他就不再怀疑自己醒时的状态，也不再受感官的欺骗，因而摆脱了上面列举的一切怀疑。

在结束这篇绪论之前，似乎必须给有下面这种论调的那些人一个满意的答复。他们说，既然神的存在本身是我们所不知道的，那么看来我们就无法确信任何东西，因为我们甚至不知道神的存在。因为从不可靠的前提（因为当我们不知道自己的来历时，我们感到一切都是可疑的）并不能得出任何可靠的结论。

为了消除这种困难，笛卡尔作了如下的回答：我们还不知道我们本性的创造者是不是把我们创造成这个样子，甚至在我们最明白的事物中我们也受了骗，从这里还是不能得出结论说，当我们注意我们对它本来就有清楚而且明晰的认识，或者通过推论而有清楚而且明晰的认识的东西时，我们能够对它加以怀疑。我们只能怀疑先前我们曾证明其为真实而后当我们不再注意这结论由以推演出来又被我们遗忘了的前提时仍然能够为我们记忆起的那些东西。因此，虽然神的存在不能是自明的，而要借助他物来认识，但是只要充分注意到得出这种认识的一切前提，我们仍是可以确实认识神的存在的。（参看《哲学原理》第一章第十三节、《对第二类反驳的答复》№3 和《形而上学沉思》第五篇的末尾。）

不过，假使有人觉得这种答复不充分，我可以作另一个答复。

前文谈到我们存在的可靠性和明显性，我们看到，我们根据下面的事实得出我们存在的结论：无论我们心灵的视线转向哪里，我们都遇不到任何理由可以怀疑自己的存在。在这里，我们可以注意我们自己的本性，或者接受我们本性的创造者是狡猾的骗子的说法，最后，或者承认有某种别的怀疑的理由在我们之外，例如有一种我们至今从未在任何一个对象中遇到的情况。因为虽然在考虑例如三角形的本性时我们被迫得出三角形三内角之和等于两直角的结论，但是不可能根据我们可能为我们本性的创造者所欺骗得出这个结论，虽然我们根据这个结论十分明显地推出了我们自己的存在。因此，无论我们把心灵的视线转向哪里，我们绝不是被迫得出三角形三内角之和等于两直角的结论，而是相反，在这里我们发现可以怀疑的理由；这是因为我们没有一个会使我们不可能认为神是骗子的神的观念。因为没有真正的神的观念的人（假定我们自己就是这样的人）很容易认为他的创造者是骗子，也容易认为他自己不是骗子。同理，凡是对三角形没有任何观念的人，会同样容易地认为三角形三内角之和等于两直角或者不等于两直角。因此我承认，我们无论采取怎样的证明，当我们对神没有明白而且确切的概念时，除了我们的存在之外，我们就不能无条件地确信任何东西，因为这神的概念会使我们认定神是非常公正的，正如我们对三角形的观念会使我们得出它的三内角之和等于两直角的结论一样；但是我否认因此就无法得到任何认识。因为从上述一切中可以明显地看出，整个问题的关键只在于我们能不能形成这样一个神的概念：它不允许我们同样容易地既能认为神是骗子，又能认为它不是骗子，而会迫使我们认定神是非常公正的。因为只要我们形成这样的观念，那么怀疑数学真理就没有理由了。于是，为了发现怀疑任何一条数学真理的根据，无论我们把心灵的视线转向哪里，我们始终找不出任何理由可以妨碍我们得出（在我们存在的问题上情况也是一样）这个数学真理完全可靠的结论。比方，我们有了神的观念以后再仔细地考虑三角形的本性，这个观念就会迫使我们认定三角形三内角之和等于两直角。但是如果我们考虑神的观念，它就会迫使我们认定神是非常公正的，因此我们本性的创造者和永远保有者在关于三角形这个真理上不会欺骗我们。

当我们考虑神的观念时（我们假定我们现在已经发现了这观念），我们就不能认为神是骗子，正如在考虑三角形的观念时我们不能认为它的三内角之和不等于两直角。其次，虽然我们不知道我们本性的创造者是否欺骗我们，我们还是可以形成这个三角形观念；同理，虽然我们怀疑我们本性的创造者是不是在一切方面都欺骗我们，我们也可弄清楚神的观念，使它历历如在眼前。不管我们用什么方式得到神的观念，只要我们具有这种观念，则如上所说，它就足可以摒除一切怀疑。现在我要答复人们提出的一个疑问：的确，我们不能相信任何东西，但是这不是由于神的存在是我们所不知道的（现在并不是说这个），而是因为我们对神没有清楚而且明晰的观念。由此可见，假如谁要否认我的意见，那么他的证明应当是这样的：没有获得清楚而且明晰的神的观念之前，我们就不能确信任何东西，而在我们不知道我们本性的创造者是否欺骗我们以前，我们就不能有这种观念；因此当我们不知道我们本性的创造者是否欺骗我们的时候，我们就不能确信任何东西，等等。对于这种看法我的回答是：我同意大前提，但不同意小前提，因为我

们有清楚而且明晰的三角形观念，虽然我们不知道我们本性的创造者是否欺骗我们。但是如果我们有前文详细说明过的那种神的观念，则我们对神的存在或者对某种数学真理更不能有所怀疑。

作了这些预先的说明以后，我们就来叙述要研究的对象本身。

界　说

一、所谓思想（cogitatio），我理解为在我们心中并为我们直接意识到的一切。

因此，意志、理智、想象和感觉的一切活动都是思想。但是，我之所以补加直接一词，是为了排斥那些仅仅由思想而来的东西。所以，随意运动虽说由于思想而发生的，但它本身却不是思想*。

二、所谓观念，我理解为任何一种思想的形式，只要直接知觉到这个形式，我就意识到这个思想。

因此，如果用语词来表示某物（假使我理解我所说的意思），而我们心中并没有这物的明显的观念，那么我就不可能用语词表示任何东西。因此我甚至把想象所描绘的形象也叫做观念；但如果这些形象是指有形体的想象，即在大脑一定部位中反映出来的形象，我就绝不称它们为观念；这些形象之所以为观念，仅就它们在大脑这一部位作用于心灵而言。**

三、所谓观念的客观实在性（realitatem objectivam ideae），我理解为观念所代表的事物的本质（entitas），就这本质存在于观念

* 此界说引自笛卡尔《形而上学沉思》“附录”界说一，也见于《哲学原理》第一章第九节。——译者注

** 界说二引自笛卡尔《形而上学沉思》“附录”界说二。——译者注

中而言。

对于客观的圆满性，对于客观的技艺(artificium)等等，同样可以这样说。因为凡是我们在观念对象中所感知的东西，都客观地存在于观念自身之中*。

四、关于这种东西可以说，如果它像我们所感知的那样存在于观念对象中，我们就称它是形式地(formaliter)存在于观念对象中；如果它并不是像我们所感知的，而是更多的、能够代替我们所感知的那样存在于观念对象中，我们就称它是超越地(eminenter)存在于观念对象中。**

如果我说，原因超越地包含着它的结果的圆满性，那么我是想借此指出，原因比结果本身在更高的程度上包含结果的圆满性(还可参看公理八)。

五、任何事物，作为主体，直接固有某种东西，或者由于此事物，我们所感知的某种东西，即某种性状、特质或属性才存在，并且此事物的真观念存在于我们的心中，此种事物称为实体(Substantia)。

我们对于实体，实在说并没有别的观念，实体乃是这样一种事物，在这种事物中，形式地或超越地存在着我们所感知的东西，或者存在着客观地包含在我们的一种观念中的东西。***

六、思想直接存在于其中的实体称为心灵(Mens)。

---

* 界说三引自笛卡尔《形而上学沉思》"附录"界说三。——译者注

** 本界说引自笛卡尔《形而上学沉思》"附录"界说四。"形式地"、"超越地"皆经院哲学名词。参看本书《形而上学思想》第 147 页注。——译者注

*** 界说五引自笛卡尔《形而上学沉思》"附录"界说五。——译者注

我在这里是说心灵,而不说灵魂(Anima),因为“灵魂”一词含义模糊,常指有形体的事物而言。*

七、直接作为广延的主体和直接作为以广延为前提的偶性(accidentium)如形状、位置、位移等的主体的实体,我称之为物体(Corpus)。

至于称为心灵的实体和称为身体的实体是同一种实体,还是两种不同的实体,这一点下文再予考察。

八、所谓神(Deus),是指我们所认识的、绝对圆满的实体,对于这种实体我们绝对无法设想有任何缺点或任何不圆满的地方。

九、当我们说,某种东西包含在一种事物的本性或概念中时,那意思也就是说,这东西的确属于该事物,或者这东西可以正确地说明该事物。

十、两种实体如果可以各自独立存在,则可说它们实际上是有差异的。**

我们略去了笛卡尔的公设,因为在下文中我们不能根据它们推出任何结论来;不过我们要郑重地请求读者把它们通读一遍,并且用心思索一番。

公　　理

一、我们之所以认识和确信未知的事物,只是借助于认识和确信在可靠性和认识方面先于这未知事物的其他事物。

---

* 此界说引自笛卡尔《形而上学沉思》“附录”界说六。——译者注

** 界说七、八、九、十皆引自笛卡尔《形而上学沉思》“附录”界说七、八、九。——译者注

二、有一些理由使我们怀疑我们身体的存在。

这是绪论中已经证明了的，因此在这里算作公理。

三、如果我们有任何不同于心灵和身体的东西，那么我们对它绝不会比对心灵和身体更加了解。

必须指出，这些公理对于我们自身以外的事物绝对没有作断定，它们所谈的只是我们在自身中发现的东西，因为我们是能思想的存在物。

命 题 一

当我们不知道我们是否存在时，我们不能绝对地确信任何东西。

证明。 这命题是自明的。因为凡是绝对不知道自己是否存在的人，也不知道他是不是肯定的或否定的存在物，即不知道他作肯定可靠还是作否定可靠。

这里也应当指出，虽然我们十分确信地肯定和否定许多东西，而不注意我们是否存在，但是如果不假定我们的存在无可怀疑，则一切都可能受到怀疑。

命 题 二

“我存在”必须是自明的。

证明。 假如否认此说，则我们只有借助某种他物才能知道这个真理，对此它物的认识和确信（据公理一）在我们心中应当先于“我存在”这个判断。但这是荒谬的（据前命题）；故“我存在”必是自明的。此证。

命 题 三

就我是由身体所构成的东西而言，“我存在”既非最初的真理，又非自明的真理。

证明。 许多原因使我们怀疑我们身体的存在（据公理二）；因此，我们只有借助于对在认识和可靠性方面先于这个判断的他物的认识和确信，才能确信这一判断（据公理一）。故就我是由身体所形成的东西而言，“我存在”既非最初的真理，又非自明的真理。此证。*

命 题 四

“我存在”之所以是最初的已知的真理，仅就我们在思想而言。

证明。 我是有形体的事物，或我是由身体构成这个判断不是最初的已知的真理（据前命题），而如果我是由灵魂和身体以外的他物组成，则我也不会确信自己的存在。因为我既然由不同于灵魂和身体的他物组成，则我们对此他物的了解就少于对身体的了解（据公理三）。故“我存在”之所以是最初的已知的真理，仅就我在思想而言。此证。

绎理。 由此可以明白，我们对心灵或能思想的事物比对身体知道得更清楚。**

详细的说明当读笛卡尔《哲学原理》第一章第十一和十二节。

---

* 参看笛卡尔《形而上学沉思》第六篇和《哲学原理》第二章第一节。——译者注

** 关于此命题可参看笛卡尔《哲学原理》第一章第八、十一、十二节。——译者注

附释。　任何人都最确实地知道他在肯定、否定、怀疑、理解、想象等等，换句话说，任何人都最确实地知道他作为怀疑者、理解者、肯定者等等而存在，一言以蔽之，他是能思想者——这是他不能怀疑的。因此“我思想”或“我是能思想者”这个判断是哲学的唯一的和最可靠的基础（据命题一）。科学上为了完全确实地认识事物，除了从最可信的原则推出一切和像认识这些东西由以推出的那些原则一样清楚而且明晰地认识这些东西以外，不必去找、也不需要任何别的方法。由此可以明白推出，凡是对我们说来像这个已经发现的原则那样明显的东西，那样清楚而且明晰地知觉到的东西，以及凡是符合此原则，并且如此依赖此原则，以致如果我们要怀疑这些东西那就必须怀疑这个原则本身的东西——所有这些东西都应当认为是最真实的。但是，为了列举这些东西时十分谨慎地前进，我想在开始的时候只把每个能思想的人在自身中所看到的东西当做同样可靠的和我们对它有同样清楚而且明晰的知觉的东西；比方，他有这种或那种欲望，他具有这一类的某些观念，一种观念本身中包含着比他种观念更多的实在性和圆满性；因此一种观念如果客观地包含着实体的存在和圆满性，它就要比仅仅包含某种偶性的客观圆满性的观念圆满得多；最后，一切观念中最圆满的观念乃是其对象为最圆满的存在物的观念。我可以说，我们不仅能同样可靠和同样清楚而且或许能更明晰地知觉这些东西；因为在这里我们不仅断定我们在思想，而且断定我们怎样思想。其次，我们也可以说，如果不同时怀疑我们这个不可动摇的基础，就不能怀疑符合这个原则的东西。譬如说，假使有人要怀疑无中绝不能生有这个真理，他同时就得怀疑我们思想时我们是否存在。

因为如果我可以从无中肯定某种东西，即肯定无可以是某种东西的原因，那么我就有同样的权利从无中肯定思想，并说，我思想时我不存在。但是这在我既不可能，那么我也就不能认为无中会生有。我考虑到所有这些情况，决定用适当的顺序把进一步叙述所必需的那些原则放在这里，并且把它们都算作公理，何况笛卡尔在其《对第二类反驳的答复》末尾也是把它们作为公理提出来的，我不可能比他本人做得更正确。但是，为了不脱离已经开始了的顺序，我打算尽可能使叙述更加清楚，并且指明这些原则怎样互相依赖，以及一切都依赖于"我是能思想者"这个原则，换句话说，凡是符合此原则的东西都是可靠的和有根据的。

采自笛卡尔的公理

四、实在性或存在（entitas）有各种不同的程度，因为实体比偶性或样式具有更多的实在性；同样，无限实体比有限实体具有更多的实在性。因此，实体观念比偶性观念具有更多的客观实在性，无限实体观念比有限实体观念具有更多的客观实在性。*

单独考察一下我们那些由于只是思想的样式而确信其存在的观念，就可以明白这个公理。因为我们知道实体的观念肯定实体的多少实在性或圆满性，反之，我们也知道样式的观念肯定样式的多少实在性或圆满性。既然这样，则我们必然会认识到，实体观念比某种偶性观念包含着更多的客观实在性，等等（参阅命题四附释）。

* 此公理来自笛卡尔《形而上学沉思》"附录"公理六。——译者注

五、能思想的事物一旦知道某些圆满性是他所没有的，则他必力所能及地立即取得它们。*

人人都可以从自身中看出这一点，因为他是能思想的事物，所以（据命题四附释）我们完全确信这一公理。同理，我们同样确信下一公理，即：

六、任何事物的观念或概念都包含着可能的存在或必然的存在（参看笛卡尔的公理十）。**

神即最圆满的存在的概念，包含着必然的存在；因为否则它就会是不圆满的，这是违反假设的，反之，有限事物的概念则包含着偶然的或可能的存在。

七、任何一种事物或事物的任何实际存在的圆满性，不能以无或不存在的事物作为自己存在的原因。***

我曾经在命题四附释中指出，这个公理像"我是能思想者"一样明白。

八、某物所包含的任何实在性或圆满性都形式地或超越地存在于其最初的和恰当的（adaequata）原因中。****

所谓"超越的"，我理解为这样的场合，在此种场合下，原因比结果本身更圆满地包含着结果的全部实在性；所谓"形式的"，我理解为这样的场合，在此种场合下，原因包含的实在性跟结果包含的实在性同样圆满。

* 此公理来自笛卡尔《形而上学沉思》"附录"公理七。——译者注

** 此公理来自笛卡尔《形而上学沉思》"附录"公理十。——译者注

*** 此公理来自笛卡尔《形而上学沉思》"附录"公理三。——译者注

**** 此公理来自笛卡尔《形而上学沉思》"附录"公理四。——译者注

本公理从前公理而来；因为如果接受原因中什么也不存在或者原因中的东西少于结果中的东西的说法，则原因中就不会有任何东西是结果的原因。但这是（据前公理）荒谬的，因此并不是任何事物都能成为一定结果的原因，而只有这样的事物才能成为一定结果的原因，在此种事物中，超越地包含着结果所包含的每一种圆满性，或者至少仅仅形式地包含着结果所包含的每一种圆满性。

九、我们观念的客观实在性需要有原因，其中不仅客观地包含着同一种实在性，而且形式地或超越地包含着这种实在性。*

此公理是大家都承认的，虽然许多人都误用了它。因为当任何人认知任何新东西时，没有一个人不会去寻找这种概念或观念的原因。当他能够指出某种原因形式地或超越地包含着那种概念所客观地包含的同样多的实在性的时候，他才得到满足。本命题足可以举笛卡尔在其《哲学原理》第一章第十七节中所设想的机器为例加以说明。同样，如果有人问，人何以会具有自己的思想和身体的观念，则每个人都看得到，他是从自身内部具有这些观念的，因为他形式地包含着观念所客观地包含的一切。因此如果人具有的观念所包含的客观实在性多于他本人具有的观念所包含的形式的实在性，则我们这些受自然的理智激动的人，必然会在人自身之外去寻找形式地或超越地包含着这全部实在性的其他原因。此外，谁也不能指出有别的原因能这样清楚而且明晰地被知觉到。其次，至于说本公理是否正确，则从上文可以看得很清楚。因为（据公理四）不同的观念具有不同程度的实在性或存在，因此随着

* 此公理来自笛卡尔《形而上学沉思》“附录”公理五。——译者注

圆满性的程度不同，它们要求更圆满的原因（据公理八）。然而观念中所表现的不同程度的实在性[①]之所以在观念中存在，不是因为这些观念被当做思想的样式，而是因为一些观念表示实体，而另一些观念则仅表示实体的样式，或者换句话说，因为这些观念被当做事物的形象。由此可以明显推出：对于观念来说，除了这样的东西（我们刚才已经指出了它）以外，不能有其他的第一原因：这种东西可以用自己全部的自然理智清楚而且明晰地认识到；在这种东西中，形式地或超越地包含着观念所客观地包括着的同一实在性。为了更加清楚地理解这个结论，我且举一两个例子来说明。假设某人看见面前有两本用同一笔迹写成的书（一本是卓越的哲学家写的，另一本是某个下流作者写的），又假设他不注意文字的意义（换言之，仿佛这些文字都是图画），而只注意字母的写法和顺序，那么他就看不出两本书之间有任何差异可以使他找出不同的原因来；相反，他会认为这两本书都同样地按同一方式出自同一原因。反过来，假设他注意文字的意义和内容，他就会发现这两本书之间有很大的区别，从而得出结论说：前一本书的第一原因和后一本书的第一原因是完全不同的；前一本书比后一本书更加圆满，就他发现这两本书内容的意义的不同而言，或就他发现这两本书中被当做图画看的文字的不同而言。不过我这里所说的，是指应当具有必然存在的书籍的第一原因，虽然我也承认和假定一本书可以抄自另一本书，这是不言自明的。还可以举某君主的肖像为例给以

① 我们也确信这点，因为我们既在思想，我们就在自身中看出了这点。参看上面的附释。

清楚的证明。如果只注意肖像的材料，那就无法发现这肖像和其他画的区别，从而使我们找出各种不同的原因，甚至可能以为这幅画是根据另一幅画复制的，而后者又是根据第三幅复制的，如此递进，以至无穷。因为十分明显，做这件事不需要其他原因。如果注意的是画本身，那就必须找出形式地或超越地包含着这幅画在表象形态下所包含的那种东西的第一因。我不知道为了证实和说明这一公理还能要求什么。

十、为了保存事物，必须有最初产生这事物时同样的原因。*

根据我们此刻在思想，绝不能推出我们以后也将思想。因为我们关于我们的思想所具有的概念并不包括或包含思想的必然存在；要知道即使假定思想不存在，我也可以清楚而且明晰地设想思想[①]。然而，既然任何原因的本性在自身中都应当包含或包括其结果的圆满性（据公理八），那么很显然，在我们之中或在我们之外此刻必然会有某种我们还不知道的东西，它的概念或本性也包括着存在，它并且是我们的思想开始存在和继续存在的原因。因为虽然我们的思想开始存在，可是它的本性和本质现在很少包括它的必然存在，像它不存在时那样，因此，为了继续存在，思想必须有它开始存在时所必需的那种力量。我在这里虽就思想而言，但是对于其本质不包括必然存在的任何其他对象也同样适用。

十一、凡物如不能问其存在的原因（或根据）则不存在（参看

---

* 此公理来自笛卡尔《形而上学沉思》“附录”公理二、九以及《哲学原理》第一章第二十一节。——译者注

① 每个人在自己心中都可以发现这点，因为他是能思想的事物。

笛卡尔的公理一）。*

既然存在是某种肯定的东西，则不能说其原因为无（据公理七）；因此应当给此物的存在指出某种肯定的原因或肯定的根据，指出这是外在的原因（即原因在事物本身之外），还是内在的原因（即原因包含在现存事物的本性和界说之中）。

上面四命题取材于笛卡尔。

命 题 五

单独考察神的本性，就可以认识神的存在。

证明。　凡是说某种东西包含在一事物的本性或概念中，这就等于说这种东西是此事物的真理（据界说九）。而必然的存在包含在神的概念中（据公理六）；因此，凡说神包含必然的存在或神存在着，都是对的。**

附释。　从本命题可以得出许多重要的结论。只有根据本命题才可以说存在属于神的本性，或者说，神的概念包含着必然存在，正如三角形的概念包含着三角形三内角之和等于两直角；或者说，神的存在一如神的本质，乃是永恒的真理。对神的属性的几乎全部知识都依赖于本命题，这些知识使得我们热爱神（或获得最高的幸福）。因此，如果人类终于同我们一起明白了这层道理，那是最理想的。但我知道有一些偏见[①]妨碍我们易于理解本命题。如

---

* 此公理来自笛卡尔《形而上学沉思》“附录”公理一。——译者注

** 参看笛卡尔《哲学原理》第一章第十六节和《形而上学沉思》“附录”命题一。——译者注

① 参阅《哲学原理》第一章第十六节。

果有人出于善良的意志或出于对真理的热爱和自己的真正利益而研究问题的本质，把《形而上学沉思》第五篇和《对第一类反驳的答复》末尾中的言论，以及我在《附录》第二篇第一章中关于永恒性所叙述的文字思索一番，则他无疑会十分清楚地懂得这层道理，而且谁也无法怀疑他是否具有神的观念（这确实是人的幸福的原始基础）。因为他可以立即看出，神的观念完全不同于其他事物的观念，只要他认识到无论在本质方面或存在方面神都完全不同于其他事物。因此再无必要使读者纠缠在这个问题上了。

命 题 六

神的存在可以根据我们心中有神的观念后天地（a posteriori）加以证明。

证明。　我们每一种观念的客观实在性都需要有原因，在这原因中不仅客观地包含着这种实在性，而且形式地或超越地包含着这种实在性（据公理八）。而我们具有神的观念（据界说二和八），同时这种观念的客观实在性既不是形式地包含在我们心中，又不是超越地包含在我们心中（据公理四），并且它不能包含在其他任何事物中，只能包含在神自身中（据界说八）。所以，我们心中所具有的这个神的观念需要神本身为其原因，故神存在（据公理七）。*

附释。　有些人否认他们有某种神的观念，虽然他们自己也说他们敬神和爱神。即使在这些人看来神的界说和属性是明白无

* 参看笛卡尔《形而上学沉思》"附录"命题二。——译者注

疑的，那也不能得出什么结果来。这无异于希图向天生的瞎子说明我们可以分辨的各种颜色有何差别。这些瞎子也许应当看成是处于人和没有理性的野兽之间的一种新动物，——我们应当对他们的话赋予很少的意义。因为请问，如果不给事物下界说，说明它的属性，用别的方法又怎能表明事物的观念呢？既然我们正是这样形成神的观念的，那么我们就不应当迷惑于那些人的话，他们否定神的观念只是因为他们在自己的脑子里不能构成神的形象。

其次应该指出，笛卡尔用公理四来证明神的观念的客观实在性既非形式地又非超越地被包含在我们心中的时候，他假定，每个人都知道他不是无限的实体，这就是说，他不是全知全能的。他可以作这一假定，因为凡是知道他在思想的人，也都知道他在许多方面有怀疑，他对一切的认识并非都是清楚而且明晰的。

最后应当指出，根据界说八也可以明显地得出：没有许多神，只有一个神，像我在命题十一和我们的《附录》第二篇第二章中清楚地证明的一样。

命题七

神的存在也可以这样来证明：我们本身由于具有神的观念才得以存在。*

附释。　为了证明此命题，笛卡尔采纳了下面两条公理：一、凡是能够产生较大的或较难的东西的，也就能够产生较小的东

---

* 参看笛卡尔《形而上学沉思》“附录”命题三。——译者注

西*；二、产生或保存（据公理十）实体比产生或保存实体的属性或性状更为困难。**

我不知道他这是什么意思。因为他把什么称为容易的和困难的呢？绝没有绝对容易的东西或绝对困难的东西[①]，而只有在对自己的原因的关系上才是如此。故同一事物的发生视其原因之不同，既可以是容易的，又可以是困难的。如果笛卡尔所谓困难的是指同一原因要用很大的气力才能完成的事情，所谓容易的是指同一原因用很小的气力就能完成的事情（比方说，举五十磅之力举二十五磅之重便轻一半），则这一公理就不是绝对正确的；他不可能根据此公理来证明他想证明的东西。因为如果他说："假使我有力量保存自己，则我也会有力量使自己取得我所没有的那一切圆满性"***（因为这不需要这样大的力量），那么，我可以同意他的意见：为了保存自己我消耗了力量，如果我不需要这力量保存自己的话，它也可以容易地产生其他许多东西；但是只有当我消耗这力量保存自己时，我才否认我能用它来做别的事（即使这更加容易），这可以从我们的例子中清楚地看出来。如果说，我作为能思想的存在物，也必须知道我是否用自己的全部力量来保存自己，以及这是不是我不能使自己取得更多的圆满性的原因，困难还是没有消除。因为（尽管这里争论的问题并不是关于对象本身，而只是关于从此

* 参看笛卡尔《形而上学沉思》"附录"公理八。——译者注

** 参看笛卡尔《形而上学沉思》"附录"公理九。——译者注

① 为了不去找其他的例子，我们就拿蜘蛛来说，蜘蛛织网易如反掌，而人织网就得费很大的劲；反之，人们能够容易地完成许多也许连天使都无法办到的事。

*** 笛卡尔这段话出现在《形而上学沉思》"附录"命题三的证明中。——译者注

公理中怎样推出本命题的必然性）如果我知道了这点，那么我便会更加强大，而且我也许需要比我现在所有的力量更多的力量来保持自己那种高度的圆满性。其次，我不知道为了创造实体是否需要比创造属性（或保存属性）更多的气力，或者用更清楚更有哲学意味的话来说，我不知道一种实体为了保存其属性是否需要自己的保存此实体的全部力量和本质。不过我暂且不讨论这一点，而来研究我们这位值得尊敬的作者希望说明什么问题，即研究一下他所谓“容易的东西”和“困难的东西”是什么意思，我不认为，也不能同意他把“困难的东西”理解为不可能的东西（因为绝对不能设想可以有不可能的东西发生），把“容易的东西”理解为不包含矛盾的东西（即容易设想不包含矛盾的东西是怎样发生的）。但是他在《形而上学沉思》第三篇中的说法，初看起来正是这个意思，他说："我也不应当认为获得我所缺少的东西比获得我现在所具有的东西更加困难；说我这个能思想的事物或实体是从无中产生的，显然更加要困难得多，等等”。这和作者的言论既不符，即和他的整个思想方式亦不一致。因为如果脱离作者的言论，则可能的东西和不可能的东西之间，即可设想的东西和不可设想的东西之间，就没有任何相互关系，正如有与无之间没有这种关系一样；因此，不可能的东西不具有能力，正如不存在的东西不能创造和产生一样；因此在可能的东西和不可能的东西之间不可能作任何比较。对这一点应当补充一句：只有我们具有清楚而且明晰的概念的那种东西才可以互相进行比较，也才可以认识它们的关系。因此我否认这样的结论是正确的：谁能产生不可能的东西，他就能产生可能的东西。因为请问，这岂不是说，谁能作四角圆，他就能作半径皆相等

的圆;或者说,谁能用无测量有,换言之,谁能把无当做物质来利用,从中造出某物,他也就能够从任何东西中造出某物。因为如上所述,这些概念既不一致,也不相似,不可作比较,又没有任何其他关系。人人只要略加思索,都可以看到这点。因此我认为这种理解事物的方式根本违反笛卡尔的思想方式。但是如果仔细考察一下上述两公理中的第二条公理,那么看来笛卡尔所谓比较大和比较困难是指比较圆满,而所谓比较小和比较容易则指较不圆满。但是这似乎仍然是十分模糊的。因为这和以前仍然有同样的困难:因为我和以前一样否认,能够使事物变大的人也能像已经证明的命题中应当承认的一样用同样的努力使它成为比较小的。

其次,当他说"创造(或保存)实体的力量大于创造(或保存)属性的力量"时,他所谓属性自然不能理解为形式地被包含在实体中的东西,也不能理解为只在思想上不同于实体本身的东西;因为这样一来,创造实体和创造属性是同一件事。由于同样的原因,他也不能理解为从实体的本质和界说必然推出的实体的那些性状。更不能把属性理解为另一实体的性状和属性,虽然似乎他会有这种看法。因为假使比如我说,我有权力保存自己这个有限的能思想的实体,则我不能因此又说,我有权力使自己取得无限实体的各种圆满性,要知道无限实体就其全部本质而言和我根本不同。因为我借以保持自己的存在的力量[1]或本质和绝对无限的实体用以保存自己的力量或本质根本不同,而绝对无限的实体的力量和性状

① 应当指出,实体用以支持自己的力量无非是实体的本质,两者只有名称上的不同。这层道理我在《附录》中谈及神的力量时将详细加以发挥。

只在思想上不同于它的本质。因此如果我承认(自然以我保存自己为前提)我能够把绝对无限的实体的各种圆满性给予自己,那就无异说我承认我能够消灭自己的全部本质,而重新创造出无限的实体。显而易见,这就远远超出了简单地接受我能够保存自己这个有限实体的说法的范围。故所谓属性或性状绝不能是指这点,假使如此,剩下来那就是指自己的实体超越地包含着的那些特质(如知性中的某些思想,我很明白这些思想在我的心中并不存在),而不是别一实体超越地包含着的那些特质(如某种空间运动,因为类似的圆满性对于我这个能思想的存在物说来并不是圆满性,没有它们也并非我的缺点)。但是这样一来,笛卡尔希图证明的命题绝不能根据此公理推出来,这命题说:如果我保存自己,则我也有权力使自己取得我清楚地认识到是属于最圆满的存在物的那全部圆满性,这是从刚才讲过的道理中推来的,其理甚明。但是,为了不使这命题引起怀疑,为了避免任何混乱,我觉得必须事先说明下面两补则,然后再据此证明上述的命题七。

补 则 一

事物按其本性愈圆满,则它包含的存在愈多和愈必然,反之,事物按其本性包含的存在愈必然,则必更圆满。

证明。 任何事物的观念或概念都包含此物的存在(据公理六)。假定A物有十度的圆满性,我就说,它的概念包含比承认此物只包含五度圆满性时更多的存在。因为,既然不能对无作任何肯定(据命题四附释),那么,当此事物日益趋近无时,否定其存在的可能性有多少,在思想上就取消其多少圆满性。如果因此而设想其圆满性程度无限减少，以至于零，则A就不再包含任何存在了，这种存在是绝不可能的。反过来，如果无限增加其圆满性程度，则物A就会包含最高的存在，因之也就有最高的必然性。这是本命题的第一部分。其次，既然必然性和圆满性绝不能分割（据公理六和本证明的整个第一部分而来，其理甚明），则第二部分应当证明的道理就很明显。

注一。　对于许多东西，人们都断定说，它们之所以必然存在只是因为它们的产生有一定的原因；我所说的并不是这个意思，而只是根据简单地考察事物的本性或本质所得出的那种必然性和可能性，并不考虑任何原因。

注二。　我这里所说的并不是指人们由于迷信或无知所欲求的美或其他圆满性。我所谓圆满性仅指实在性或存在而言。例如我发现实体比其样式或偶性包含更多的实在性，由此我清楚地认识到实体也比偶性包含更必然的和更圆满的存在，这从公理四和公理六推来，其理甚明。

绎理　由此可以得出，那本身包含必然存在的事物，乃是最圆满的存在或神。

补则二

谁有力量保存自己，他的本性就包含必然的存在。

证明。　谁有力量保存自己，他也就有力量重新创造自己（据公理十），这就是说（这是容易承认的），为了自己的存在他不需要任何外在的原因，相反的，唯有他自己的本性才是他以可能的方式或必然的方式存在的充分原因。但是“以可能的方式”是错误的；

因为这样一来(根据公理十已经证明的道理),根据他曾经存在的事实推不出他以后也将存在的结论(与假设相违)。因此他必然存在,换言之,他的本性包含必然的存在。此证。

命题七的证明。 如果我有力量保存自己,则我的本性就会是这样的:我会包含必然的存在(据补则二),因此我的本性会包含(据补则一绎理)一切圆满性。但我这个能思想的存在物发现自己有许多不圆满性(比如,我怀疑,我希望,等等),这就是我所确信的那些不圆满性(据命题四附释),所以我没有任何力量保存自己。我也不能说我因此就失去了那些圆满性,也不能说我现在希望放弃那些圆满性,因为这显然违反补则一,也违反我心中清楚地发现的东西(据公理五)。

其次,当我存在时我之所以能够存在,或只因为我有力量保存自己,或只因为另一个具有此种力量的事物保存我(据公理十和公理十一)。然而我存在(据命题四附释),并且正如曾经证明过的一样,我始终没有力量自己保存自己,故另有一物保存我。但是这物不能没有力量保存自己(根据和我刚才证明我之所以不能自己保存自己的那个原因相同的原因);所以,这物有力量保存自己,换言之(据补则二),它的本性包含必然的存在,也就是说(据补则一绎理),它包含一切我清楚看见是属于最完善的存在物的圆满性。故最圆满的存在物即神存在。此证。

绎理。 神可以创造我们所清楚而且明晰地设想的一切东西,正像我们设想它们一样。

证明。 此皆据前命题推来,其理甚明。那里曾经证明:神存在,因为应当存在某种主体,它包含我们对之具有观念的一切圆满性。然而我们具有如此伟大力量的观念，以致只有这种拥有此力量的主体才可以把天、地和其他一切我认为可能的东西创造出来。因此，关于神的这一切，包括神的存在在内，都得到了证明。

命 题 八

心灵和身体实际上是有区别的。

证明。 我们清楚地设想的事物可能是神按我们所设想的式样创造的（据前绎理）。而且我们可以清楚地设想心灵这种能思想的实体（据界说六）没有形体，这就是说（据界说七），没有任何广延的实体（据命题三与命题四）。反之亦然：我们可以清楚地设想没有心灵的身体（这是每个人都容易承认的）。因此，至少由于神的力量，没有身体心灵可以存在，没有心灵身体也可以存在。

能够各自独立存在的实体，实际上是有区别的（据界说十）；而心灵和身体是可以各自独立存在的两种实体（据界说五、六、七）；故心灵和身体实际上是有区别的。*

参看笛卡尔的《对第二类反驳的答复》末尾第四个假设和他在《哲学原理》第一章第二十二至二十九节中的说明，因此我认为这里不需要再作论述。

命 题 九

神是全知的（summe intelligens）。

证明。 假如否认此说，则神或者什么都不知道，或者它并不

---

* 此命题来自笛卡尔《形而上学沉思》“附录”命题四。——译者注

知道一切，而只知道某些事。但是只有有限的和不圆满的理智才仅知其一而不知其余，说神具有这种理智是荒谬的（据界说八）。如果神什么都不知道，则这或者说明神缺乏知识，正如某些什么都不知道的人一样，但是在这种情况下就包含有一种不圆满性，这在神是不可能有的（据界说八）；这或者说明，和神的圆满性相反，神只知道某些事。但是，如果这样完全否定神有认识的能力，则它就不能创造任何理智（据公理八）。然而，既然我们可以清楚而且明晰地设想理智，则神当是理智的原因（据命题七绎理）。因此，对某物的认识绝不能违反神的圆满性，故神是全知的。此证。

附释。　虽然应当承认，神是没有形体的，像命题十六中已经证明的，但是，不能把这一点理解为似乎广延的全部圆满性应该和神绝缘；更正确地说，只有在广延的本性和性状包含着不圆满性的时候，这才是必然的。这一点也适用于对神的认识，这是所有希望提高到全体哲学家水平的人都承认的，我在《附录》第二篇第七章中将详加阐述。

命 题 十

神所具有的一切圆满性都来自神。

证明。　假如不承认此说，则神就有一种圆满性不是来源于神；这样一来，此圆满性或者由于自身为神所有，或者由于不同于神的某物为神所有。如果由于自身为神所有，则这圆满性必然存在，或者至少是可能存在（据命题七补则二），这样一来，它就是（据同命题补则一绎理）某种十分圆满的东西，所以（据界说八）它便是神自身。因此，如果说神有某种来源于自身的东西，那就无异于说，它的产生是由于神。此证。反过来，如果这圆满性来自不同于神的某物，则不能把神设想为本身就是最圆满的，因为这违反界说八。故神所具有的一切圆满性都来自神。此证。

命题十一

不存在许多神。

证明。 假如谁要否认此说，试设想一下：存在许多神如 A 和 B 是否可能。这样一来（据命题九），A 和 B 都必然是全知的。换言之，A 知道一切，因此它知道自己和 B。反过来，B 也知道自己和 A。但是，既然 A 和 B（据命题五）必然存在，则 B 本身就是在 A 中的 B 的观念的真理和必然性的原因；反过来，A 本身也就是在 B 中的 A 的观念的真理和必然性的原因。因此，A 就有一种圆满性并非来自它本身，B 也有一种圆满性不是来自它本身，因此两者（据前命题）都不会是神。故不存在许多神。此证。

应当指出，根据事物本身包含必然的存在，像神本身包含必然存在一样，必然推出：此物是唯一的。只要仔细思索一下，谁都会明白地懂得这层道理；我在这里也证明了这一点，不过自然不是用大家都能懂得的方式来证明本命题的。

命题十二

凡存在之物仅由于神的力量才得以保存。

证明。 如果谁要否认此说，试假设某物自己保存自己；那时（据命题七补则二）此物的本性就包含必然的存在，因此（据命题七补则一绎理）它应当是神；这样就会有许多神，这是不通的（据命题十一)。因之,凡存在之物都是仅由于神的力量保存的。此证。*

绎理一。 神是万物的创造者。

证明。 神保存万物(据命题十二),这就是说(据公理十)神创造了一切存在的东西,而且不断地重新创造它。**

绎理二。 事物本身没有一种本质能够成为神的知识的原因;反之,在事物的本质方面神也是事物的原因。

证明。 既然神没有一种圆满性不是来源于自己(据命题十),则事物本身就不能有一种本质能够成为神的知识的原因。既然神不是根据他物产生一切,而是完全〔根据它自己的意志〕*** 直接创造一切(据命题十二及绎理),并且,创造活动除了致动因(efficientem causam)之外不允许有其他原因(因为我是如此界说创造的),这个致动因就是神,那么,正确的结论应该是:事物在它们被创造以前根本不存在,故神是事物本质的原因。此证。

本绎理是显然的,因为神是万物的原因和创造者(据绎理一),而原因本身应当包含结果的一切圆满性(据公理八),这是人人都容易看到的。

绎理三。 由此可以明白推出:神没有感觉,而且也没有知觉;因为神的理智不为任何外物所决定;而是一切都来自神本身。

绎理四。 就因果关系说,神先于事物的本质和存在,这是据本命题绎理一和绎理二推来,其理甚明。

---

* 参看笛卡尔《哲学原理》第一章第二十一节。——译者注

** 参看上书第一章第二十四节。——译者注

*** 据 1905 年英译本增补。——译者注

命题十三

神是十分公正的，绝不可能是骗子。

证明。 不能说神有任何东西（据界说八）包含不圆满性。而任何欺骗（这是自明的[①]）或者任何欺骗的意图都只是来自恶念或恐惧。恐惧是力量很小的结果，恶念是没有德性的结果。故不能说神这个最强大最善良的存在物会骗人或有欺骗的意图；相反，应该认为神是最公正的，它绝对不是骗子。此证。参看笛卡尔的《对第二类反驳的答复》第四点。[*]

命题十四

凡是清楚而且明晰地知觉到的东西都是真的。

证明。 我们有分辨真伪的能力（任何人都可以在自身中发现它，这是根据前文所证明的一切原理推来，其理甚明），这种能力是神创造的，也是神经常保存的（据命题十二及绎理），即（据命题十三）是最公正的和绝对不会欺骗的存在物所创造的和经常保存的。神并未给我们一种能力（这是每个人都可以在心中看出来的）可以拒绝和否认我们清楚而且明晰地知觉到的东西；因此，如果我

---

① 我没有把此公理放到其他公理中去，因为没有这种必要。因为只有证明本命题时，我才需要它。也因为我还不知道神存在时，我只愿意承认我能根据“我存在”这一根本命题推出的命题才是真的，这一点我在命题四的附释中曾经提到过。因此，我也没有把恐惧和恶念的界说放进前文里的那些界说中去，因为谁都知道恐惧和恶念的界说，我只有在本命题中才需要它们。

* 此命题的内容出现在笛卡尔《哲学原理》第一章第二十九节和《形而上学沉思》第三篇。——译者注

们在这里犯了错误，那么我们在任何情况下也可以被神欺骗，这样神就会是骗子，这(据命题十三)是荒谬的。故凡是我们清楚而且明晰地知觉到的东西都是真的。此证。*

附释。 因此，那些我们对其有清楚而且明晰的知觉必然会承认的东西，它们就必然是真的。因为我们有能力不承认暗昧的东西或可疑的东西，换言之，我们有能力不承认那种不能从最可靠的原则中推出的东西(这是每个人在自身中都可以看到的)。由此显然可知：如果我们坚决不承认我们尚未清楚而且明晰地知觉到的任何东西是真的，或者不承认并非从清楚而确定的原则中推出的任何东西是真的，则我们就可以永远谨慎从事，而不致有错，也绝不会受骗(这还可以从下文更清楚地看出来)。**

命题十五

错误不是某种肯定的东西。

证明。 如果错误是某种肯定的东西，则其原因就是神，并且应当经常为神所创造(据命题十二)。但这是荒谬的(据命题十三)。故错误不是任何肯定的东西。此证。***

附释。因为错误在人心中不是某种肯定的东西，它只是一种未能正确使用自由的行为(据命题十四附释)；所以，只有如我们说

---

* 参看笛卡尔《哲学原理》第一章第三十节。——译者注

** 此附释来自笛卡尔《哲学原理》第一章第三十二、三十三节和《形而上学沉思》第四篇。——译者注

*** 参看笛卡尔《哲学原理》第一章第三十五—三十七节和《形而上学沉思》第四篇。——译者注

没有太阳是黑暗的原因，或如我们认为神创造一个和别的儿童一样的儿童却不使他有视觉是这儿童盲目的原因一样，我们才能说，神是错误的原因，因为神给予我们的理智只延伸到不多的事物。为了清楚地理解这一点，为了理解错误怎样从简单地滥用我们的意志中产生，最后，为了理解我们怎样能够防止错误，我们要回忆起各种思想样式，即回忆起一切知觉样式（如感觉、想象和纯粹的知识）和意志（如欲望、厌恶、肯定、否定和怀疑）；因为所有这些样式都可以归结为这两大类。*

这里应当指出：（一）当心灵清楚而且明晰地知觉某种东西，并且承认这种东西的时候，它是不会犯错误的（据命题十四）；当心灵仅仅设想某种东西，但不承认这东西的时候，它也不会犯错误。因为如果我设想一匹有翼的马，但我不承认这匹马可以存在，并且还怀疑它的存在，在这种情况下，这个表象便不包含任何错误。因为承认无非是意志的一种规定，由此可知，错误的原因仅在于怎样使用意志。**

为了更明白地说明这个道理，应当指出，（二）我们不仅有权承认我们清楚而且明晰地知觉到的东西，并且有权承认我们用其他某种方式所设想的东西，因为我们的意志不受任何限制。每个人只要想一想，如果神愿意给予我们无限的理解力，那它就不会使我们拥有比我们现在承认一切被理解到的东西更大的承认力，他就可以清楚地懂得这层道理。何况我们现在拥有的力量足可以承认

* 参看笛卡尔《哲学原理》第一章第四十七节。——译者注

** 参看上书第一章第三十五节和《形而上学沉思》第四篇。——译者注

无限多的事物。的确，我们知道，我们承认的许多东西并非根据一定的公理推来。由此可以明白，假如理智能像意志的力量一样延伸到很远的地方，或者意志的力量不会延伸得比理智更远，最后，或者我们可以把意志的力量控制在理智的范围内，那么，我们在任何时候都不会犯错误(据命题十四)。

但是我们无法实现前面两个要求，因为要实现这两个要求，意志就不能是无限的，而被创造的理智必须是无限的。因此，就只有研究第三个条件，即我们是否有力量把我们的意志控制在我们理智的范围内。然而我们的意志在规定自己时是自由的，所以我们能够把承认力控制在我们的理智范围内，从而预防自己不致犯错误。由此十分明显，永远保持不犯错误仅仅取决于我们对意志的利用。在《哲学原理》第一章第三十九节和《形而上学沉思》第四篇中，以及我本人在《附录》的最后一章中，对于我们意志的自由都有详细的论证。如果我们应当承认清楚而且明晰地知觉到的东西，那么这种必要的承认并不取决于我们意志的软弱，而只取决于我们意志的自由和圆满性。因为承认在我们心中的确是一种圆满性(这是自明的)，而意志绝不会比它充分自决时更为圆满更为自由。因为只有在心灵清楚而且明晰地理解某种东西的时候，意志才能充分自决，于是心灵必然会立即使自己具有这种圆满性(据公理五)。因此我们完全不要认为自己是不自由的，因为在领悟真理时我们绝不会无动于衷。反之，我们越是无动于衷我们就越不自由，这倒是确实的。

现在还需要说明一个问题：为什么错误就人来说无非只是缺

乏，而对神来说则是否定。* 如果预先考虑到以下一点，这个问题是容易理解的：除了清楚认识到的东西以外，我们还知觉到其他许多东西，这时，和我们尚未知觉到这些东西相比，我们是更加圆满的。推出这观点的根据显然是：如果我们根本不能清楚而且明晰地知觉任何东西，而只能模糊地知觉它们，那么我们便不会比这模糊的知觉事物具有更多的圆满性，也没有其他任何东西是我们的本性所希求的。其次，甚至承认某种模糊的东西，作为一种活动而言，也是一种圆满性。这是谁都明白的道理，如果他像前面所说的那样假定清楚而且明晰的知觉是违反人的本性。这样一来，非常明显：对人来说，即使承认模糊的东西，从而锻炼自己的自由，也比永远无动于衷要强得多，即比（正如我们刚才所证明的一样）永远处在自由的低级阶段要强得多。如果从有利于和有善于人类生活着想，这原是理所当然的，每个人的日常经验都充分地说明这个道理。

因此，既然我们思想的所有个别种类就它们本身而言都是圆满的，则它们不能包含那种构成错误的形式** 的东西。如果我们注意一下各种不同的欲望，则可以看到一些欲望会比另一些欲望更圆满，因为这些欲望不会使意志变得更加无动于衷，而是变得更加自由。于是很明显，当我们承认模糊地设想到的东西时，我们就削弱了我们的心灵分辨真理和错误的能力，因此我们更不能具备高度的自由。所以，承认模糊的东西，就它们是某种肯定的东西而

* 参看笛卡尔《哲学原理》第一章第三十一节。——译者注

** “错误的形式”即错误的本质或概念，亚里士多德用“形式”表示实在的本质。——译者注

言，还不包含不圆满性或错误的形式；只有当我们自己丧失了自由这个属于我们的本性并为我们所控制的最好的东西时，承认才是不圆满性。由此可见，错误的一切不圆满性只在于缺乏这种高度的自由，因此才叫做错误。其所以是缺乏，因为我们丧失了属于我们本性的圆满性；其所以是错误，因为由于我们的过失我们才不具备这种圆满性，因为我们即使力所能及也没有把意志控制在理智的范围内。如果因此说错误在人来说只是缺乏圆满性，或者缺乏正确使用自由，则可以推知，自由不是人从神那里获得的一种能力，也绝不是这些能力的一种活动，因为自由依赖于神。我们也不能说神使我们丧失了它能够给我们的大部分理智，从而我们才能犯错误。因为一切事物的本性，除了神根据自己的意志而给予它的东西之外，绝不能对神有所要求；因为在神的意志之前并不存在什么东西，甚至不能设想这种东西*（我们在《附录》第七章和第八章中将对这一点作比较详细的说明）。因此神不会使我们丧失大部分理智或者丧失比较圆满的理解力，正如神不会使圆丧失其为球的性状，或使圆周丧失其为球体表面的性状一样。

因此，既然对我们的任何一种能力，无论作怎样的考察，都不能说明神具有任何不圆满性，由此可以明白推出，这种构成错误形式的不圆满性在人来说只是一种缺乏，反之，对于作为原因的神来说，它就不能称为缺乏，而只能叫做否定。

* 参看笛卡尔《形而上学沉思》第四篇。——译者注

命题十六

神是没有形体的。

证明。 物体是运动的直接主体(据界说七),这就是说,如果神是有形体的,则神便可分成各个部分。但是,因为这包含不圆满性,因此对神的这一假定是不通的(据界说八)。

别证。 如果神有形体,则它能分成各个部分(据界说七)。但是这些部分中的每一部分或者能够独自存在,或者不能独自存在;在后一场合下,它就会像神所创造的其余事物一样,因此就会像一切被创造的事物一样,它继续为神的同一力量所创造(据命题十和公理十一),因此像其余一切被创造的事物一样,它便不会属于神的本性,这是不通的(据命题五)。如果每一部分都独自存在,它就应当包含必然的存在(据命题七补则二),因此,每一部分都是十分圆满的存在物(据命题七补则二绎理)。但这也是不通的(据命题十一),故神是没有形体的。此证。

命题十七

神是最简单的存在物。

证明。 如果神由各个部分组成,则这些部分(这是每个人都容易同意的)至少就其本性而言应当先于神,这是荒谬的(据命题十二绎理四);故神是最简单的存在物。此证。

绎理。 由此可以推出:神的理智、意志,或者神的决定和力量仅在思想上才有别于神的本质。

命题十八

神是不变的。

证明。 如果神可变化，则它不仅要一部分一部分地变化，并且会改变自己的整个本质（据命题七*）。但神的本质必然是常存的（据命题五、六和七），故神是不变的。此证。

命题十九

神是永恒的。

证明。 神是十分圆满的存在物（据界说八）。由此可以推出（据命题五），它必然存在。如果说神是有限的存在，则神存在的界限必然可以认识，即使不为我们所认识亦为神所认识（据命题九），因为神是全知的。由此可知，神会认识到它这个最圆满的存在物（据界说八）不存在于这些界限之外，这是荒谬的（据命题五）；因此神不是有限的存在，而是无限的存在，所谓无限的存在就是永恒性的意思（比较我的《附录》第二篇第一章）。故神是永恒的。此证。

命题二十

神永恒地预先决定了一切。**

证明。 既然神是永恒的（据命题十九），则其理智也是永恒的，因为理智是神的永恒的本质（据命题十七绎理）。而神的理智

* 俄译本作："命题十七"。——译者注

** 参看笛卡尔《哲学原理》第一章第四十一节。——译者注

实质上同神的意志或决定并无区别(据命题十七绎理);因此凡说神永恒地认识一切事物,那同时也就是说,神永恒地希望或决定一切事物。此证。

绎理。　由此可以推出:神在进行创造时是绝对长存的。

命题二十一

有长宽高广延的实体实际上存在着;我们则同它的一部分结合在一起。

证明。　我们清楚而且明晰地感知的广延事物不属于神的本性(据命题十)。但是它可以为神所创造(据命题七绎理和命题八)。其次,我们清楚而且明晰地感知到(这是每个人思想时都可以在自身中看到的),广延事物是我们心中产生痛痒之类的观念的充分原因,即产生无需乎我们的协助也经常使我们激动的感觉的充分原因。如果除了这个广延实体之外,我们还要设想我们的感觉有其他原因,比如神或天使,则我们立即会破坏我们所具有的那种清楚而且明晰的概念。因此,如果[①]我们充分注意我们的知觉,并且除了清楚而且明晰地知觉到的东西之外不承认任何事物,那么我们很容易承认广延实体是我们感觉的唯一原因,并因此断定神创造的广延事物是存在的,而绝不会对这一点采取模棱两可的态度。在这件事上我们绝不会弄错(据命题十四及附释);因此人们正确地断定:有长宽高广延的实体是存在的。这是第一点。[*]

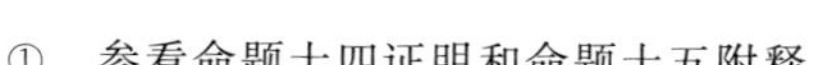

① 参看命题十四证明和命题十五附释。

* 参看笛卡尔《形而上学沉思》"附录"命题四和《形而上学沉思》第六篇。——译者注

其次，我们可以在我们的各种感觉中发现巨大的差别，这些感觉的产生必是由于广延实体对我们的作用（像前文证明过的），比如当我说，我看到或知觉到树，或如说，我感到渴或痛，等等。我明白地看到，在我认识到我同一部分物质紧密结合，而同其他部分物质则结合得不如此紧密之前，我不能理解何以有这样的差别。既然我清楚而且明晰地理解这层道理，既然我不能设想有任何其他原因，那么（据命题十四及其附释）我同一部分物质相结合就是真的。这是第二点。因此，需要证明的都已证明。

附注。　如果读者在这里不认为自己仅仅是没有形体的能思想的事物，如果它不把自己先前承认身体存在的那一切理由都当作偏见而予以否定，则他理解本证明的努力都是徒劳的。*

* 参看笛卡尔《形而上学沉思》第六篇。——译者注

第二篇

公设

这里只要求每人尽可能仔细地考察一下自己的知觉，以便把清楚的东西和模糊的东西区别开来。

界说

一、广延(Extensio)。由三向量构成，不过我们所谓广延既不是一种扩展行为，也不是某种不同于量的东西。*

二、所谓实体我们理解为这样的东西：只要有神的帮助它就存在。**

三、原子(Atomus)就其本性说是不可分的物质的一部分。***

四、无定限(indefinitum)即其界限(假定有界限存在)是人的理智无法认识的。

五、虚空(Vacuum)是没有形体的实体的广延。****

---

* 此界说来自笛卡尔《哲学原理》第二章第一节。——译者注

** 对"实体"这个界说完全是笛卡尔的观点。斯宾诺莎自己的实体界说见《伦理学》第一部分界说三。——译者注

*** 参看笛卡尔《哲学原理》第二章第二十节。——译者注

**** 同上书，第二章第十六节。——译者注

六、空间和广延之间只有思想上的区别，实际上并无区别（参看《哲学原理》第二章第十节）。

七、我们在思想上可以分割的东西为可分的，至少有分的可能性。*

八、位移（Motus localis）是一部分物质的移动或一物从紧相邻接的静物的位置移到其他物体的位置。**

笛卡尔用此界说说明位移。为了正确地理解位移，必须指出：

（一）所谓一部分物质，他理解为作整体移动的一切事物，虽然它本身仍然由许多部分构成；

（二）为了使这一界说不致发生混乱，他只说到经常运动的事物，即经常移动的事物，以使这界说同引起移动的力量或作用不相混淆，像许多人常常发生的情况一样。一般认为这种力量、作用只是运动所需要的，而不是静止所需要的；但这是错误的。因为不言而喻，使静止物体作一定程度的运动和使该物体重新失去这种程度的运动而趋于静止，需要相等的力。经验也说明这种情况；因为使静水中的船只运动和使运动着的船只静止，需要几乎相等的力。如果一种力不为船只停泊时所排开的水的重力和惯性所抵消的话，这两种力当然是相等的；***

（三）他是说从毗邻物体的位置向另一些物体的位置移动，而不说从一个位置向另一位置移动。因为位置（正如他自己在第二章第十三节中所说明的）不表示任何实在的东西，而只在我们的思

* 参看笛卡尔《哲学原理》第二章第二十节。——译者注

** 参看上书第二章第二十五节。——译者注

*** 参看上书第二章第二十六、二十七节。——译者注

想中存在，因此，对同一物体可以说，它在同一时间内改变而又不改变位置。但又不能说，一物体同时从一毗邻物体的位置移动而又不移动，因为在同一瞬间只有若干特定的物体才能接触同一个运动着的物体；*

（四）他不说移动一般是从毗邻物体的邻近位置发生的，而只说移动一般是从被视为静止着的那些毗邻物体的位置发生的。因为要使物 A 离开静止的物 B，需要相等而又相反的两种力，比如搁浅在沼泽和水底沙洲上的船只显然就是这种情形，因为要使船移动必须对水底和船只施同样的力。因此必须用来推动物体的力就消耗在运动物体和静止物体上。但移动是相互的；因为当船离开沙洲时，沙洲也离开船。由此可见，如果我们想使两个互相离开的物体向相反的方向做相等的运动，则为了使两物体都具有相同的活动，我们便得给予被大家认为是静止的物体（如船只应该离开的沙洲）和运动物体以相等的运动；因为正如我们曾经指出过的，

必须有相反而又相等的作用力，并且位移是相互的。但是这和通常的表达方式大有出入。即使把另一些物体所离开的物体看做静止的，并作这样的说明，我们也永远要记住，运动物体中所存在的一切（因之才称其为“运动物”）也包含在静止物体中；**

（五）最后，根据界说也可以明白推知：每一物体只有一种运动是它固有的，因为它只能离开最邻近的和静止的那些物体，如果

---

* 参看笛卡尔《哲学原理》第二章第二十八—三十一节。——译者注

** 参看上书第二章第二十九、三十节。——译者注

运动物体是具有另一种运动的其他物体的组成部分，则可以明白地看出，它也能参加其他无数的运动。但是，既然不容易同时认识这样多的运动，并且，所有这些运动甚至是不能认识的，那么，只考察每一物体所固有的一种运动也就足够了（参看《哲学原理》第二章第三十一节）。

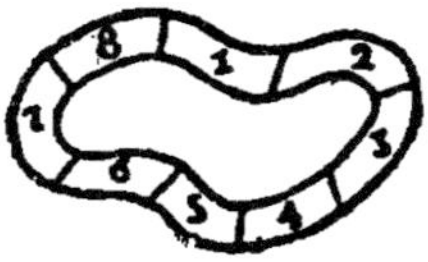

九、所谓运动物体环（Circulum corporum mortorum），仅指最后一物在他物推动下与最初运动着的物体紧相邻接，虽然全部物体由于这一运动的推动而经过的路线是曲折的*。

公　理

一、虚无没有性状。**

二、从一物取消它而不破坏此物之完整性者，则非此物的本质；反之，凡取消它事物即不存在的，则为此物的本质。***

三、关于硬度，感觉没有告诉我们任何其他东西；除了坚硬物体的各部分抵抗我们的手的运动之外，我们对于硬度就没有其他任何清楚而且明晰的表象。****

四、物体互相接近或互相离开时，并不会因此就占住更大或更小的空间。*****

* 参看笛卡尔《哲学原理》第二章第三十三节。——译者注

** 参看上书第二章第十六节。——译者注

*** 参看上书第二章第四、十一节。——译者注

**** 参看上书第二章第四节。——译者注

***** 参看上书第二章第六节。——译者注

五、物质的一部分不会由于柔韧或抵抗而失去物体的本性。*

六、没有广延就不能设想运动、静止、形式等等。**

七、除了用感觉可以把握的性状之外，物体只有广延及其状态，正如在《哲学原理》第一章所推断的一样。***

八、同一空间或广延不能此一时比彼一时大。

九、任何广延都是可分的，至少在思想上可分。****

任何人只要研究过数学的基本原理，就不会怀疑这公理是真理。例如，在圆及其切线之间的空间就可以用无限多越来越大的圆来划分。对于双曲线的渐近线来说，也显然如此。

十、谁也无法设想广延或空间的界限，如果他不设想在这些界限之外存在着与前一空间紧相邻接的另一空间的话。*****

十一、如果物质是异类的，而一类物质并不直接同另一类物质接触，则每一类物质都必然包括在界限之内，在此界限之外就没有物质。

十二、最小的物体很容易避开我们的手的运动。

十三、一个空间不会侵入另一空间，它也不会在此一时比彼一时大。

十四、如果水道 A 的长度与水道 C 的长度相等，C 比 A 宽一

---

* 参看笛卡尔《哲学原理》第二章第四节。——译者注

** 参看上书第二章第二十三、二十四节。——译者注

*** 参看上书第一章第四节。——译者注

**** 参看上书第二章第二十节。——译者注

***** 参看上书第二章第二十一节。——译者注

倍，流体通过水道 A 比同一流体通过水道 C 快一倍，则在相等的时间内通过水道 A 和水道 C 的物质量相等；如果通过 A 和 C 的物质量相等，则此物质在 A 中的流动应比在 C 中快一倍。

十五、两物都与第三物相等，则此两物彼此相等；两物均比第三物大一倍，则此两物彼此相等。

十六、如果物质以不同的方式运动，则它至少具有许多实际上（actu）可分离的部分，这些部分之数目跟同一时间从物质中观察到的不同速度的数目相等。

十七、两点之间以直线为最短。

十八、如果物 A 从 C 向 B 运动时为反力射回，则此物将按同一路线向 C 运动。

十九、如果两物相撞，则此两物或者至少其中一物应当发生一定的变化。

二十、一物之变化由较大的力量产生。

二十一、如果物 1 朝物 2 运动，并推动物 2，于是物 8 因此力的推动而向物 1 运动，则物 1、物 2、物 3 等不可能处在一条直线上，而应当同物 8 一起形成一个完整的环形。参看本篇界说九。

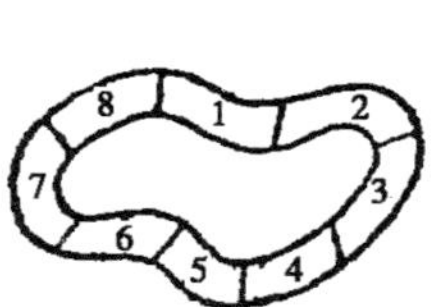

补则一

凡有广延或空间的地方即必有实体。

证明。　广延或空间不能是纯粹的无（据本篇公理一），所以它是必然属于事物的一种属性，但此物不可能是神（据第一篇命题十六）。故广延或空间只能属于需要神的帮助才能存在的事物（据第一篇命题二），换言之，广延或空间只能属于实体（据本篇界说二）。此证。*

补则二

我们可以清楚而且明晰地设想稀化和凝结，不过我们不承认物体在稀化状态下比凝结状态占有更大的空间。

证明。 的确，可以清楚而且明晰地设想稀化和凝结，这是因为一物体的各部分互相离开或者彼此接近。因此它们（据本篇公理四）不会占住更大或更小的空间。因为当物体（如海绵）的各部分互相接近时，它们就压挤充满其空隙的物体，结果物体变得更紧密了，但它的各部分并不因此占据较前更小的空间（据本篇公理四）。如果后来它们又互相离开了，空隙中又充满了其他的物体，则复产生稀化，不过各部分并不占据更大的空间。我们通过感官在海绵的实例里清晰地知觉到的东西，我们的理智在一切物体上都可以设想到，虽然人的感官并不能知觉到各部分间的空隙。故我们可以清楚而且明晰地设想稀化和凝结，不过我们不承认物体在稀化状态下比凝结状态占有更大的空间。此证。**

为了使理性对空间、稀化等不产生错误的表象，并便于理解下面的阐述，预先做这番说明看来是必要的。

---

* 参看笛卡尔《哲学原理》第二章第七、八节。——译者注

** 参看上书第二章第五、六、七节。——译者注

命 题 一

即使取消物体的硬度、重量和其他可以感觉的性状，物体的本性也不会遭到破坏。

证明。　关于硬度，比如石头的硬度，感觉没有告诉我们什么东西。除了坚硬物体的各部分抵抗我们的手的运动之外，我们对于石头的硬度并没有任何清楚而且明晰的概念（据本篇公理三）；因此，硬度不是什么其他的东西（据第一篇命题十四）。如果将这种物体捣碎成最小的微粒，则它的各部分就很容易承受[我们手的运动]*（据本篇公理十二），但仍然不失去物体的本性（据本篇公理五）。此证。

重量和其他感觉性状的证明同此。

命 题 二

物体或物质的本性只在于广延。

证明。　物体的本性并不因为取消了它的感觉性状就不存在（据本篇命题一）；所以感觉性状不是物体的本质（据公理二）。于是只剩下广延及其状态（据本篇公理七）。因此如果把它们也去掉了，那么就再没有什么东西属于物体的本性了，从而物体也就根本不存在了；故物体的本性（据本篇公理二）只在于它的广延。此证。**

* 译者加。

** 参看笛卡尔《哲学原理》第二章第四节。——译者注绎理。　空间和物体实际上没有区别。

证明。　物体与广延实际上没有区别(据本篇前命题);同样空间和广延实际上也没有区别(据本篇界说六),因此空间和物体(据本篇公理十五)实际上也没有区别。此证。*

附释。　虽然我们也说①,神无所不在,但我们并不假定神有广延,即(据本篇命题二)有形体;因为普遍存在(esse ubique)只同神用以保存万物的力量和助力相关联。因此神的普遍存在很少同广延或物体相关联,正如它很少同天使和人的灵魂相关联一样。如果我们说神的力量无所不在,则神的本质并不会因此而不存在,因为神的力量之所在即神的本质之所在(据第一篇命题十七绎理)。相反,不存在的只应当是形体性,这就是说,神无所不在不是由于形体的力量,而只是由于神的力量和本质,因为这力量和本质将广延和有思想的事物同予保存(据第一篇命题十七);如果神的力量即神的本质有形体,则它实际上就不能保存广延和有思想的事物。

命 题 三

虚空本身是一个矛盾的概念。

证明。　所谓虚空,是指没有形体的实体的广延(据本篇界说五),即指(据本篇命题二)没有形体的形体,这是荒谬的。

要彻底廓清和排除错误的虚空观念,请读《哲学原理》第二章

---

* 参看笛卡尔《哲学原理》第二章第十节。——译者注

① 关于这点,详见《附录》第二篇第三章和第四章。

第十七和十八节。那里着重说明了，物体之间如不存在任何东西，则必互相毗邻，还说明了，无是没有性状的。*

命题四

物体的同一部分不会此一时比彼一时占据更大的空间；反之，同一空间也不会在此一时比彼一时包含更多的物体。

证明。 空间和物体实际上没有区别（据本篇命题二绎理）。因此，当我们说空间不会此一时比彼一时更大（据本篇公理十三）时，这就等于说物体不能此一时比彼一时更大，即是说物体不可能在此一时比彼一时占据更大的空间；这是第一点。其次，既然物体和空间实际上没有区别，由此可以推出：当我们说同一物体不能此一时比彼一时占据更大的空间时，这就等于说，同一空间不能在此一时比彼一时包含更多的物体。此证。

绎理。 占据相等空间的物体，如黄金或空气，包含着等量的物质或等量的有形实体。

证明。 有形实体不在于坚硬，如黄金，不在于柔韧，如空气，也不在于其他可以感觉的性质（据第二篇命题一），而只在于广延（据第二篇命题二）。但是既然（根据假设）黄金所占的空间或（据本篇界说六）广延和空气所占的空间或广延相等，则黄金或空气就包括同样多的有形实体。此证。

* 参看笛卡尔《哲学原理》第二章第十六—十八节。——译者注

命题五

原子不存在。

证明。 原子是按其本性不可分的物质的一部分(据本篇界说三)。但是,既然物体的本性在于广延(据第二篇命题二),而广延无论多么小按其本性都是可分的(据本篇公理九和界说七),则物质的任何最小部分本性上都是可分的,这就是说,原子不存在,或者说,本性上不可分的物质的任何部分都不存在。此证。*

附释。 原子是否存在始终是一个困难而且混乱的问题。有人说原子存在,因为一种无限性不能大于另一种无限性,如果有两个物体,一个体积比另一个体积大一倍,如 A 和 2A,它们都是无限可分的,则它们实际上也能被神(神是直觉到它们的无限部分的)的力量分为无限多的部分。但是,假若如上所说,一种无限性不能大于另一种无限性,则体积 A 就等于 2A,这是荒谬的。其次,有人提出问题说:无限数目的一半还是不是无限,它是偶数还是奇数,诸如此类。笛卡尔对所有这些问题都答复说:我们不能因为某些其他超出了我们的理智和理解范围,因而根本不能正确设想的东西而否定我们的理智所能理解的东西,和可以清楚而且明晰地设想的东西。无限性及其性状是超出了本性上是有限的人的理智,因此,仅仅为了我们不能理解无限性而否定或怀疑在空间方面我们可以清楚而且明晰地设想的东西,那是荒唐的。所以,凡是我们看不出其中有任何界限的东西,如世界的广延,物质各部分的

* 参看笛卡尔《哲学原理》第二章第二十节。——译者注

可分性等，笛卡尔皆称之为无定限的。（关于这点，请看《哲学原理》第一章第二十六节。）*

命题六

物质在广延上没有界限，天地间的物质是同一的。

第一点的证明。　如果不设想在这些界限之外立即有紧相邻接的空间（据本篇公理十），即（据本篇界说六）广延或物质，则无法设想广延有任何界限，如此无穷推递下去，则（据第二篇命题二）不能设想物质有任何界限，故物质没有界限。这是第一点。

第二点的证明。　物质的本质在于广延（据第二篇命题二），而且是没有界限的（据本证明的第一点），也就是说（据本篇界说四）人的理智不能把它设想为有界限的。因此，物质不是多种多样的（据本篇公理十一），而是到处同一的。这是第二点。**

附释。　至此我们讨论了广延的本性或本质。正如我们所设想的，广延是神创造的，它存在着，这在第一篇最后一条命题中已经证明了，而据第一篇命题十二，可以推出，这广延是为创造它的那同一种力量所保存。其次，在第一篇最后一条命题中我们曾经证明：我们这个能思想的东西是同物质的一部分结合着的，并且借助于此部分物质我们知道物质里一切变动皆是实在的。关于这些变动，我们通过对物质的直观，知道是可能的：如可分性、位移或物质的一部分从一个位置向另一位置的移动，这是可以清楚而且明

* 参看笛卡尔《哲学原理》第二章第三十节。——译者注

** 参看上书第二章第二十一、二十二节。——译者注

晰地知觉到的，因为我们看见，在已经离开的物体的位置上出现了物质的其他部分。我们可以设想，物质的这种分割和这种运动有无限多不同的方式，因此我们也可以设想有无限多种变动的物质。我认为，它们都是我们可以清楚而且明晰地设想到的，只要我们把它们看做是广延的各种样式，而不是看做实际上不同于广延的事物，这在《哲学原理》第一篇中有详细的说明。的确，哲学家们还虚构了其他许多种类的运动，但是我们能够承认的只是我们可以清楚而且明晰地设想的位置的移动，因为我们清楚而且明晰地知道，广延只有这种位置的移动，而其他任何一种运动都是我们无法想象的。

的确，据说芝诺曾用各种各样的论据否定了位移。犬儒学者第欧根尼则用其特有的方式驳斥芝诺的观点，他在芝诺曾经讲授这种观点的学园中走来走去，从而使他的学生们感到惶惑。这时一个学生拦住他，不让他走路，第欧根尼责备这位干涉者说："你怎么敢这样反驳你的老师的论据呢？"但是，为了避免任何一位受芝诺论证欺骗的人认为感觉告诉我们的东西，如运动，是违反理智的，心灵可以在一些事物上受骗，虽然对这些事物心灵通过理智帮助可以清楚而且明晰认识的。我将在这里引用一下芝诺的主要论据，并且指明，他们的根据只是一些错误的偏见，其原因乃在于这位哲学家没有正确的物质概念。

第一，据说他曾断定，如果存在位移，则物体作极迅速的圆运动时便和静止没有不同。但结论不成立，所以前提也不成立，其证明如下，即：一物处在静止中，它的一切点将永远停在同一位置上；如果一物以最大速度做圆运动，则它的一切点必停在同一位置上，所以，物体做极迅速的圆运动时和静止时没有不同。据说芝诺是以车轮为例来说明这层道理的。假定这是车轮ABC。如果它以一定的速度围绕圆心旋转，则A点将比慢速旋转时更快地通过B点与C点而旋转一周。比方说，我们假定A点在慢速运动时需要

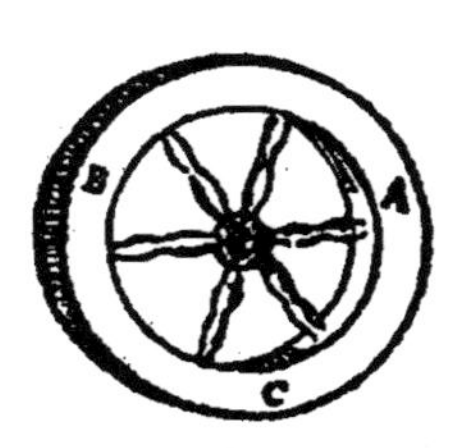

一小时才又回到它的出发点。如果假定运动快一倍，则A点只要半小时就可以达到以前的位置；如果运动快四倍，则一刻钟就可以达到。如果速度无限大，则此时间将缩短为一瞬间。因此，在这种高速度的条件下，A点在所有的瞬间都处在同一位置，即永远处在同一位置。一点如此，对于此车轮的其余所有的点来说，则显然亦复如此。故此车轮所有的点在此种最大速度下停留在同一位置上。

但是，为了回答这种谬论，必须指出，这种证明不能反对运动本身，说它反对最大速度倒更适合；不过我无意于考察芝诺的证明是否正确，我只想揭露芝诺企图用来否定运动的这一切论据都是建立在偏见的基础上的。芝诺首先假定，可以设想一种速度不能更大的物体运动速度。

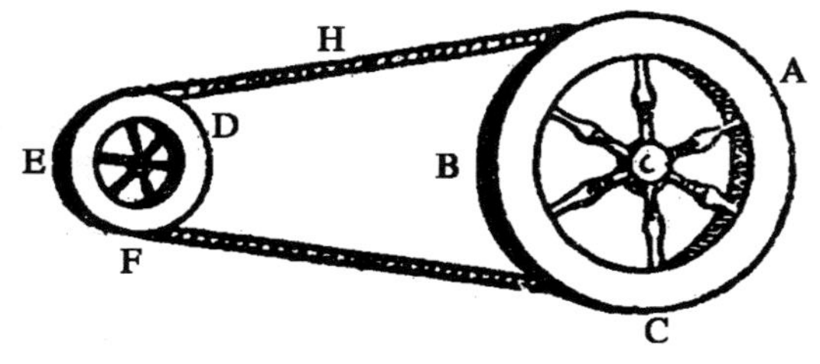

然后他假定，时间由瞬间构成，正如另一些人假定体积由不可分的点组成一样。但这两种假定都是错误的。因为我们绝对不能设想有一种我们不能设想更快的快速运动。设想这样迅速的运动是我们的理智所不容许的，虽然这种运动只经过很短

的距离，在这距离内不能有更快的速度了。对于慢速来说，情况也是这样；绝对不能设想有一种不能更慢的慢速运动。我认为对于作为运动尺度的时间，情况亦复如此；即是说，设想有一种不能更短的时间是我们的理智所不容许的。为了证明所有这些论断，我们试拿芝诺的例子讨论一下。我们同他一起假定，车轮 ABC 围绕圆心迅速地旋转，使得 A 点在一切瞬间都处在它的出发位置 A 上。但我却认为，我可以明白地设想一种速度比这种速度还大无限倍，因此这时的时距也要小无限倍。因为我们假定，当车轮 ABC 围绕自己的圆心运动时，它借助于传动带 H 而使另一车轮 DEF（我规定它小一半）也围绕自己的圆心旋转。但是，既然车轮 DEF 比车轮 ABC 小一半，则其旋转速度显然比年轮 ABC 快一倍，所以，D 点在一半的时距内又重返它的出发点。如果使车轮 ABC 具有 DEF 的运动，则车轮 DEF 的运动速度将为车轮 ABC 原有的速度的四倍；如果又使车轮 ABC 以此速度运动，则车轮 DEF 的运动速度将快八倍，如此递进，以至无穷。这是据唯一的物质概念推来，其理极明。因为正如我们已经指出过的，物质的本质在于广延，或者在于永远可分的空间，而无空间即无运动。我们曾经又证明，物质的同一部分不能同时占据两个位置；因为这无异于说（这是很难设想的）物质的同一部分有自己一倍那么大，这可据以上的叙述明显地推出来。因此，如果物质的一部分运动着，则它必在一定的空间中运动，而且不管这空间可以想象怎样小，因之也不管量度空间的时间怎样小，但是，这空间总是可分的，因此这运动的绵延或时间也是可分的，如此类推，以至无穷。此证。

现在再来看所谓芝诺的另一诡辩。如果物体运动着，则或者在它所在的位置上运动，或者在它不在的位置上运动。前一场合不可能，因为如果它在某处，则必在静止中。同时，它也不能在它不在的那个位置上运动。因此它根本不运动。这证明和前证明一模一样；这里也是假定有一种不能设想得更短的微量时间。因为如果我们回答说，物体不在一个位置上运动，而是从它所在的位置向它不在的位置运动，则芝诺会问：它是否在中间的位置上呢？如果我们回答时把他的“在”字作一番区别，即如果他把“在”字理解为“停在”，则我们否认物体在某个位置上运动；如果他把“在”理解为“存在”，则我们说，只要物体运动，它就必然存在。然而芝诺又要问：物体运动时它在哪里呢？如果他用这个“它在哪里”是想弄清楚物体运动时它占据什么位置，那我们就答复说，它并不占据任何位置。如果这意思是说“它停在什么位置”，那我们就说，它停在物体运动所通过的空间上他所指示出来的所有那些位置上。如果芝诺还要问，物体是否可能在同一瞬间占据和改变位置，那么在这里我们又要指出新的区别，我们可以回答说，如果他所谓瞬间是指一种不能更短的时间，则他所问的就是一个不可思议的问题，这是我们已经指出过的，所以对于这样的问题，也就用不着答复了。但是，如果他对时间的理解是我在上文中所说明的那种意义，即时间的真正意义，则要指出这样微量的小段时间是绝不可能的，因为无论这段时间怎样短，在这段时间中物体都不可能占据和改变位置，这是谁都明白的，只要他加以适当的考虑。由此显然可知，正如我在上文中已经指出过的，芝诺假定有一种不能设想得更短的微量时间，而因此他就不能证明任何东西。

除了这两种证明之外，人们常常谈到另一种证明。我们可以

在笛卡尔《书信集》第一卷的倒数第二封信中读到这种证明和对这证明的反驳。

但是我希望我的读者注意，我是用我自己的论据来反驳芝诺的论据的，这就是说，我是通过理性来驳斥芝诺的，而不是像第欧根尼一样借助于感觉。因为感觉给研究者提供的真理只是促使他去探究其原因的自然现象，而不能把理智清楚而且明晰地认识为真的东西设想为假。这是我们的意见，也是我们的方法；我们想利用理智所清楚而且明晰地认识到的论据来证明我所讨论的问题，而不管感觉是否同它们有矛盾，因为正如已经说明的，感觉只能决定理智研究这一问题或那一问题，但是它们不能设想理智所清楚而且明晰地认识到的东西是假的。

命 题 七

任何一物不能进入他物的位置，如果这他物不同时进入第三物的位置的话。

证明。（参看命题八图）假如谁要否认此说，试设想一下：物A占据与本身相等的物B的位置而物B又不离开自己的位置是否可能。因此，以前只包含物B的空间现在（根据假设）要包含物A和物B，即包含两倍于前的有形实体，但这（据第二篇命题四）是荒谬的。故任何一物不能进入他物的位置，如果这他物不同时进入第三物的位置的话。此证。

命 题 八

如果一物进入他物的位置，则此物留下来的位置同时为和它

紧相邻接的第三物占据。

证明。 如果物 B 向 D 运动，则物 A 和物 C 或者同时互相接近，并且互相接触，或者并不接近和碰触。如果是第一种情况，则因此我们的命题就是正确的。如果它们不互相接近，而物 B 留下来的全部空间仍在物 A 和物 C 之间，则（据第二篇命题二绎理和命题四绎理）它们之间就有一个等于 B 的物体。但此物（根据假定）并非 B，则必另有一物在同一瞬间占据它的位置。因为这是在同一瞬间发生的，故此物只能是与物 B 毗邻的物体；在第二篇命题六的附释中我们曾经证明，从一个位置向另一位置运动，如果没有一小段时间，即使是不能设想得更短的时间，这样的运动也是不存在的。由此可以推出，物 B 占据的位置不能在同一时刻又为他物所占据，因为他物在占据此位置以前应当通过某一空间。故只有与物 B 紧相邻接的物体才能同时占据物 B 的位置。此证。

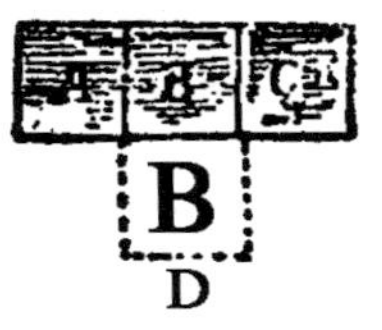

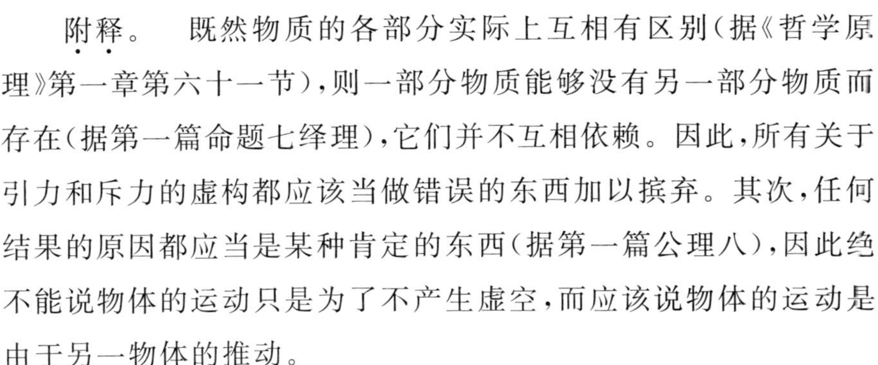

附释。 既然物质的各部分实际上互相有区别（据《哲学原理》第一章第六十一节），则一部分物质能够没有另一部分物质而存在（据第一篇命题七绎理），它们并不互相依赖。因此，所有关于引力和斥力的虚构都应该当做错误的东西加以摈弃。其次，任何结果的原因都应当是某种肯定的东西（据第一篇公理八），因此绝不能说物体的运动只是为了不产生虚空，而应该说物体的运动是由于另一物体的推动。

绎理。 **在每一运动中，同时运动的物体形成一个完整的环。**

证明。 当物 1 占据物 2 的位置时，物 2 应当进入另一物体比如物 3 的位置，等等（据第二篇命题七）。其次，在物 1 占据物 2

的位置那一瞬间，物 1 留下来的位置应当为另一物体（据第二篇命题八）比如物 8 或与物 1 紧相邻接的其他物体所占据。但是，既然这种情况只能由于另一物体（这里假定为物 1）的推动才能发生（据前命题附释），则这些共同运动的物体不能存在于一条直线上（据本篇公理二十一），而是形成（据本篇界说九）一个完整的环。此证。*

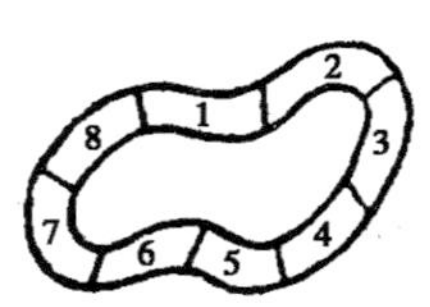

命 题 九

如果圆形水道 ABC 盛满着水，A 处水道比 B 处宽三倍，则当 A 处的水（或其他液体）流向 B 处时，B 处水的流动当快三倍。

证明。　当 A 处所有的水流向 B 处时，则与 A 处毗邻的 C 处的同样多的水，应当同时占据 A 的位置（据第二篇命题八），而 B 处的同样多的水应当占据 C 的位置（据同命题），故 B 处水的流动应当快三倍（据本篇公理十四）。此证。

凡是这里就圆形水道所说的话，同样适用于同时流动的物体应当通过的一切不相等的空间；其证明也同此。**

补则。　设有 A、B 两

* 参看笛卡尔《哲学原理》第二章第三十三节。——译者注

** 参看上书第二章第三十三节。——译者注

半圆皆以同一点为圆心，则此两圆周之间的空间到处皆相等。设有C、D两半圆各以不同的一点为圆心，则此两圆周之间的空间到处都不等。

证明。　据圆的界说本身推出，其理甚明。

命题十

液体流过水道ABC（参看命题九图），可以有无限多的不同速度。

证明。　A和B之间的空间到处都不相等（据上条补则）；因此液体流过水道ABC的速度（据第二篇命题九）到处都不相等。既然在A和B之间可以在思想上设想无限多的越来越小的空间（据第二篇命题五），则很明显，无限多的不相等的空间到处存在着，故速度有无限多种（据第二篇命题九）。此证。

命题十一

在流经水道ABC的物质中（参看命题九图），存在着分成无限多的微粒。

证明。　一物质流经水道ABC时，具有无限多的速度（据第二篇命题十），故（据本篇公理十六）此物质具有无限多实际上不同的部分。此证。（参看《哲学原理》第二章第三十四和三十五节。）*

* 命题十、十一均来自笛卡尔《哲学原理》第二章第三十三—三十五节。——译者注

附释。 至此我们讨论了运动的本性。现在我们要研究一下运动的原因，这原因是两方面的，即第一原因或普遍原因和局部原因，第一原因是世界上发生的一切运动的原因，局部原因则是物质的个别部分获得它们原来没有的运动的原因。既然（据第一篇命题十四和命题十七附释）我们只能承认清楚而且明晰地知觉到的东西是真的，则显然只能认为神是普遍原因，因为除了神（作为物质的创造者）以外，我们不能清楚而且明晰地知道其他任何原因。我这里就运动所说的话，对静止也适用。*

命题十二

神是运动的根本原因（causa principalis）。

证明。 参看前命题附释。

命题十三

神凭借其助力仍保存它过去给予物质的同样数量的运动和静止。

证明。 既然神是运动和静止的原因（据第二篇命题十二），则神就用神创造它们时所用的那种力量保存它们（据第一篇公理十），这就是最初神创造它们时的那种数量（据第一篇命题二十绎理）。此证。

附释一。 虽然神学主张，神的许多作为都是以自己的决定为根据的，以便向人们显示自己的力量，但是凡事如仅取决于神的

* 此附释来自笛卡尔《哲学原理》第二章第三十六节。——译者注

决定，则亦唯有通过神的启示才能了解，因此在仅以理性所探求的东西为研究对象的哲学中，这种主张是不能成立的，因为哲学不应当与神学混为一谈。

附释二。　虽然运动只是运动着的物质的状态，但是它具有一定的和确定的量；应该怎样理解这点，下文就要说明（参看《哲学原理》第二章第三十六节）。

命题十四

凡物就其为简单的和未分化的事物而言，如果按其自身来考察，则将永远处在同一状态中，这种状态取决于该事物。

本命题在许多人看来，仿佛是一条公理，但是我们要对它加以证明。

证明。　既然一切事物只有借神的助力才能在一定的状态中存在（据第一篇命题十二），而神在自己的事业中是绝对不变的，则如果不注意任何外部的即特殊的原因，而按事物本身来考察事物，则应当肯定，它将永远处在现今的状态中。此证。*

绎理。　物体一旦进入运动，如果不为外因所阻止，则将永远继续运动。

证明。　这可以从前命题明白推来。但是，为了纠正对运动的错误观念，请读笛卡尔《哲学原理》第二章第三十七和三十八节。

* 参看笛卡尔《哲学原理》第二章第三十七节。——译者注

命题十五

任何运动着的物体本身都力求按直线运动，而不按曲线运动。

此命题当视为公理，不过我要根据前命题对它加以证明。

证明。　既然运动的原因只在于神（据第二篇命题十二），则运动本身没有存在的任何力量（据第一篇公理十），而在每一瞬间都仿佛重新为神所创造（据同一公理中所证明的道理）。因此，当我们仅仅注意运动的本性时，我们绝不能说运动具有一种绵延，这种绵延只依赖于运动的本性，并且能够设想得比其他绵延更大。如果说运动物体的本性要求它做曲线运动，那就应当承认运动的本性具有一种绵延，这种绵延比承认运动物体的本性要求此物体按直线继续运动时的绵延更大（据本篇公理十七）。可是，既然（根据已经证明的道理）我们不能说运动的本性具有这种绵延，那就同样不能说运动的本性要求做曲线运动，而只能说运动的本性要求做直线运动。此证。*

附释。　这个证明在许多人看来，也许只是证明运动的本性既要求做曲线运动，又要求做直线运动；这是因为不能指出有任何一根直线比其他的直线或曲线更短，也不能指出有任何一根曲线比其他曲线更少弯曲。但是我认为对这个问题的证明是正确的，因为它是根据一种普遍的本质，即根据线段的本质区别推出被证明的东西，而不是根据某种数量或线段的偶然区别推出被证明的东西。但是，为了通过证明以后，不致使本来很明白的事情变得更

---

* 参看笛卡尔《哲学原理》第二章第三十九节。——译者注

加模糊，我请读者注意运动的界说本身，这界说无非是说，运动是物质的一部分从一些物体的邻近位置向另一些物体的邻近位置移动，等等。如果我们设想这一移动不是最简单的、即不是沿直线的移动，则我们应当把不包含在运动的界说或本质中，因此也不属于运动本性的某种东西同运动结合起来。

绎理。　从本命题可以推出，凡做曲线运动的物体正是由于某种外因才经常离开此物体本性所要求的运动路线（据第二篇命题十四）。

命题十六

凡做圆运动的物体，如投石器中的石子，经常被决定要沿切线方向运动。

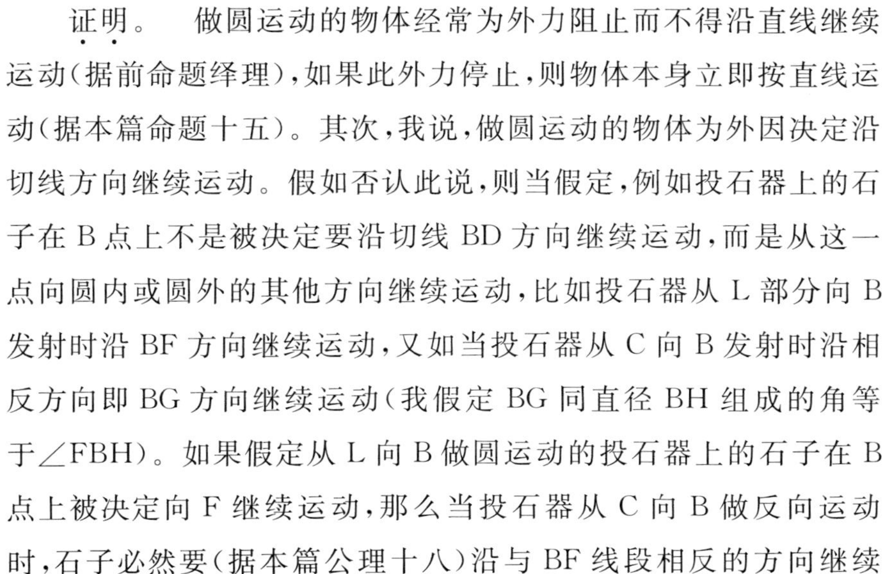

证明。　做圆运动的物体经常为外力阻止而不得沿直线继续运动（据前命题绎理），如果此外力停止，则物体本身立即按直线运动（据本篇命题十五）。其次，我说，做圆运动的物体为外因决定沿切线方向继续运动。假如否认此说，则当假定，例如投石器上的石子在 B 点上不是被决定要沿切线 BD 方向继续运动，而是从这一点向圆内或圆外的其他方向继续运动，比如投石器从 L 部分向 B 发射时沿 BF 方向继续运动，又如当投石器从 C 向 B 发射时沿相反方向即 BG 方向继续运动（我假定 BG 同直径 BH 组成的角等于∠FBH）。如果假定从 L 向 B 做圆运动的投石器上的石子在 B 点上被决定向 F 继续运动，那么当投石器从 C 向 B 做反向运动时，石子必然要（据本篇公理十八）沿与 BF 线段相反的方向继续运动，因此它会奔向K，而不是奔向G。这是违反假设的。然而既然[①]除了切线之外，通过B点不能作出一条线使其两个边同BH线形成相等的两角如∠DBH和∠ABH，则只有一条切线才能与同一假设不相矛盾，而不管投石器怎样运动，从L向B运动还是从C向B运动，故只有切线才能是石子力求沿着它运动的线段。此证。[*]

别证。　我们拿内接于圆ABH的六角形来代替圆[**]，设物C静止在AB边上，然后设想直线DBE（它的一端固定在圆心D上，另一端是可动的）围绕圆心运动，而且不断地截过AB线。显然，

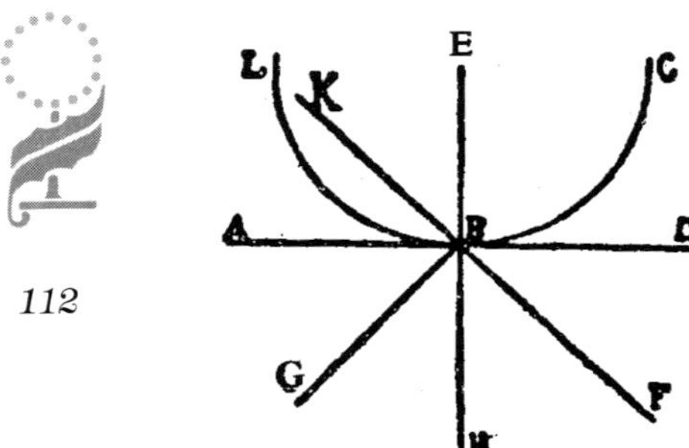

在直线DBE做这种运动而与AB线截成直角的那个瞬间，它就与物C相遇，于是它就推动物C沿FBAG直线朝G的方向运动，即沿无限延长的AB边运动。不过我们这里之所以举六角形来说明，完全是随意的，对于可以设想为内接于圆的任何别的图形来说，也同样是正确的。这就是说，如果物C静止在图形的一条边上，当直线DBE与此边截成直角，这时，它就从此直线那里得到一种推动力，于是物体将为此直线所推动，而沿着这条边继续前进到无限远的地方。因此，如果我们所设想的不是六角形，而是有无数

① 这据欧几里得《几何原理》第三卷命题十八和十九推出，其理甚明。

* 参看笛卡尔《哲学原理》第二章第三十九节。——译者注

** A在BG线和圆的交点上，拉丁原图遗漏。——译者注

的边的直线图形(即按照阿基米德所规定的圆),那么十分明显,不

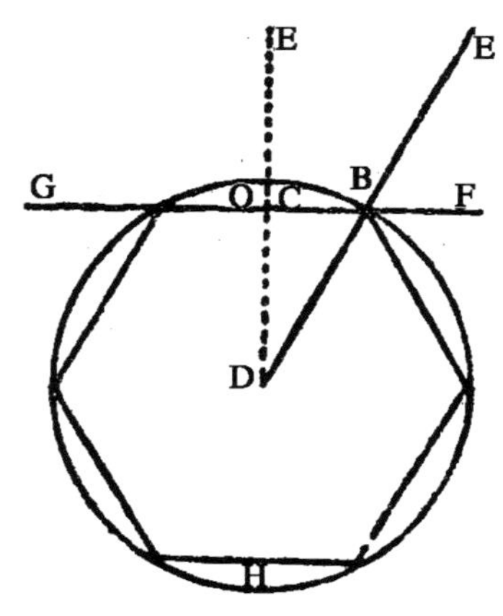

论直线 DBE 在什么地方和物体相遇,却永远是在它与此图形的一个边相截成直角的时候相遇。因此,如果此直线不同时使物 C 朝无限延长的线段方向运动,就绝不能与物 C 相遇。然而,既然任何一条边朝两头延长终究要越出图形之外,则此有无数的边的图形之这条无限延长的边,即圆的这条边,必是切线。如果所设想的不是直线,而是做圆运动的投石器,则此投石器将不断地使石子沿切线方向运动。此证。

应当指出,这两种证明对于任何曲线图形也同样适用。

命题十七

凡作圆运动的物体,都力求脱离绕之而运动的圆心。

证明。 当物体做圆运动时,它为外因所推动。外因一停止,它就沿切线方向继续运动(据前命题)。切线上所有的点,除了切圆的那点之外,都在圆外(据欧几里得《几何原理》第三卷命题十六),因此距圆更远。故当投石器 EA 中作圆运动的石子处在 A 点时,它就力求沿直线运动,此直线上所有的点

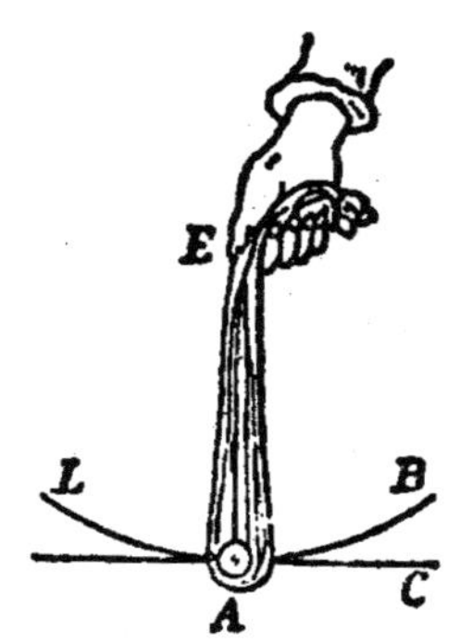

和圆心 E 的距离较圆周 LAB 上所有的点与圆心的距离为大,即

此石子力求脱离绕之而运动的圆心。[*]

命题十八

假设物体比如A向静止物体B运动，而B尽管受到A的推动并未失去静止状态，则物A不会从自己的运动中失去任何东西，而是完全保持它以前所有的那种运动量。

证明。 假如否认此说，则必须承认物A从自己的运动中失去某种东西却不把所失去的运动给予别的物体如物B。这样一来，自然界原来所有的运动量就会减少，这是荒谬的（据第二篇命题十三）。此证明对于静止的物B来说同样适用。故两物中一物体如果都不把任何东西给予另一物，则物B就会保持自己的全部静止，物A也会保持自己的全部运动。此证。[**]

命题十九

运动就其自身考察，不同于运动朝某一位置运动的方向，在物体朝相反方向运动或被碰回的时候，物体一刻也不会静止。

证明。 像前命题一样，我们假设物A沿直线向物B运动，并为物B所阻止，而不得继续运动。这时物A（据前命题）保持自己的全部运动，一刻也不会静止。但物A虽然继续运动，却不能保持以前的方向，因为根据假设，它为物B所阻止。因此，物A不

---

* 参看笛卡尔《哲学原理》第二章第三十九节。——译者注

** 参看上书第二章第四十节以后。——译者注

会减少自己的运动，而只改变自己的方向，它会朝相反的方向运动（据《光线论》* 第二章所述）。因此（据本篇公理二），方向不属于运动的本质，而与运动的本质有别，同时运动着的物体这样碰撞以后，一刻也不会静止。此证。

绎理。 **由此可以推出，任何一种运动都不和另一种运动相矛盾。****

命题二十

如果物 A 与物 B 相遇，并且吸引住物 B，则物 A 失去多少运动，物 B 在这次相遇时从物 A 处也就得到多少运动。

证明。 假如谁要否认此说，他就必须承认，物 B 得到的运动大于或小于物 A 所失去的运动，于是全部问题就在于增加或减少整个自然界的运动量，这（据第二篇命题十三）是荒谬的。由此可见，如果物 B 不能得到更少或更多的运动，则它只能得到物 A 失去的那样多的运动。此证。***

命题二十一

如果物 A 比物 B 大一倍，两物又以同样的速度运动，则物 A 的运动比物 B 的运动大一倍，换言之，物 A 需要比物 B 大一倍的

* 《光线论》是笛卡尔的一篇科学论文，和《几何学》、《陨星论》一起附在他的著作《方法谈》之后 。——译者注

** 参看笛卡尔《哲学原理》第二章第四十一节。——译者注

*** 参看上书第二章第四十、四十二节。——译者注

力量才能保持与物 B 相等的速度。

证明。 假设以物 B 的二倍代替物 A，即（根据假设）以分为两个部分的物 A 代替物 A；于是两个物 B 中的每一个都有力量保持它现在所处的状态（据第二篇命题十四），并且这种力量在两部分中都是一样的（根据假设）。如果这两个 B 互相联系，则产生一个物 A，这物 A 的力量或质量等于两个 B，或者说比一个物 B 大一倍。此证。

不过，这也可以据简单的运动界说推出。就是说，运动物体越大，则能够和其他物体分离的物质也越多，因此分离也更多，即（据本篇界说八）有更多的运动。参看我们关于运动的界说的第四点意见。

命题二十二

如果物 A 等于物 B，且其运动速度是 B 的运动速度的两倍，则 A 的力量或运动也是 B 的两倍（参看命题二十图）。

证明。 假设物 B 在它开始运动时获得四级速度。如果此物不受任何外力作用，则它将继续自己的运动（据第二篇命题十四），并保持（perseverare）自己的状态。现假设物 B 在等于最初的推动力的新力的推动下获得新的力量；那时除了第一个四级速度之外，物 B 又获得并保持着新的四级速度（据同一命题），这就是说，它的运动将快一倍，换言之，它将以等于 A 的速度运动，同时将具有比以前大一倍的力量，这力量等于 A 的力量。故 A 的运动比 B 的运动大一倍。此证。

应当指出，所谓运动物体的力量，我们这里理解为一种运动量，这种运动量在大小相等的物体中应当随运动速度的加快而增长，因为相等的物体在相等的时间中以这种速度运动，比在运动更慢的场合下更多地与紧相邻接的物体分离，从而（据本篇界说八）具有较大的运动。反之，所谓静止物体的抵抗力，意思就等于静止量。* 由此推出：

绎理一。 物体的运动越慢，则它们越趋近静止，因为它们对所遇到的、运动得更快而且具有比它们自己更小的力量的物体的抵抗更大，而和紧相邻接的物体的分离也更少。

绎理二。 如果物 A 的运动比物 B 快一倍，而 B 比 A 大一倍，则大物 B 和小物 A 具有同样多的运动，故两者的力量相同。

证明。 如果 B 比 A 大一倍，而 A 的运动比 B 快一倍，其次，如果 C 比 B 小一半，而其运动比 A 慢一半，则（据第二篇命题二十一）B 的运动将比 C 大一倍，而（据第二篇命题二十二）A 的运动也比 C 大一倍，故（据本篇公理十五）A 与 B 有相等的运动，因为两者的运动都比 C 大一倍。此证。

绎理三。 由此可以推出，运动不同于速度。因为十分明显，两物体虽然具有相等的速度，其中一物可以具有比另一物大一倍的运动（据第二篇命题二十一）；反过来，速度不等的两物体也可以有相等的运动（据前绎理）。不过，这也可以从简单的运动界说中明显地推出来，因为运动只是物体从一些邻近物体的位置向另一些邻近物体的位置的移动。

但是这里应当指出，这第三条绎理同第一条绎理并无矛盾。

---

* 参看笛卡尔《哲学原理》第二章第四十三节。——译者注

因为速度可以有两种意义：一种意义是，一物体在相等的时间内更多地或更少地和紧相邻接的物体分离，因此也就更多地或更少地趋近静止或运动；另一种意义是，物体在相等的时间内通过更长的或更短的距离，故速度与运动有区别。

我本可以在这里再补充几条别的命题，以便更好地说明第二篇命题十四，和说明事物在任何状态下的力量，像这里关于运动所作的说明一样。不过，重读一下《哲学原理》第二章第四十三节，而在这里只补充一条理解后文所必需的命题，也就行了。

命题二十三

如果某物的样式必须经历变化，则此变化永远是最小的。

证明。　本命题据第二篇命题十四推来，其理极明。*

命题二十四

第一规则

如果两物如 A 与 B(参看命题二十图)全等，且以同等速度做面对面的运动，则当其相遇时，两物都会向反面射回，而不丧失其速度。

此假设清楚说明：为了排除这两物体的对立性，它们两者或者应当朝反向射回，或者一物应当吸引住另一物，因为它们互相间的对立不在于运动，而只在于运动的方向。

证明。　如果 A 和 B 相撞，则它们应当经历某种变化(据本

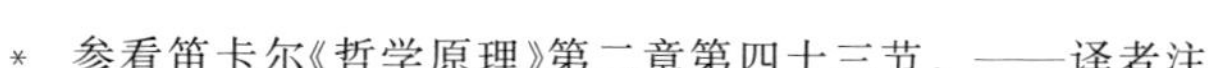

* 参看笛卡尔《哲学原理》第二章第四十三节。——译者注

篇公理十九)。但是,既然一种运动并不和另一种运动对立(据第二篇命题十九绎理),则它们丝毫不会丧失自己的运动(据本篇公理十九)。因此,变化就只在于方向。但是不能设想两物体中只有一物如B的方向发生变化,除非假定方向应当因以发生变化的物A比物B更加强大(据本篇公理二十)。但是这种假定违反假设。因此,只要一物改变方向,则两物的方向都会改变,不过A与B都朝反向射回(据《光线论》第二章所述),而保存其全部运动。此证。*

命题二十五

第二规则

如果两个物体按其质量不相等,即B大于A(参看命题二十图),其余的假设条件同前,则射回来的只有A,而两物将以相等的速度继续运动。

证明。 既然假设A小于B,则A的力量也小于B(据第二篇命题二十一)。但是和以前一样,本命题也只假设两物体的运动方向相反,因此正如前命题所证明的,只有方向才能发生变化,既然如此,则只有A发生变化,而B无变化(据本篇公理二十);因此只有A为更强大的B射回相反的方向,但丝毫不会丧失自己的速度。此证。**

命题二十六

如果两物体按其质量和速度而言皆不相等,即B比A大一

* 参看笛卡尔《哲学原理》第二章第四十六节。——译者注

** 参看上书第二章第四十七节。——译者注

倍(参看命题二十图),但是A的运动比B快一倍,其余一切条件同前,则两物体都会朝反向射回,而每一物均保持其原有的速度。

证明。 既然根据假设,A与B作面对面的运动,则一物所有的运动等于另一物所有的运动(据第二篇命题二十二绎理)。因此,一物的运动不与另一物的运动相矛盾(据第二篇命题十九绎理),并且两物的力量相等(据第二篇命题二十二绎理)。由此可见,本假设即为命题二十四的假设,因此,据前命题的证明,A与B都朝相反方向射回,而同时皆保存其全部速度。此证。*

绎理。 从前三命题中可以明显地推出,改变物体的方向所需要的力量和改变物体的运动所需要的力量相等。由此可以推出,凡丧失其大半方向及其大半运动的物体,则其所经历的变化大于丧失其全部方向的物体所经历的变化。

命题二十七

第三规则

如果两物体质量上相等,而B的运动稍快于A,则不仅A被射回相反的方向,并且B还把自己所多的速度的一半给予A,两物皆以相等的速度朝一个方向继续运动。

证明。 A(根据假设)在方向和慢速方面都与B相反,因为慢速趋近于静止(据第二篇命题二十二绎理)。因此,只有方向发生变化,即简单的射回相反的方向,而两物体的全部对立性仍然存

* 这是从笛卡尔《哲学原理》第二章第五十二节间接推导出来的。——译者注

在。所以(据本篇公理十九),无论是方向或运动都发生变化,而既然根据假设,B 的运动比 A 快,则 B(据第二篇命题二十二)比 A 更加强大,因此(据本篇公理二十)A 的变化是通过 B 才发生的,而 A 也将为 B 射回相反的方向。这是第一点。

其次,当 A 的运动慢于 B 时,两者的运动方向又相反(据第二篇命题二十二绎理一),所以应当发生一种变化(据本篇公理十九),经过此变化之后,A 的运动就不再比 B 慢。而在这种假设条件下,并没有任何强大的原因足以使 A 的运动比 B 快。

由此可见,如果 A 和 B 碰撞后,A 的运动既不能比 B 慢,又不能比 B 快,则 A 应当以 B 那样的速度运动。但是,如果 B 给予 A 的速度小于自己所多的速度的一半,则 A 往后的运动就比 B 慢;如果 B 给予 A 的速度大于自己所多的速度的一半,则 A 往后的运动就比 B 快。但是,正如曾经指出过的,这两种情况都是荒谬的。因此,只有当 B 将其所多的速度的一半即 B 本身应当失去的速度给予 A 时,变化才会发生,故两物体将以相等的速度毫无矛盾地向同一方向继续运动。此证。*

绎理。　由此可以推出:物体的运动愈快,则此物沿其以前运动路线的方向继续运动的惯性就愈大;反过来,物体的运动愈慢,则此物沿其前进路线的方向继续运动的惯性就愈小。

附释。　为使读者在这里不致把方向力和运动力混淆起来,似乎必须补充几点意见,使两者的区别更加明显。这就是说,如果

---

* 参看笛卡尔《哲学原理》第二章第五十二节。——译者注

假定物 A 和物 C 的大小相等，且以相等的速度面对面的运动，则两者（据第二篇命题二十四）都会射回相反的方向，但仍然保持其全部运动。如果物 C 处在 B 的位置上，并且朝 A 斜向地运动，则它的运动显然既不在 BD 方向，也不在 CA 方向（参看下图）。因此，虽然物 C 的确具有和物 A 同样的运动，而此时直接向 A 运动的物 C 的方向力（在这种情况下，物 C 的方向力等于物 A 的方向力），就会大于从 B 向 A 运动的物 C 的方向力，这种所大的数量即是 BA 线大于 CA 线的数量。因为 CA 线越长，则 B 沿 BD 方向或 CA 方向的运动所需要的时间也越长（这就是说，像这里的假设一样，也假定 B 与 A 以相等的速度运动），于是，物 B 的运动方向和物 A 的运动方向直接相反。因此，如果物 C 从 B 朝 A 斜向地运动，则它的方向力等于在 AB′方向上继续向 B′的方向力（我假定，当物 C 处在 AB′线与 BC 的延长线的交点时，这一点与 C 的距离等于 C 与 B 的距离）。反过来，A 则保持其全部运动和方向，继续使自己向 C 运动，并带住 B，因为 B 沿对角线 AB′方向运动时所需要的时间，大于 A 通过 AC 线段所需要的时间，也仅因此 B 才跟更强大的物 A 的方向相反。但是 C 从 B 朝 A 运动的方向力，当此方向与 CA 线一致时，就等于物 C 直接向 A 运动时的方向力（或者根据假设，等于 A 本身的力量）。因此，BA 线比 CA 线长多少，B 的运动率就比 A 的运动率大多少，因此，如果 C 朝 A 斜向地运动，则 A 就会射回相反的方向，即向 A′射回，

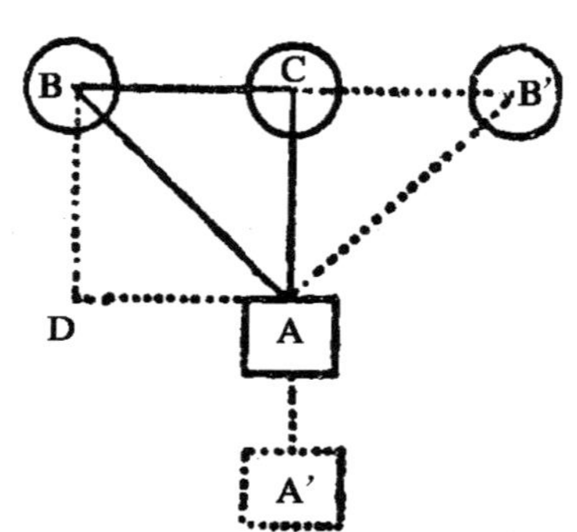

而 B 也会朝 B′的方向射回，不过两物皆保持其全部运动。如果 B 的运动减去 A 的运动所剩之差大于 BA 线减去 CA 线所剩之差，则 B 就会把物 A 推向 A′，并且把自己的这样多的运动给予 A，使 B 的运动比 A 的运动等于 BA 线比 CA 线，而 B 所失去的运动等于 A 所获得的运动，同时 B 将以剩下来的运动沿以前的方向继续运动。如果，比方说，AC 线比 AB 线等于一比二，而物 A 的运动比物 B 的运动等于一比五，则 B 就会将其五分之一运动给予 A，并将 A 推向相反的方向，而 B 将以剩下来的五分之四运动，像以前一样沿同一方向继续运动。

命题二十八

第四规则

如果物 A(参看命题二十七图)完全静止，而且略大于物 B，则无论 B 的速度多大，B 任何时候都不能推动物 A，而是被 A 射回相反的方向，但同时保持其运动不变。

应当指出，此两物间的对立性可以用三种方式来排除：或者是一物体吸引另一物体，而两物都以相等的速度沿一个方向运动；或者一物体被射回相反的方向，而另一物体则完全保持其静止状态；或者一物体被射回相反的方向，但把自己的一部分运动给予另一物体。第四种场合是不可能有的(据第二篇命题十三)；因此，必须(据第二篇命题二十三)证明这些物体在我们的假设条件下只有最小的变化。

证明。 如果 B 推动 A，直到此两物体开始以相等的速度运动时为止，则 B 应当(据第二篇命题二十)把自己的等于 A 所获得的运动给予 A，而（据第二篇命题二十一）因此 B 应当失去其大半的运动，并且（据第二篇命题二十七绎理）失去其大半的方向。由此可见，物 B（据第二篇命题二十六绎理）所发生的变化会比它仅失去其方向时的变化更大。如果 A 失去其一部分静止，但其数量不足以使 A 以等于 B 的速度继续运动，则两物间的对立性并未消除。事实上，既然 A 趋近静止（据第二篇命题二十二绎理一），则 A 的慢速运动就和 B 的快速运动对立，故 B 也应当射回相反的方向，同时 B 也会失去其全部方向及其给予 A 的一部分运动；这种变化也大于物 B 仅失去其方向时的变化。因此，我们的假设所假定的并且只涉及方向的那种变化，对于这物体来说，是其可能有的变化中最小的，故（据第二篇命题二十三）其他任何变化都不可能发生。此证。*

应当指出，在证明本命题时，正如在其他场合下的情况一样，我们并没有引用第二篇命题十九，该命题证明，方向可以完全改变，而运动本身一点也不丧失。但是为了正确地理解这种证明的效力，我们必须对这一点加以注意。因为在第二篇命题二十三中，我们不曾说，变化永远绝对是最小的，而只是说变化可能是最小的。然而，可能只有一个方向发生变化这种情况本身，正如本证明所假设的一样，可以从第二篇命题十八和十九以及命题十九的绎理中明显地推出来。

* 参看笛卡尔《哲学原理》第二章第四十九节。——译者注

命题二十九

第五规则

如果静止物体A(参看命题三十图)小于B,则无论B怎样缓慢地向A运动,B也会带住A,并将其一部分运动给予A,其数量之大恰恰使两物体随后以相等的速度运动(参看《哲学原理》第二章第五十节)。

对于这条规则,和前一场合一样,也只能设想三种场合可以消除真正的对立性。然而我们可以证明,在我的假设条件下物体发生的变化是最小的,因此(据第二篇命题二十三)两物体应当以这种方式变化。

证明。 根据我们的假设,B将(据第二篇命题二十一)其一小半运动及(据第二篇命题十七绎理)其一小半方向给予A。然而如果B不带住A,而是把它推向相反的方向,则B就会失去其全部方向,而变化就较大(据第二篇命题二十六绎理);如果B失去其全部方向,此外还失去其一部分运动,像在第三种场合下所假设的一样,则变化更大得多。因此,我所假设的变化乃是最小的。此证。

命题三十

第六规则

如果静止物体A与向它运动来的物B全等,则物A将部分地吸引物B,物B也将部分地为物A撞回相反的方向。

这里和前一场合一样,只能设想三种可能性,因此我应当证明在我们的假设条件下所发生的变化是尽可能小的。

证明。 如果物 B 这样吸引住物 A，使得两物体开始以相等的速度运动，则一物就有和另一物同样的运动（据第二篇命题二十二和命题二十七绎理）。物 B 在这个场合应当失去其一半的方向及（据第二篇命题二十）其一半的运动。如果物 B 为物 A 碰回相反的方面，则 B 就会失去其全部方向，而保持其全部运动（据第二篇命题十八）；然而这种变化等于前面的变化（据第二篇命题二十六绎理）。但是这两种情况都是不通的，因为如果 A 除了保持其状态以外，还可以改变 B 的方向，则 A 应当（据本篇公理二十）比 B 强大，这是违反假设的。如果两物体尚未以相等的速度运动时 B 就吸引住了A，则B就比A强大，这也是违反假设的。既然这两种可能性都无法成立，则剩下来的就只有第三种可能性，即物 B 将物 A 稍微向前推动一点，而 B 本身也稍微被 A 碰回一点。此证。

请读《哲学原理》第二章第五十一节。

命题三十一

第七规则

如果 B 和 A 沿着同一个方向运动（参看前一命题图），A 的运动比较慢，而跟在 A 后面的 B 的运动比较快，这样一来，物 B 终于会赶上 A，如果在这种情况下，A 大于 B，而 B 所大的速度大于 A 所大的体积，则 B 将把自己这样多的运动给予 A，使得在这之后两物体以相等的速度向同一方向运动。然而，如果 A 所大的体积大于B所大的速度，则B就要被物A射回相反的方向，而同时保持其全部运动。

请读《哲学原理》第二章第五十二节。这里和以前一样，只可以设想三种场合。

第一点的证明。 物B不能被物A碰回相反的方向，因为我们假定B比A强大(据第二篇命题二十一、二十二和公理二十)，所以更加强大的B就会吸引住A，然后两物体将以相等的速度运动。因为在这种情况下所发生的变化是尽可能小的，这可以从前文中明显地推出来。

第二点的证明。 物B在这个场合下不能吸引A，因为(据第二篇命题二十一和二十二)我们假定B比较弱小(据本篇公理二十)；它也不能把自己的一部分运动给予A。因此B(据第二篇命题十四绎理)保存其全部运动，但不是在同一方向上，因为我们假定它在这里遇到来自A方面的障碍。由此可见，B被射回(据《光线论》第二章所述)相反的方向，但同时保持其全部运动(据第二篇命题十八)。此证。

应当指出，无论在这里，或者在上面的一些命题中，我们都认为这是毋庸置疑的：凡物当其在直线上遇到另一物体绝对妨碍它继续向同一方向运动时，都应当朝相反的方向或其他任何方向运动。为了相信这点，请读《光线论》的第二章。

附释。 至此，为了说明物体碰撞时所发生的变化，我只考察了两个物体，好像它们和其他一切物体完全分离了似的，我也没有注意它们周围的那些物体。现在我打算在考虑到它们周围的物体的条件下研究它们的状态和它们的变化。[*]

命题三十二

如果物B的周围是许多运动着的小物体，这些物体都以相等的力量从一切方面推动物B，则在没有其他原因作用于物B时，物B将不动地停在同一个位置上。

证明。 此命题是自明的，因为如果物体被从一个方面运动来的小物体所推动而向一个方向运动，则使此物运动的小物体的力量应当大于同时从其他方面推动此物的许多小物体的力量，这些小物体并不会取消自己的作用（据本篇公理二十），但这是违反假设的。[**]

命题三十三

在上述条件下，只要加上最小的力量，B就会向任何方向运动。

证明。 和B紧相邻接的一切物体都是运动的（根据假设），而B不动（据本篇命题三十二），则此一切物体一旦和B接触，立即就会射回其他方面，但不丧失其运动（据第二篇命题二十八）。因此B将经常为紧相邻接的诸物体保持原态。而且无论B怎样大，并不需要任何力量就可以使物B同紧相邻接的诸物体分离开来（据我们对界说八所作的第四点说明）。因此能够给予物B的

* 参看笛卡尔《哲学原理》第二章第四十五、五十三节。——译者注

** 同上书第五十六节。——译者注

外力即使最小，也毕竟要大于力图把它保持在原来的位置上的那种力量（因为我们已经证明物B并没有任何力量能够把它保持在紧相邻接的诸物体之旁）。同时，在同一方向上推动B的诸小物的力量等于在相反方向上推动B的诸小物的力量（因为无论这些物体或那些物体的力量都假定是同样的，如果不加上任何外力的话）。由此可见，物B（据本篇公理二十）将为此外力所推动，而且是推向任何方向，无论这外力多么小。此证。

命题三十四

在这种条件下，物B的运动速度不能比外力给予它的推动速度更快，虽然它周围的微粒的运动速度要更快得多。

证明。　一些小物体同时以外力使物B向某一方向运动，虽然它们的运动速度比外力能够使B运动的速度快得多，但是它们的力量仍然（根据假设）不会大于将B推向相反方面的诸小物体的力量，因此这些小物体的总力量将和反面那些小物体的总力量相抵消，同时它们并不把任何速度给予B（据第二篇命题三十二）。但是，我们既然没有假定其他任何条件或原因，则物B只有从此外因中得到自己的速度，因此物B的运动（据第一篇公理八）不能比外力的推动更快。此证。*

命题三十五

如果物B受外力的推动，则其所得到的运动大部分来自经常

* 参看笛卡尔《哲学原理》第二章第五十八节。——译者注

在它周围的诸物体，而不是来自外力。

证明。　无论我们假定B有多大，它毕竟可以为最小的力所推动（据第二篇命题三十三）。

我们现在假定B比推动它的外物大三倍；于是两物（据前命题）将以相等的速度运动，而B的运动将比推动它的外物的运动大三倍（据第二篇命题二十一）。因此，B所获得的运动大部分不是来自外物（据第一篇公理八）。而既然除了B周围的诸物体，此外并没有假定任何别的原因（B本身已经假定是不动的），则它所获得的（据第一篇公理七）大部分运动只是来自它周围的物体，而不是来自外力。此证。*

应当指出，我们这里不能像上面那样说，来自一个方向的微粒运动必须抵消来自相反方面的微粒运动。因为以相等的运动迎面而来的两物体（正如这里所假设的一样）互相间的对立只在于方向[①]，而不在于运动（据第二篇命题九绎理）。因此，它们互相抵消的只是自己的方向，而不是自己的运动，所以物B既不能从它周围的物体那里获得自己的方向，也不能从它周围的物体那里获得（据第二篇命题二十七绎理）自己的速度，因为速度同运动有别，而它只是从它周围的物体那里获得自己的运动。即使出现了外因，物体也必然会为另一些物体所推动，这是我们在本命题中已经证明的，并且从命题三十三的证明方式中也可以明白推出。

---

* 参看笛卡尔《哲学原理》第二章第五十九节。——译者注

① 参看第二篇命题二十四，那里曾经证明，两物体互相对抗时所抵消的是自己的方向，而不是自己的运动。

命题三十六

如果一物体，比方我们的手，能够以相等的运动沿任何方向运动，丝毫不抵抗其他的物体，也没有遇到其他物体方面的抵抗，则在此物所运动的空间中，一个方向上和任何其他方向上一样，必然会有同样多的物体以和手的速度相等的速度运动。

证明。　一物的运动不能不通过充满各种物体的空间（据第二篇命题三）。因此我说，我们的手能够在其中运动的空间，充满着将按上述条件运动的各种物体。假如谁要否认此说，则我们就得承认物体处在静止中，或以其他方式运动。如果处在静止中，则它们必然会抵抗我们手的运动，直到（据第二篇命题十四）手不给予它们运动，而它们将同手一起沿同一方向以同样的速度运动时为止（据第二篇命题二十）。但是我们已经假定它们不会抵抗，因此这些物体运动着。这是第一点。

其次，它们应当沿一切方向运动。假如谁要否认此说，则我们就得承认，它们不向一个方向运动，比如，不会从 A 向 B 运动。由此可见，如果手从 A 向 B 运动，则它必然和运动着的物体相遇（据本证明的第一点），而且正如我们已经假定过的，还和在不同于手的方向上运动着的物体相遇。因此它们将给手以抵抗（据第二篇命题十四），直到它们不和手一起向相同的方向运动时为止（据第二篇命题二十四和命题二十七附释）。但是物体（根据假设）并没有给手以抵抗，所以，它们将沿一切方向运动。这是第二点。

再次，这些物体将以相同的速度率（vi acqualis）向任何方向运动。如果承认这些运动不是以相等的速度进行的，则这就是假定物体从 A 向 B 运动的速度率和物体从 A 向 C 运动的速度率并不相同。因此，如果手的运动速度和物体从 A 向 C 的运动速度一样（因为我们假定，手能够以相等的运动毫无抵抗地沿一切方向运动），则物体从 A 向 B 运动时就会给手以抵抗（据第二篇命题十四），直到它们不再和手一样以相同的速度运动时为止（据第二篇命题三十一）。但这是违反假设的，因此物体以相等的力量和速度沿一切方向运动。这是第三点。

最后，如果物体运动的速度率和手运动的速度率相同，则手或者应当较慢地运动，即以小于物体运动速度的速度运动，或者应当较快地运动，即以大于物体运动速度的速度运动。在前一场合，手将给予在同一方向上跟随其后运动的物体以抵抗（据第二篇命题三十一）。在后一场合，手跟随于其后而且同手一起向同一方向运动的物体，将给予手以抵抗（据同命题）。但是，这两种场合都违反假设。因此，如果手不能较慢或较快地运动，则它应当以和物体相同的速度率运动。此证。

如果没有弄清楚为什么我说“以相同的速度率”，而不是径直说“以相同的速度”，则当读第二篇命题二十七绎理附释。如果没有弄清楚为什么手在运动时，比方从 A 向 B 运动时，不抵抗同时以相等的力量从 B 向 A 运动的物体，则当读第二篇命题三十三。那里清楚地说明，这些物体的力量为同时和手一起从 A 向 B 运动的那些物体的力量所平衡（因为根据本命题的一部分，这两种力量是相等的）。

命题三十七

如果某物体，比如A，由于受到最小力量的作用才能向任何方向运动，则此物周围必然有许多物体以彼此相等的速度运动。

证明。 物A在一切方面都应当为许多物体所包围（据第二篇命题六），这些物体以相等的速度沿一切方向运动着。因为如果它们处在静止中，则A就不能因为受到最小的力量的作用而向任何方向运动（正如已经假设的）；至少这种力量应当很大，才能推动和A紧相邻接的许多物体（据第二篇公理二十）。其次，如果物体A周围的各种物体在一个方向上的运动力大于另一方向上的运动力，比如说，从B向C的运动力大于从C向B的运动力，则因为A在一切方面都为各种物体所包围（正如已经证明的），故物体从B向C运动时必然会（据本篇命题三十三之所证）在同一方向上吸引住物A。由此可见，不是任何最小的力量都足以把物A移到B处，而只有能够补足从B向C运动的各种物体所大的运动，才能把物A移到B处（据本篇公理二十）。因此，A周围的各种物体应当以相等的力量沿一切方向运动。此证。

附释。 既然我们的假设条件对所谓液体也适用，由此可以推出，液体是一种被分为以相等力量沿一切方向运动的许多细小部分的物质。即使这些微粒连最敏锐的眼光都无法分辨，我们也不能否认我们上文所明白地证明的东西。因为本篇命题十和十一说明，自然界那种微妙处（subtilitas）不可能用思想（更说不上用感觉）来规定或理解。其次，前文足以清楚地说明，物体给予其他物

体的抵抗只是由于自己的静止；而感官所觉察到的硬度乃是这些坚硬物体的各部分对手的运动的一种抵抗。因此，显然可以得出结论说，其中的一切微粒彼此都处于静止状态的那些物体是坚硬的（参看《哲学原理》第二章第五十四、五十五、五十六节）。

第三篇

我们已经阐述了自然事物最一般的基本原理，现在应当说明，根据这些原理可以得出什么结论。不过这些原理的结论比我们所知道的东西要多得多；但是我们没有理由可以考察一些结论，而不考察另一些结论。因此首先应当简单明白地说明一下我想在这里对其原因加以研究的那些现象。[*] 这种说明在《哲学原理》第三章第五—十五节里可以找到，而在第二十一—三十四节中则指出一些假设，这些假设，在笛卡尔看来，不但最便于理解各种天体现象，而且也最便于研究这些现象的自然原因。

其次，认识植物的本性或人的本性的最好方法就在于观察这些生物是如何从某些原胚中逐渐产生和发展的。因此应当设想出(excogitare)一些基本原理，这些原理要非常简单而且易于理解，同时从这些原理中，像从原胚中一样，要能够推出星球、大地以及在可见世界中所遇到的万事万物的起源，即使我们知道事物的产生并非如此也无妨。因为用这种方法说明事物的本性，比起对事物现在的状态作简单的描述当然要好得多。[**]

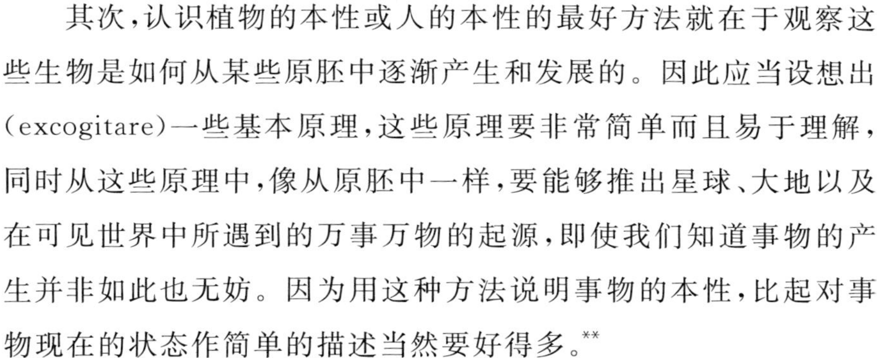

我是说，我们要寻找最简单的和最清晰的基本原理；如果这些

---

* 此段引自笛卡尔《哲学原理》第三章第四节。——译者注

** 参看笛卡尔《哲学原理》第三章第四十五节。——译者注

原理不是最简单最清晰的，则此原理对我们就毫无用处；因为非常明显，我们之所以假设事物原胚的存在，只是为了更容易地理解事物的本性，然后仿效数学的范例，从最明白的东西进到最暗昧的东西，从最简单的东西进到比较复杂的东西。

其次，我们说，我们要找出这样一些基本原理，从这些原理中可以推出星球、大地等等的起源。我们并非寻找那种只足以说明天文学家们有时加以利用的那些天体现象的原因，而是要找出同时可以认识地上各种事物的那些原因（因为我们认为，我们在地球上所看到的一切事件都属于自然现象）*。为了发现这样的原理，就必须使最好的假设满足以下的条件：

一、此假设（就其自身考察）不应当包含任何矛盾。

二、此假设应当尽可能最简单。

三、由此可以推出：它应当是最容易理解的。

四、此假设应当推出自然界中所观察到的一切现象。

最后，我们说过，我们只承认这样的假设，即根据这种假设可以推出各种自然现象，正如根据这些自然现象的原因可以推出各种自然现象一样，即使我们确知自然界的产生并非如此也无妨。为了理解这一点，我且举下面一个例子来说明：如果某人看到一张纸上画着一条称为抛物线的曲线，并想研究一下它的性质，那就无异于说，只要根据他所接受的那种产生方式能够证明抛物线的一切性状，他既可以承认此曲线最初从圆锥体上截下来，然后印到纸上去，也可以承认它是由于两直线的运动而产生的，或者承认由某

* 参看笛卡尔《哲学原理》第三章第四十二节。——译者注

种别的方法产生。即使他知道这条曲线是从圆锥体的投影中产生的，他仍然可以随心所欲地选择他认为最方便的另一种原因来说明抛物线的一切性状。如果我能用数学的推论方法从假设中推出全部自然现象，我就可以随心所欲地采取任何一种假设来这样说明自然的形式。但是更加明显的是，我大概不能建立这样一种假设：依据前文所说明的自然规律，从这种假设中不能推论出，甚至也许不能更详细地推论出同一些结果。因为，既然物质借助于这些规律逐渐地采取一切它能够采取的形式，则我们依次考察过这些形式之后，最后所理解的形式便是这个世界的形式*。因此不用担心错误的假设会产生错误。

公　　设

必须假定可见世界由以构成的整个物质最初为神分为许多尽可能彼此类似但非球状的微粒，因为这样结合起来的一些球状小物体不可能充满全部空间。这些微粒具有另一种形式和均等的体积，也许占据了现在构成天空和星球的一切部分之间的中间地位。此外，这些微粒只拥有现在世界上存在的那种运动量，并且还具有相等的运动。这就是说，个别的微粒围绕其中心运动，它们是互相分离的，于是形成了一种所谓天空的液体。随后是许多微粒普遍地围绕若干其他点而运动，这些点像现在不动的星球的中心一样和微粒相离，占据一样的位置。然后则围绕其他更加多得无数、和行星数目相等的点而运动。由此可见，这些微粒形成了与现在世

* 参看笛卡尔《哲学原理》第三章第四节。——译者注

界上的星球同样多的各种不同的旋涡。参看《哲学原理》第三章第四十七节附图。*

这个假设就本身而言没有任何矛盾，因为它只是说物质具有可分性和运动。正如前文曾经证明过的，这些状态实际上是物质固有的。既然我们已经证明物质是无限的，无论天和地，物质都是同一的，则可以毫无顾虑地承认这些状态是一切物质所固有的。**

其次，这是最简单的假设，因为它不承认物质最初分成不相等的和不相似的微粒，而就物质的运动来说，也是如此。由此可以推出，这种假设是最清晰的。这一点非常明显，因为这种假设只假定物质具有可分性和位移，这是任何人在物质概念本身中都可以明白看到的。***

我们打算从事实出发，并且依照下述程序尽可能证明：根据这种假设可以推出全部自然现象。首先我们根据这种假设推论出天空的液体状态，并且说明为什么此状态是光的原因。其次，我们就要说明太阳的本性，同时说明在不动的星球上所观察到的现象。然后我们将谈到彗星，最后还要谈到各种行星及其现象。

界　　说

一、所谓黄道（Eclipticam），我们理解为旋涡的一部分，它以

* 诸本皆作："参看《哲学原理》第三章第四十七节"，应该是第四十六节。——译者注

** 参看笛卡尔《哲学原理》第二章第二十——二十三节。——译者注

*** 参看上书第二章第二十三节，第三章第四十七节。——译者注

最大的圆形环绕轴心旋转。

二、所谓两极(polos),我们理解为离黄道最远的旋涡的一部分,即是以最小圆形旋转的旋涡的一部分。

三、所谓运动欲(Conatum ad motum),我们并不理解为一种思想方式,而只是理解为物质的一部分倾向于和偏向于运动,从而如果其他原因不来干涉这种情况,此部分物质实际上就会向某处运动。

四、所谓角(Angulum),我理解为球状物体上的任何隆起处。*

公　理

一、若干结合在一起的球状小物体,不可能充满空间而无空隙。**

二、分为诸角状部分的小块物质,其各部分都围绕着它们自己的中心旋转,则它们所需要的位置比它们全都处在静止状态且其一切方面都互相直接接触的情况下所需要的位置更大。

三、物质的一部分越小,则它越容易为同一力量所分开。***

四、物质的各部分向一个方向运动,同时又不互相分离,则这些部分实际上是没有分开的。****

* 参看笛卡尔《哲学原理》第三章第四十八节结论。——译者注

** 参看上书第三章第四十八节。——译者注

*** 参看上书第三章第五十节。——译者注

**** 参看上书第二章第二十三节。——译者注

命 题 一

物质的各部分最初的划分不是圆形的，而是角状的。

证明。　整个物质最初都被分成相等的和相似的各部分（根据公设），因此这些部分（据本篇公理一和第二篇命题二）不是圆形的，而是（据本篇界说四）角状的。此证。*

命 题 二

使物质微粒围绕它们自己的中心旋转的力量，也使个别微粒的诸角在它们互相碰撞时发生摩擦。

证明。　整个物质最初都被分成相等的（根据公设）和角状的（据第三篇命题一）各部分。由此可见，如果这些部分围绕它们的中心旋转时其棱角不互相摩擦，则此整个物质（据本篇公理一）应当比停在静止状态时占据更大的空间。但这是荒谬的（据第二篇命题四）。故当微粒开始旋转时，其棱角互相摩擦。此证。**

（余缺）

---

* 参看笛卡尔《哲学原理》第三章第四十八节。——译者注

** 参看上书第三章第四十八节。——译者注

附　　录

形而上学思想

在这里简略地说明形而上学泛论和专论中有关存在物及其状态,神及其属性,以及人的心灵诸难题。

第 一 篇

本篇简略地说明形而上学泛论中有关存在物(ens)及其状态(affecticnes)的某些重要问题。

第 一 章

论实在存在物(Ens Reale)、虚构存在物(Ens Fictum)和思想存在物(Ens Rationis)

我绝不想讨论这门科学的定义,也不讨论它所研究的对象,我只想在这里简略地说明某些在许多形而上学著述的作者那里显得晦暗不明的问题。

存在物的界说　现在我从存在物开始。存在物,我理解为凡清楚而且明晰设想时就能发现其必然存在的，或者至少是可能存在的一切事物。

幻象(Chimaera)，虚构存在物和思想存在物都不是存在物(entia)　据此界说，或者也可以说，据此说明可以推出，幻象、虚构存在物和思想存在物绝不能算作存在物。因为幻象[①]就其本性是不能存在的。而虚构存在物排斥任何清楚而且明晰的概念，因为人们在这里总是凭借其所仅有的自由力量，虽然并非不知道这是在犯错误，然而却任性地和故意地去联结他所希望联结的东西，分离他所希望分离的东西。最后，思想存在物只是一种思想样式(modum cogitandi)，它的用处是更好地记忆、说明和想象被认识的事物。在这里应当指出，所谓思想样式，我们理解为我们在第一篇命题四附释中已经说明过的东西，即一切思想状态(cogitationis affectiones)*，所以也就是指理解、高兴、想象等等。

我们用什么思想样式记忆事物　有这样一些思想样式，它们的用处在于更牢固地和更容易地记忆事物，只要我们愿意，我们可以随时在记忆中重新唤起它们，或者让它们重新呈现在心灵的面前。这是所有利用过熟悉的记忆规则的人都非常清楚的。根据这种规则，为了记忆新的事物，并且把它铭刻在心灵之上，我们总是

---

① 应当指出，这里和下文所谓“幻象”是指其本性包含明显的矛盾的东西，这将在第三章中详细说明。

* 思想状态泛指一切意识活动，包括心理学上的知、情、意等心理活动。笛卡尔在其《哲学原理》第一章第九节中给“思想”作了一个明确说明：“所谓思想，就是在我们身上发生而为我们所直接意识到的一切，因此，不只是理解、意欲、想象，就是知觉也和思想无异。”斯宾诺莎在《笛卡尔哲学原理》第一篇界说一里也给思想下了一个界说。参看本书第 51 页。——译者注

把它和我们所熟悉的其他事物联系起来,或者它们在名称上相类,或者这些事物本身紧相联结。哲学家们用这类方式把一切自然事物都归到一定的类别上去,他们把这些类别称为种、属等等,一遇到什么新事物,他们就利用这些种和属。

我们用什么思想样式说明事物　我们同样也利用一些思想样式来说明事物,这些思想样式是在把事物彼此加以比较之中得来的。我们在本书中所使用的这类思想样式是时间、数目、尺度,可能还有一些别的。其中时间用来说明绵延,数目用来说明分离之量,尺度用来说明连续之量。

我们用什么思想样式想象事物　最后,由于我们习惯于在我们的想象中形象地描绘我们所认识的一切事物,甚至有时还描绘了我们幻想的形象,因而出现了这样一种情况:我们把不存在的东西也肯定地想象为存在的东西。因为心灵就其为能思想的事物本身来看,它作肯定并不比作否定有更多的力量;并且,因为想象只不过是对痕迹的一种感觉,这种痕迹是外界物体激动感官而引起的精灵运动(motu spirituum)在人脑中遗留下来的*。所以这种感觉只能是一种混杂的肯定。因此,我们把心灵作否定时所利用的一切样式,如盲目、界限,或者终结、终点、黑暗等等都想象为某种存在(entia)。

为什么思想存在物并不是事物的观念,却被认为是事物的观念　由此显然可见,这些思想样式并不是现实事物的观念,而且也

* “想象”在斯宾诺莎著作里有特殊的含义,一般地说,它泛指一切带有形象的感性表象,关于想象的起源和性质请读者参阅他的《伦理学》第二部分。——译者注

绝对不能如此去设想它们。它们既没有任何一个必然存在的对象作为观念的源泉，也没有如此一个可能存在的对象作为观念的源泉。这些思想样式之所以常常被认为是事物的观念，其原因就在于它们是直接从现实事物的观念中起源和产生，因而那些对它们不加慎重考虑的人就很容易把这些思想样式同事物的观念混淆起来。也就是这些原因，他们给予了这些观念以如此的意义，仿佛它们是指我们心灵以外存在的某种事物。因此，我们把这种存在物（entia），或者毋宁说，把这种不存在物称为思想存在物（entia rationis）。

把存在物分为实在存在物和思想存在物是错误的　从这里很容易看出，把存在物分为实在存在物和思想存在物是如何的荒谬。因为这等于把存在物分为存在物和不存在物，或者把存在物分为存在物和思想样式。但是我对那些死抓住文字和语言形式的哲学家们会犯这样的错误并不感到奇怪，因为他们是从名称来判断事物，而不是从事物来判断名称。

在什么意义下，思想存在物可以称作纯无，在什么意义下又可以称作实在存在物　那些断定思想存在物不是纯无的人是同样错误的。因为如果他们想在心灵之外去找寻这些名词的意义，他们就会发现它是纯无。如果他们把它们仅仅理解为思想样式，那么它们就是某种实在的东西（entia realia）。因为当我问种（species）是什么时，我所问的只是这种思想样式的本性，而这种思想样式乃是某种实在的存在，和任何其他的思想样式不同。但是这些思想样式不能称为事物的观念，它们既不能认为是真的，也不能认为是假的，正像不能把爱称为真的或假的，而只能称为善的或恶的一样。所以,当柏拉图说"人是没有羽毛的两足动物"时,他所犯的错误并不比说人是有理性的动物来得大。因为柏拉图和其他人一样也知道人是有理性的动物;他只是把人归属于一定的类别,因而当需要对人进行思索时,他就凭借他容易记忆起来的这个类别立刻形成人的观念。倒是亚里士多德以为他自己的界说可以充分地说明人的本质时,他就犯了极大的错误。柏拉图的界说是否恰当倒可以研究一下。但是这里不是讨论这个问题的地方。

在我们对事物的研究中,实在存在物必定不能够和思想存在物混为一谈　由上述一切可以明显看出:在实在存在物和思想存在物之间没有任何一致的地方。从这里很容易看出,我们在研究中应当如何谨慎从事,不要使实在存在物同思想存在物混为一谈,因为研究事物的本性是一回事,而研究我们用来认知事物的思想样式又是一回事。如果我们把这种区别混淆了起来,那么我们既不能理解认知的样式,也不能理解事物自身的本性,而且这样做——这是主要之点——就可能犯很大的错误,这是迄今都常常发生的事情。

我们如何区别思想存在物和虚构存在物　还应当指出,许多人把思想存在物和虚构存在物也混为一谈,他们认为虚构存在物也是思想存在物,因为它不存在于心灵之外。但是只要他们仔细注意一下上面指出的思想存在物和虚构存在物的界说,他们就会发现这两者之间存在着重大的差别,这种差别不仅在于它们所依赖的原因,而且也在于它们的本性自身,而不问其原因如何。我们正是把没有任何理性指导的两个名词(terminos)纯粹任意的结合叫做虚构存在物。因此虚构存在物仅仅在偶然情况下才会是真实的。反之，思想存在物则不依赖于纯粹的任意，也不是由某些名词的结合所组成的，这可以从它的界说中明显地看出来。因此，如果谁要问虚构存在物是不是实在存在物或思想存在物，那就只要把我所讲过的东西重述一遍：即把一切存在物分为实在存在物和思想存在物是错误的。

所以，提出虚构存在物是不是实在存在物或思想存在物这个问题的根据就是错误的，因为这里的前提是一切存在物都分为实在存在物和思想存在物。

存在物的分类　似乎我们有些离开题目了，现在且回到我们的主要题目上来吧。从存在物的界说，或者也可以说从上文对存在物所作的说明中很容易看出，存在物应当分两种：一种是按其本性必然存在的存在物，即其本质包含存在的存在物；另一种是它的本质仅只包含可能存在的存在物。后面这种存在物又分为实体和样式，它们的界说在《哲学原理》第一篇第五十一、五十二和五十六节里已经说过了。因此，我在这里没有再重复的必要。对于这种区分，我只想指出一点，我已经明白地说过，存在物分为实体和样式，而不是分为实体和偶性（Accidens）*。因为偶性只是思想的样

* 偶性在中世纪哲学家和十六—十七世纪哲学家那里都是指事物的一切性状，而且有些作者，特别是中世纪的作者，把某些性状如颜色或气味当做“实在的偶性”划分出来，认为这些性状离开了它们所隶属的实体也能独立存在。对于斯宾诺莎说来，这种意义下的“实在的偶性”是不可能存在的，因为一切实在的东西在斯宾诺莎哲学体系里只有两类：即在自身内并通过自身而存在的东西，如实体、属性，以及在他物中并通过他物而存在的东西，如各种样式，在这两类实在的东西之外，不存在任何其他实在的东西，偶性在他看来只是一种思想样式，因此他否定把存在物分为实体和偶性。——译者注

式,〔而且只有就它是思想样式而言它才存在,〕* 因为它只表明一种关系。譬如,我说一三角形在运动,则运动就不是三角形的样式,而是运动物体的样式。因此,运动对于三角形仅是一个偶性,但是对于物体来说,则是真实存在或样式,因为运动离开了物体就不能设想,而没有三角形却可以设想运动。

再者,为了更好地理解上面已说的和下面要说的东西,我们力图说明应该怎样理解本质的存在(esse essentiae)、实存的存在(esse existentiae)、观念的存在(esse ideae)以及潜能的存在(esse potentiae)。我们这样做也是由于某些人的无知,因为他们不承认本质和实存有区别,或者虽然承认了这种区别,却把本质的存在同观念的存在或潜能的存在混为一谈,因此,为了帮助他们弄清问题,我们在下面试图尽可能清楚地说明这个问题。

第　二　章

什么是本质的存在(esse)、实存的存在、观念的存在和潜能的存在

为了清楚地理解这四种存在,我们只要记住上面我关于非创造的实体或神所说过的话,即:

一切被创造的事物超越地(eminenter)包含在神之中　一、神超越地包含着一切形式地(formaliter)** 包含在被创造的事物之

* 据1905年英译本增补。——译者注

** "超越地","形式地"均经院哲学名词。"超越地"指原因所包含的圆满性多于结果所包含的圆满性;"形式地"指原因所包含的圆满性等于结果所包含的圆满性。——译者注

中的东西，这就是说，神具有一些属性，在这些属性中，超越地包含着所有被创造的事物（参看第一篇公理八和命题十二绎理一）。

譬如，我们能够清楚地设想没有任何存在的广延，既然这广延在自身没有存在的力量，则正如我们所已经证明的，它就是神所创造的（第一篇最后一个命题）。而且，既然在原因中至少应当包含结果中所包含的同样多的圆满性，则应当推出，广延的一切圆满性都包含在神之中。但是，既然我们往后会看到广延事物按其本性是可分的，也就是说，它包含了一种不圆满性，则我们不能硬把广延加给神（第一篇命题十六）*，而且我们不得不承认，神包含着一种属性，这种属性超越地包含了物质的一切圆满性（据第一篇命题九附释），并且可以代替物质。

二、神认识它自身，也认识其余一切，即是说，神自身中客观地具有一切（第一篇命题九）**。

三、神为万物的原因，它的活动出于绝对自由的意志。

什么是本质的存在、实存的存在、观念的存在和潜能的存在

从这里可以明白，我们应当怎样理解这四种存在。首先，**本质的存在**只是一种样式，由于这种样式，被创造的事物才包含在神的属性中；所谓**观念的存在**只是指一切事物客观地包含在神的观念之中；**潜能的存在**只是指神的力量，凭借这种力量，神就能根据其绝对自由的意志创造一切尚不存在的事物。最后，**实存的存在**就是离开

---

* 此句据英译本译出。德俄译本译为："我们不能硬把这种不圆满性加给神。"——译者注

** "客观地"，经院哲学名词，意即观念形态地。"神自身中客观地具有一切"，意即神自身中包含了一切事物的知识。——译者注

了神,单独就事物自身来考察的事物的本质,也就是说,实存的存在是在神创造事物之后归属于事物自身的东西。

这四种存在只有在被创造的事物之中才互有区别　由此可以明显推出,这四种存在只有在被创造的事物之中才互相区别,在神中就根本区别不出来。因为我们不能设想神可以存在于别的力量之中,神的存在和神的理智是不能同神的本质区分的。

关于本质的若干问题的答复　这样一来,我们就可以很容易地答复人们常常提出的关于本质的一些问题。这些问题就是:本质和存在是否有区别,如果有区别,那么本质是不是某种和观念不同的东西,如果是和观念不同的东西,那么本质是不是在理智之外有某种存在。最后一点在任何场合下都是应当承认的。对于第一个问题,我们的答复是:在神之中,本质和存在是没有区别的,因为神的本质没有存在是不能设想的。反之,在其他事物中,本质和存在是有区别的,因为没有存在,本质仍可设想。对于第二个问题,我们的答复是:凡是在理智之外能够清楚明晰设想的事物,即真正可以设想的事物,都是和观念不同的某种东西。但这里又产生一个问题:这种理智之外的事物单独在自身中存在呢,还是为神所创造呢?对于这个问题我们的答复是:形式本质*既不能靠自身的力量而存在,也不是被创造的,因为这两种情况都要以事物事实上存在为前提;但是事物只依赖那包含万有的神的本质;在这个意义上,我们同意这样一种说法:事物的本质是永恒的。也可能有人

* “形式本质”,经院哲学名词,指事物在客观世界的本质。与它相对的名词是“客观本质”。“客观本质”指事物作为思想的对象,在思想中的本质。关于这两个名词的含义,可参看斯宾诺莎《知性改进论》第三篇《论知性》。——译者注

问:在神的本性尚未认识之前,我们怎样能够理解事物的本质呢,因为正如我们刚才所说,一切事物都只依赖于神的本性。对于这个问题我的回答是:这种可能就在于事物已经被创造了。如果它们还没有被创造,则我完全同意:除非我们先有神的本性的正确知识,否则我们是不可能理解事物的本质的。这正如尚未认识抛物线的本性时,就不可能认识其纵横坐标的本性一样,甚至还要不可能些。

为什么作者在给本质下界说时求助于神的属性　其次应当指出,虽然还不存在的诸样式的本质是通过这些样式的实体来理解的,而且这些样式的本质的存在也被包含在它们的实体中,我们还是希望利用神来一般地说明这些样式和实体的本质,因为样式的本质只是在创造实体之后才包含在实体之中,而且我们也要探究永恒的本质的存在。

为什么作者在这里不考察其他的界说　我认为不值得去反驳那些作者所坚持的不同于我们的意见,甚至也不值得去考察他们对本质和存在所作的界说和说明。这样做只能使本来明白的事情弄得模糊不清。因为除了本质和存在之外,还有什么更明白知道的事情呢?要知道如果不同时说明事物的本质,我们就无法给这个事物下界说。

怎样更容易地了解本质和存在之间的区别　最后,如果某个哲学家对被创造事物中的本质和存在是否有区别这一点还持怀疑的态度,那么他不必在本质和存在的界说上花很多的脑力去清除这种怀疑。他只要请教一下雕塑家或者木刻家就行了。他们会告诉他,他们是怎样设想还不存在的雕像,继后又怎样使之存在的。

第 三 章

论什么是必然的、不可能的、可能的和偶然的

状态在这里应当作何理解　我们上面已经说明了存在物的本性,下面我们将要考察存在物的某些状态。在这里必须注意,我们所谓“状态”(affectiones)笛卡尔在另一地方称作“属性”(参阅《哲学原理》第一章第五十二节)。因为存在物,就其为存在物而言并不像实体那样对我们起作用。因此它应当用某些属性来说明,而这些属性仅仅是在思想上才有区别。因此我完全不佩服那些企图在存在物和虚无之间找寻某个中介物的人的过敏的机智,因为这对于真理有很大的危害性。但是在这里我不打算驳斥这种错误,因为当他们企图给状态下界说时,他们就会完全纠缠在他们自己的徒劳机智之中。

状态的界说　因此我只提出我自己的意见,我说,存在物的状态是某些属性,我们利用了这些属性就能理解每一个事物的本质和存在,而这些属性无论如何仅在思想上才有区别。在这里我试图说明某几个属性(因为我不准备说明所有的属性),并且把它们同那些并不表示存在物的状态的名词区分开来。首先我将讨论必然的和不可能的。

事物可以有多少方式称之为必然的和不可能的　事物称之为必然的和不可能的有两种方式:或者根据它的本质,或者根据它的原因。就本质方面来说,我们知道神必然存在,因为神的本质没有存在便不能被理解。反之,幻象由于其本质包含矛盾是不可能存

在的。就原因方面来说，我们称事物（譬如物质的东西）为不可能的或必然的。因为当我们仅仅去考察它们的本质时，即使事物不存在，它们的本质仍然可以清楚而且明晰地设想。因此事物的存在绝不是由于它们的本质的力量或必然性，而只能是由于它们的原因的力量，即由于神这个万物创造者的力量。由此可见，如果神命令某事物存在，则此事物就必然存在。否则它就不可能存在。因为这是自明的道理：凡存在既无内因又无外因者皆不可能存在。而在第二个场合下问题可以这样理解：事物既不能由于它自己的本质而存在（所谓它自己的本质我理解为它的内因），又不能由于神的命令这个万物唯一的外因而存在；由此可以推出，我在第二个场合所假定的事物不可能存在。

幻象怎么可以称为语词上的存在物（ens verbale）　这里必须注意：一、幻象之所以能够称为语词上的存在物，因为它既不存在于理智之中，也不存在于想象之中，而只可以用语词来表达。比方可以用语词来说"方的圆"，但是绝不能想象它，更不能理解它。因此，幻象只是一种语词。所以不可能性不能算作存在物的状态，因为它是纯粹的否定。

被创造事物的本质和存在依赖于神　二、必须注意，不仅被创造事物的存在，而且它们的本质和本性（像我们在下面第二篇中将最清楚地加以证明的那样），都只依赖于神的命令。由此可以明白，被创造的事物在其自身没有必然性，因为它们自身既无它们的本质，又无它们的存在。

被创造事物的必然性，或者来自和它们的本质相关的原因，或者来自和它们的存在相关的原因，在神那里，这两种情况并无区

别　三、最后应当指出:从原因的力量而来的被创造事物的那种必然性,或者和它们的本质相关,或者和它们的存在相关,因为在被创造的事物那里,这两种情况是不同的。因为本质只依赖于永恒的自然规律,而存在则依赖于原因的顺序和秩序。反之,在神那里,本质和存在是没有区别的,因此神的本质的必然性和神的存在的必然性也没有区别。由此可以推出:如果我们理解了**自然的全部秩序**,那么我们便会发现:许多事物虽然我们能够清楚而且明晰地理解它们的本性,也就是说,它们的本质是如此的必然,但是它们却不能存在。因为我们发现这些事物在自然界中是不可能存在的,正好像我们知道巨象不可能穿过针眼一样,虽然我们清楚地认识两者的本性。因此这种事物的存在只是一种我们既不能想象又不能理解的幻象。

可能性和偶然性并不是事物的状态　关于必然性和不可能性已经说得很多了,这里似乎应当补充几句话说明一下**可能的东西**和**偶然的东西**。因为有些人认为这两者也是事物的状态,其实它们只表示我们缺乏理智。关于这点,在我解释了这两个名词应当作何理解之后,我再来清楚地说明。

什么是可能的,什么是偶然的　**当我们知道事物的致动因**(efficientem causam),**但又不知这原因是否被决定的时候,这事物就称为可能的**。因此我们只可以认为这种事物是可能的,而不能认为它是必然的或不可能的。**如果我们只注意事物的本质;而不考察事物的原因,我们就称这个事物是偶然的**。也就是说,我们把介于神和幻象之间的事物称为偶然的。因为从本质方面看,我们不可能像在神的本质中一样在事物中找到如同神所具有的存在的任何必然性,也不可能像在幻象中一样在事物中找到任何矛盾或不可能性。如果谁想把我称为可能的东西叫做偶然的，而把我称为偶然的东西叫做可能的，我不会表示反对，因为我不习惯于字面上的争论。只要他们承认这两者都是由于我们缺乏知识的结果，而不是某种实在的东西，这就够了。

可能的和偶然的只是表示我们缺乏理智　谁想否认这一点，向他证明他的错误是不困难的。因为只要他考虑一下自然以及自然对神的依赖，他就会发现没有什么东西是偶然的，没有什么东西既可以存在又可以不存在，或者用通常习惯的说法，即没有真正偶然的东西(contingens reale)。这从第一篇公理十中完全可以明显地看出来，在那里我们已经证明，创造事物并不比保存事物需要更多的力量。因此没有任何一个被创造事物可以依靠自身的力量做任何事情，正像它不能依靠它自身的力量开始存在一样。由此可以推出：除了那创造一切的总因(Causa)即神的力量之外，没有任何东西被创造，因为神在每一瞬间都以它自己的助力(concursu)*不断再造一切事物。由此可见，如果万物都只是依赖神的力量才存在，则很容易看到：一切发生着的事物都只是借助于神的决定和意志才实现的。而既然神不会变幻无常(据第一篇命题十八和命题二十绎理)，它本来应当永恒地决定创造它现在所创造的那些事物。既然除了神的决定之外任何一个事物都没有必然的存在的原因，那么一切被创造事物的存在必然是永恒地被规定。我们绝不能说因为神可以另外作决定，所以这些事物是偶然的。因为既然在永恒中没有“当时”、“过去”、“未来”或其他的时间规定，那么由

* “助力”，经院哲学名词，指神用来维持世界的存在不致毁灭的力量。即下文所说的保存力量。——译者注

此可以推出,在神可以另外作决定以前神并不存在。

我们的意志自由同神的预先决定的和谐是超出人的理解范围的　我们已经说过人的意志是自由的(第一篇命题十五附释),而人的意志也是借神的助力保存的,同时任何人除了神永恒地决定他应该希望什么或做什么之外,他就不能希望任何东西或做任何事情。然而这种情况怎么能够同人的自由和谐一致,则超出人的理解之外的。但是不能因此为了我们的无知而拒绝我们清楚认识到的真理。因为只要注意一下我们的本性,我们就可以清楚而且明晰地知道:我们的行动是自由的;我们思考许多事物只是因为我们希望如此。但另一方面只要像我们刚才说过的那样注意一下神的本性,我们就会清楚而且明晰地认识到:万物都依赖于神,除了神的永恒的决定之外,任何事物都不能存在。人的意志如何在每一个瞬间为神所创造又能保留它的自由,这是我们不得而知的。因为有许多事情是我们所不能理解的,但是我们却知道它们是如此被神所规定的。譬如,物质确实能分成无穷的微粒。这是我在第二篇命题十一中十分令人信服地证明过的,虽然我们不知道这种分法究竟如何进行。所以,我们用来说明已知事物的两个概念:可能的和偶然的,只是表示我们对事物的存在缺乏知识罢了。

第 四 章

论[永恒性]、[①]绵延(Duratione)和时间

上面我们已经把存在物分为其本质包含存在的存在物以及其

① 据德译本增补。

本质仅仅包含可能存在的存在物。由此产生出永恒性和绵延的区别。

什么是永恒性　关于永恒性，以后我们将详细说明。在这里我们只是说：永恒性是一种属性，我们把这种属性理解为神的无限存在。

什么是绵延　反之，绵延是一种属性，我们把这种属性理解为被创造事物保留在它们自身现实性中的存在。由此可以明白推出：事物的绵延和整个存在之间的区别仅在于思想上不同，因为抽出事物的绵延也就必然抽出它的存在。为了确定这事物的绵延，我们拿它同具有稳固的和确定的运动的那些事物的绵延作比较。这种比较就叫做时间。

什么是时间　因此时间并不是事物的状态，而只是思想的样式，或者像我们所说过的，是一种思想存在物。时间是一种用来说明绵延的思想样式。为了便于下面说明永恒性起见，我们必须在这里指出，绵延是用长短来表示的，好像是由部分所组成的，因此绵延只是存在的一种属性，但不是本质属性。

第　五　章

论对立、秩序等等

由于我们把事物加以相互比较，于是产生了一些概念，但是这些概念在事物之外除了表示思想样式并不表示任何东西。这是很明显的，因为如果我们试图把它们当做思想以外的事物，则我们对它们所具有的清晰的概念就会立即变为模糊了。

〔什么是对立、秩序、一致、差异、主词、宾词等等〕* 这些概念就是：对立（Oppositio）、秩序（Ordo）、一致（Convenientia）、差异（Diversitas）、主词（Subjectum）、宾词（Adjunctum）以及某些其他的概念。如果我们并不把它们理解为和对立的或有次序的等等事物的本质不同的某种东西，而仅仅把它们认作我们用来更容易记忆和想象事物的思想样式，那么，这些概念就是我们可以清楚地了解的。因此，我不认为有必要继续谈这个问题，且来讨论那些所谓先验的术语（terminos transcendentales）。

第六章

论单一（Uno）、真（Vero）和善（Bono）

几乎所有的形而上学家都把这些术语看做存在物的最一般的状态；他们说，一切存在物，即使在谁都没有知道它的时候，也是单一的、真的和善的。但是我们会看到，在我们对这些术语分别加以考察时，我们应当怎样来理解它们。

什么是单一性　我们先从第一个术语开始，即从单一性（Uno）开始。有人说，这个术语表示某种在理智之外的实在，但是他们不能指出这个加在存在物之上的东西究竟是什么。这种说法显然表明，他们在这里混淆了思想存在物和实在存在物，因此完全清晰的概念变成了模糊的概念。另一方面我们也肯定说，单一性绝不和事物本身有区别，也不会给事物增加任何东西。单一性只

* 据1961年英译本补加这句标题。——译者注

能是一种思想样式，我们用它来把一个事物同和这些事物类似或者在某方面和它一致的其他事物区分开来。

什么是杂多性(Multitudo)，在什么意义下神可以说是单一的(unus)，在什么意义下神又可以说是唯一的(unicus) 杂多性和单一性是对立的，它也不会给事物增加任何东西，它也只是一种思想样式，正如我们清楚而且明晰理解到的那样。我看不出对如此明白的事情还要做什么说明。只要指出：当我们把神同其他存在物分别开来时，神才可以说是单一的；但是当我们认识到神的本性并不是多样存在(plures esse)时，神就可以说是唯一的(unicum)。然而如果我们想更确切地研究问题，那么我们或许要指明，只有在不正确的意义下神才能称为单一的和唯一的。但是这个问题在那些只重事实不重言辞的人看来并不怎么重要，甚至根本不重要。因此我们就把它置之不谈，而来讨论第二个术语，同时我们要用同样的方式说明“假”是什么。

民众所理解的和哲学家所理解的“真”和“假”是什么意思 为了正确地理解真(verum)和假(falsum)这两个名词，我们将从它们的词义开始。它们的词义表明，它们只是事物的外在标记(denominationes extrinsecas)，只有在修辞学的意义上才能把它们加给事物。但是，因为这两个词最初来源于民众，后来才为哲学家所利用，所以如果要追究这个词的原始意义，就必须知道这个词最初在民众那里是什么意思；尤其当语言的本性中没有别的根据可以用来研究这种意义时更应当如此。真和假两词的原始意义似乎是来源于故事，故事和事实相符，则此故事为真，不与事实相符则为假。后来哲学家们利用这两个名词来说明观念同它的对象(ideatum)相符或不相符。因此凡如实地把事物告诉我们的那个观念称为真的,凡不如实地把事物告诉我们的那个观念称为假的。因为观念不过是自然的精神故事或精神史剧(narrationes sive historiae naturae mentales)。因此后来这两个名词又比喻式地引用到不能发声的事物上去。譬如我们称黄金是真的或假的,仿佛黄金本身可以告诉我们它自身是什么或不是什么似的。

“真”不是先验的术语 因此那些相信真是先验的术语或存在物的一种状态的人完全受骗了。因为只有在不正确的、或者毋宁说是修辞学的意义下才能把这个术语加给事物本身。

真理和真观念的区别 如果有人进一步追问,独立于真观念的真理是什么,那也就等于问在白东西之外的白是什么,因为这两个问题是同类性质的问题。

关于真和假的原因我们前文已经解释过了,因此我无需再补充什么;而且如果不是许多著作家纠缠这类无聊的问题而无以自拔,徒劳地在没有麻烦的地方找麻烦,就连这里所说的也会是多余的*。

真理的性质是什么?确实性并不在事物中 真理或真观念的性质是:一、它是清楚而且明晰的,二、它排斥任何怀疑,或简言之,它是确实的。谁在事物自身中找寻确实性,其错误就像在事物自身中找寻真理一样。当我们说某事物不是确实的,我们就是在

* 此句是据1961年英译本和俄译本译出,意思较明确。原文及其他译本是:“如果著作家们不像谚语中所说的‘在灯芯草中找节’那样把自己纠缠在愚蠢之中以至解脱不了的话,我无需再作什么补充了。”——译者注

语词上把这个对象(ideatum)当做观念,正如我们说某事物是可怀疑的一样。除非我们把不确实性理解为偶然性,或者理解为包含不确实性的或使我们怀疑的事物。没有任何必要继续在这些问题上纠缠。现在我们来讨论第三个术语,同时我们也要说明怎样理解和这个术语相对的术语。

“善”与“恶”只有在相对的意义下使用　事物就其自身而言无所谓善恶,善恶只能存在于同另一事物的关系上,即此事物帮助另一事物获得它所爱的东西,或者相反。因此同一个事物在同一时间内对不同的方面既可能是善的,也可能是恶的。譬如,圣经里的阿希托菲尔(Achitophel)的计策对于阿普萨罗姆(Absalom)来说是善的,但对于大卫(David)来说则是最坏的,因为这个计策可能致大卫于死地*。也有许多其他的善并非对一切都是善的:譬如拯救对人来说是善的,但对于动植物来说就无所谓好坏**,因为这跟它们毫无关系。神的确可以称为最善的,因为它滋养了万物,并且用它的助力保存了万物,所以它是万物最珍爱的东西。不过,绝对的恶是没有的,这是自明之理***。

为什么有些人会承认形而上学的善　那些企图找寻摆脱任何关系的形而上学的善的人都陷入了错误的偏见,因为他们把思想

* 指圣经上阿普萨罗姆起义反对大卫王的故事。阿希托菲尔是阿普萨罗姆阵营中一个智士。他向阿普萨罗姆献了一条计。如果照计行事就会致大卫于死命。但阿普萨罗姆拒绝了阿希托菲尔的计策。——译者注

** 1905年英译本作:“健康对人来说是善的,但对于无感觉的物质或植物来说就无所谓善恶。”——译者注

*** 关于善恶的相对性,请参看斯宾诺莎《伦理学》第四部分序言。——译者注

上的区别同实在的区别和样式的区别混为一谈[*]。因为他们把事物本身和事物借以保存自己的追求(conatus)区别开来,虽然他们不知道所谓追求是什么意思。实际上,虽然在事物自身和事物保持自己的追求之间也存在着思想上的区别,或者说存在着语词上的区别,而且主要是这种区别使他们犯了错误,但是两者之间没有任何实在的区别。

怎样使事物自身和事物力求保存自己现状的追求区分开来

为了弄清这层道理,我们现在举一个十分简单的例子。运动具有保存其状态(in quo statu)的力量,这种力量不过是运动自身而已,也就是说,运动的本性就是这样。如果我说在A物体里没有别的东西,只有一定量的运动,那就很明显,当我考察这个物体时,我永远应当说它在运动。因为如果我说这物体会自行失去它的运动力量,我就必定要在假设所假定的东西之外把某种别的东西归之于它,于是这物体才会失去它自己的本性[**]。如果这个理由还不够明白,那么我们可以假定,这物体对运动的追求是在运动规律和本性之外的某种特殊的东西。所以如果认为这种追求是形而上

* 笛卡尔在其《哲学原理》中把事物之间的区别分为三类:即实在的、样式的和思想上的。实在的区别是指在两个或较多的实体之间所存在的区别,例如自然中的事物和这个事物的观念(笛卡尔把思想也看成一种实体)之间所存在的区别;样式的区别有两种:一为样式本身与实体的区别,例如运动与运动物体之间的区别;一为同一实体的两种样式间的区别,例如物体的运动与物体的形相之间的区别;思想上的区别是指一个实体与其某种属性之间,或者同一实体的两种属性之间所存在的那种区别,例如实体与绵延,广延与可分性之间所存在的区别,笛卡尔认为这种区别只是我们为了对于实体或属性形成清楚而且明晰的观念而在思想上加以区分的,它们本身并没有这种区别,所以称之为思想上的区别。参看下文第二篇第五章。——译者注

** 即运动。——译者注

学的善，那么这种追求必然会有自我保存的追求，而这种追求反过来又有另一追求，这样无穷地追求，直至可以设想的绝顶荒谬。至于为什么有人会把事物的追求和事物自身区分开来，那是因为人们在自身中发现了自我保存的欲望，于是他们就想象这种欲望也存在于一切事物之中。

在创造事物之前神是否能称之为善　现在有一个问题：在创造事物之前神是否能称之为善。根据我们的界说似乎应该这样回答：神没有这样的属性，因为单就事物自身考虑，既无所谓善，也无所谓恶。这种回答在许多人看来似乎很荒谬。但是究竟为什么，我也不知道。因为我们能归属于神的是许多这样的属性：它们在创造世界之前除了潜能的存在外是不可能出现的。譬如，神被称为创造者、裁判者、大慈大悲者等等。因此这样一些理由不应当使我们不安。

圆满性在什么意义下是相对的，在什么意义下又是绝对的　其次，正如善恶一样，圆满性也是相对的术语，除非我们把圆满性认作事物的本质。在这个意义下，正如我们上面已经说过的，神具有无限的圆满性，即无限的本质和无限的存在(esse)*。

我不打算在这里详细说明这个问题，因为我认为属于形而上学泛论中的问题是大家充分了解的，所以我认为继续说明这个问题是多余的。

* 关于圆满性，请参看斯宾诺莎《伦理学》第四部分序言。——译者注

第二篇

本篇主要是简略地说明形而上学专论中
有关神和它的属性以及人的心灵的若干问题。

第一章
论神的永恒性

实体的分类　上面我们已经说明过，在事物的本性*中除了实体及其样式之外没有任何东西。所以在这里不能期待我们会讨论实体的形式或真实的偶性。因为这些名词以及其他类似的名词完全是荒谬的，继而我们把实体分为两大类，即广延（extensio）和思想（cogitatio）。思想又分为被创造的，即人的心灵，和非创造的，即神。我们已经十分正确地证明了神的存在，一方面是从我们所具有的神的观念而后天地（a posteriori）证明的；一方面是从作为神存在的原因的神的本质而先天地（a priori）证明的。但是我们已经解释过神的若干属性，不过比这对象的重要性所要求的要简短些；因此我们打算在这里补足这一点，并且更详尽地加以说明，同时也解决一些其他的问题。

* 1905年英译本意译为“在自然中”似乎更清楚。——译者注

神不具有绵延　首先要考察的最主要的属性是神的永恒性。我们用神的永恒性来表示神的绵延，或者更正确地说，为了不把任何绵延硬加给神，我们称神是永恒的。因为正如我们在第一篇里已指出的，绵延是事物存在的状态，而不是事物本质的状态。既然神的存在就是它的本质，所以我们不能说神具有任何绵延。因为把绵延看做是神的属性就是把神的存在和神的本质分开来。然而有些人问：神现在不是比创造亚当的那个时候存在得更长久些吗？这对于他们似乎是极其明显的，因此他们认为神绝不能没有绵延。但是，这是未经论证的假设，因为他们同时承认神的本质不同于神的存在。因为他们的问题是：神既然在创造亚当之前就已经存在，那么从创造亚当时起直到我们今天还有一段新的时间，神是否把这段时间加到自己的存在上去了呢？这样，每过一天他们都把一段更长的绵延归属于神，并且承认神仿佛是连续地创造自己。他们如果不把神的存在同它的本质区分开来，就不能把绵延归属于神，因为事物的本质绝不固有绵延。因为没有人会说圆的本质或三角形的本质，就它们为永恒真理而言，现在的存在比亚当时代的存在更长久些。而且，既然绵延能设想为可长可短，或者仿佛是由部分所组成，那么很明显，不能把任何绵延硬加于神。因为既然神的存在是永恒的，即其中不可能有过去或未来，那么如果我们不同时破坏我们关于神所具有的真观念，我们绝不能把绵延归属于神。因此，如果我们把绵延归属于神，实际上我们就把按其本性为无限而且只能设想为无限的东西分割成许多部分。

为什么有些作者把绵延归属于神　有些作者把绵延归属于神的原因是：

一、因为他们企图撇开神来说明永恒性,好像永恒性离开了神的本质也能被理解似的,或者好像永恒性是神的本质之外的某种特殊东西似的。这种错误又是由于下面的情况造成的:因为缺乏语词,我们曾经习惯于把永恒性归属于那些其本质与其存在不同的事物(例如当我们说,世界永恒地存在,这并没有矛盾);其次,我们习惯于把永恒性归属于我们还没有设想为存在着的事物的本质,因为那时我们就称这些事物是永恒的本质。

二、他们把绵延归属于事物只是因为他们承认事物是连续地变化着,而不是像我们一样因为事物的本质不同于它们的存在。

三、最后,因为他们把神的本质像被创造的事物的本质一样同神的存在区分开来了。

这些谬见就是产生新错误的根由。因为引起其他两种错误的第一种错误就在于他们不理解什么是永恒性,而把它看成是绵延的变种。第二种错误是:他们不能很容易地把被创造事物的绵延和神的永恒性区分开来。末了,最后一种错误在于他们把神的存在和神的本质区分开来,并且像上面所说的,把绵延归属于神,因为绵延只是存在的一种状态。

什么是永恒性　然而为了更清楚地理解什么是永恒性以及为什么永恒性离开了神的本质就不能被设想,我们应当注意我们前文已经说过的,即一切被创造事物的存在,即神以外一切事物的存在永远只是由于神的力量或神的本质,而不是由于事物自身的力量。由此可以推出:这些事物现在的存在并不是它们未来存在的原因,这原因只在于神的不变性。因此我们应当说,神最初创造了事物,以后还将经常地保存它,换句话说,神将连续不断地进行这种创造活动。由此我们得出下列结论：

一、对于被创造的事物可以说，它享受(frui)自己的存在，这是因为它的存在并不来自它的本质。反之，对于神就不能说它享受存在，因为神的存在正如神的本质一样就是神自身。因此只有被创造的事物才享受绵延，而绝不是神享受绵延。

二、一切被创造的事物虽然享受着现在的绵延和存在，但是它们却完全缺少将来的绵延或存在，因为绵延必定是不断地给予被创造事物的。但是对于这些事物的本质我们就不能说类似的话了。既然神的存在来自神的本质，我们也就不能把任何未来的存在硬加于神，因为我们现在加给神的这种存在，是他永远所有的东西，或者用更恰当的说法，因为现实的无限的存在是神所固有的，正如无限的理智实际上是神所固有的一样。我把这种无限的存在称之为永恒性；永恒性只能属于神，而不能属于任何一种被创造的事物，甚至在此事物的绵延两端均无终点时也是如此。

此即为永恒性。关于神的必然性我不想说什么，因为在我们已经证明神的存在来自神的本质之后，这是多余的。因此，我们现在讨论唯一性。

第二章

论神的唯一性

我们常常惊奇，为什么有些作者力求用这样一些空洞的论据来证明神的唯一性(unitas)，比方："如果一个上帝就能够创造世界，那么其他的上帝就是多余的"，或者"如果万物都追求同一个目的，则它们均来自一个创始者"，以及诸如此类，这都是从外在的关系或名称上推出来的。所以我们在这里把所有这些证明都置而不论，而尽可能简明清楚地提出我们自己的证明如下：

神只有一个　我们把最高的智慧(summa intelligentia)算作神的属性，并且补充说，神所具有的全部圆满性是由于它自己，而不是由于什么别的。但如果存在许多神或许多最圆满的存在物，则它们全都应该拥有最高的智慧，这样每一个神只认识它自己就不够了，它必须认识一切，所以既要认识自己，又要认识其他的神。但从这里应当得出：每个神的圆满性都部分地依赖于它自己，部分地依赖于其他的神。这样一来就不是每个神都能够成为最圆满的存在物，亦即像我们刚才所指出的那样，都能够成为由于自己而不是由于其他的东西才具有其全部圆满性的存在物。然而我们已经证明：神是最圆满的存在物，而且它存在着*。因此我们可以得出结论说：只有一个神；因为如果有许多神，则这个最圆满的存在物自身中就会存在不圆满性。这是背理的。此即为神的唯一性。

第 三 章
论神的广大无边

在什么意义下神可以称为无限的，在什么意义下神可以称为广大无边(Immensitate)　我们前文已经证明：如果我们不考虑圆满的和无限的存在物(ens)即神的话，任何有限的和不圆满的事物

* 1905 年英译本作："而且它的存在依赖于它自身的力量"。——译者注

即近于无的东西就不能设想。因此唯有神才能称为无限的，这是因为我们发现，神实际存在于无限的圆满性中。然而神也可以称为广大无边的或无限制的，因为我们知道，可以限制神的圆满性的存在物是不存在的。

由此推出：神的无限性（Infinitas），虽然这是一个否定的名词，却表示某种最高肯定的东西。因为我们之所以称神为无限的，仅仅因为我们是就神的本质或神的最高圆满性而言。反之，只有在相对意义上，广大无边才属于神，因为广大无边属于神不是因为神被绝对地看做最圆满的存在物，而是因为它被看做第一因。这个第一因即使只在对从属事物的关系上才是最圆满的，但它仍然是广大无边的。因为能够限制或测量这个第一因的事物是不会有的，所以任何比这个第一因更圆满的存在物是不能设想的（关于这点，详见第一篇公理九）。

通常所理解的神的广大无边是什么意思　但是作者们在说到神的广大无边时似乎就是把数量（quantitas）加给神；因为他们希望据此属性推出神应该是无所不在的，仿佛他们希望说，如果神不是无所不在的，那么神就会是有限制的。这从引用的另一个论据中可以明显地看出来：他们希望用这个论据证明：神是无限的或广大无边的（因为他们把“无限”和“广大无边”两个名词混为一谈），所以它无处不在。他们说，如果神是纯粹的活动（actus purus）（事实上也是如此），那么神必然是无所不在的和无限的。因为如果神不是无所不在，那么，或者它不能够在它希望存在的地方存在，或者它必然要运动（注意这点），那就很明显，他们就会把广大无边归属于神，因为他们认为神是一种数量。因为他们从广延的属性来找寻肯定神的广大无边的证据,这是极端荒谬的。

神无所不在的证明　如果现在有人问我们,我们怎样证明神的无所不在(ubiquitas),那么我就要回答说:这个问题我们在上文已经充分证明过了。我们曾经指明,任何事物如果每一瞬间不为神所创造就不能在任何一个瞬间存在。

神的无所不在是不能说明的　然而为了正确地理解神的无所不在或者神在每一事物中的存在,我们必须洞悉神的意志的内在本性,因为神就是用神的意志创造万物,继续不断地再创造它们。但是因为这一点超出了人的理解范围,所以说明神怎样无所不在是不可能的。

有些人硬说神有三种广大无边,但这是不正确的　有些人承认神有三种广大无边:即本质上的广大无边、力量上的广大无边、以及最后,存在上的广大无边。但这种说法是极其错误的,因为他们显然承认神的本质和神的力量有区别。

神的力量(potentia)和神的本质是不能区分的　另一些人更公开地说出了这种观点,他们断言,神的无所不在只是由于它的力量,而不是由于它的本质。仿佛神的力量和神的全部属性或神的无限本质能够区分开来似的。其实这都是一回事。

因为如果不是这样,那么神的力量或者是某种被创造的东西,或者对于神的本质来说是某种偶然的东西,没有了它,神的本质也能设想,但是这两种假设都是荒谬的。因为如果神的力量是某种被创造的东西,则它就需要另外一个力量来保存,这样一来,就会产生无穷的系列。但是如果神的力量是某种偶然的东西,那么神就不是一个最单纯的存在物,这是和上面已经证明的结论相违背的。

神的无所不在和神的本质也是不能区分的　最后，他们希望用存在上的广大无边来表示和神的本质不同的某种东西，万物被它所创造和持续保存。但这是最荒谬的见解，他们之所以陷入这种谬见，就是因为他们把神的理智和人的理智混为一谈，常常把神的力量同君主的力量相比较。

第 四 章

论神的不变性

什么是变化和转化　所谓变化(Mutationem)，我们这里理解为事物(subjecto)中所能发生的一切改变，同时事物的本质却保持不变。通常这个词的意义要广泛些，它还包括事物的毁灭，但不是绝对的毁灭，而同时包括随毁灭而来的新的产生；譬如我们说，泥炭化为灰烬，人变成野兽。但是哲学家们却利用转化(Transformationis)一词来说明这个过程。但是我们这里说的只是其中没有事物转化的变化，譬如我们说：彼得的颜色变了，彼得的脾气变了等等。

神不会发生这种转化　现在我们要问，神会不会发生这种变化。因为在我们已经证明神必然存在，即神不可能停止存在或者转化为别的神以后，我们对于转化就不需要说任何话了。因为如果神停止了存在，就会同时有许多的神。但是，正如我们已经证明过的，这两种情形都是荒谬的。

变化的原因是什么　为了更清楚地理解我们还需要说的话，应当注意，任何变化的产生或者是由于外因，不管是符合还是违反对象的意志；或者是由于内因，即由于对象自身的选择。譬如，人之变黑、变老和长大等等就是由于外因，或者符合人的意志，或者违反人的意志。反之，想散步，想表示自己的愤慨等等则是由于内因。

神不能由于外物而变化　神不会发生前一类变化，即那些由外因所产生的变化；因为神是一切事物的唯一原因，它不会受任何东西的影响。并且，任何一个被创造的事物自身中都没有任何存在的力量，因此就更没有力量影响自身之外的东西或者影响自己的原因。

但是圣经常常提到，神由于人们的罪孽感到愤怒和悲伤以及诸如此类。不过在这里，结果被当做了原因。譬如人们说，夏天的太阳比冬天的太阳更热些，更高些，其实太阳并没有改变自己的位置，也没有增加自己的热力。这类事情圣经里常有叙述，讲得明显的是《以赛亚书》，该书（第五十九章第二节）用谴责的口吻对人民说："你们的罪孽使你们和你们的神隔绝。"

神也不能由于自身而变化　我们且进而研究神是否会发生以它自己为原因的变化。我们不能承认这一点，而且完全否认这一点；因为出于对象的意志的任何变化都是为了改善自己的状态，这在最圆满的存在物那里是不可能的。其次，这种变化只有在必须避免恶或者获得所缺乏的善时才会发生；但是这两种情形对于神来说都是不可能的。因此我们得出结论：神是不变的存在物。[①]

---

① 神是不变的，也可以从我们已经指明的，即神的意志和神的理智是同一的这个结论明显看出，当然还有其他的论据。

应当指出，在这里我故意忽略了变化的通常的分类，虽然我们也用某种方式对它们进行了考虑。因为既然我们在第一篇命题十六中已经证明神是无形体的，而变化的通常的分类只适用于物质，所以在这里没有分别予以考察的必要。

第 五 章

论神的单纯性

事物的三重区别：实在的区别，样式的区别和思想上的区别

现在讨论神的单纯性。为了正确理解神的这个属性，应当回忆一下笛卡尔在其《哲学原理》第一篇第四十八和四十九节所说的话，即：在自然里除了实体及其样式以外没有任何东西。由此他推出（第六十、第六十一、第六十二节）事物的三重区别，即实在的区别、样式的区别和思想上的区别。所谓实在的区别就是有不同的或相同的属性的两个实体，例如思想和广延、或物质的诸部分之间的区别，这种区别在于一个没有另一个的帮助同样也可以设想，因而也能单独存在。样式的区别有两方面：一方面是实体的样式和实体本身之间的区别，另一方面则是同一个实体的两种样式之间的区别。后一种区别是因为每一种样式虽然离开了另一种样式也能设想，但是任何一种样式离开了它们的实体就不能设想。反之，前一种区别是因为实体虽然没有其样式也能够设想，但是样式没有实体却不可能设想。最后，思想上的区别是实体和它的属性之间所产生的区别，例如绵延就不同于广延。这种区别也是因为这种实体没有这个属性就不能设想。

由此产生各种不同的结合以及结合的种类有多少　由这三重区别产生各种不同结合。第一种结合是由具有同一属性的两个或多个实体所构成,例如两个或多个物体的每一种结合;或者由具有不同的属性的实体所构成,例如人。第二种结合来源于不同样式的结合。最后,第三种结合在现实中并不存在,它的产生只是我们为了更好地理解事物而设想的。凡不是由前面两种形式中的任何一种所构成的事物都应该称为单纯的。

神是最单纯的存在物　所以必须指出,神不是复合的存在物,由此可以得出结论:神是最单纯的存在物。这是容易理解的,因为这是自明的道理:复合物的各个组成部分,按其本性至少存在于复合物之先。同时,复合和结合成神的各种实体按其本性本来应该存在于神之先,而每一个实体自身都是可以设想的,不必把它们附加于神*。其次,既然这些实体相互之间在实际上应当有区别,则每一个实体没有其他实体的帮助也必能独自存在。这样一来,像我们刚才说过的,我们将会有许多的神,其数目相等于结合成神的那些实体的数目。因为既然每一个实体都能独自存在,那么它们也就必靠自己而存在,因此它们也就会有力量使它们自己取得我们已经指出是属于神的那一切圆满性,等等。这是我们在第一篇命题七证明神的存在时已经详细说明过的。而既然再没有比这种武断更荒谬的了,所以我们得出结论说:神不可能由实体的复合或结合所构成。同样在神中也没有不同样式的复合,这是十分明显的,因为一般说来神并不具有样式,因为样式从实体的变化而来

* 意即离开了神的观念,它们每一个都能设想。——译者注

(参看《哲学原理》第一篇第五十六节)。最后,如果有谁还要在事物的本质和存在之间设想另一种结合,我们不会表示反对。不过他应当记住,我们已经充分证明过,在神中这两者是不能区分的。

神的各种属性只是在思想上才有区别　由此我们可以清楚地推出,我们关于神的各种属性所做的一切区别并不是实在的区别,而是思想上的区别。应当理解我刚才所说的这种思想上的区别;这是从下面这个事实知道的:这种实体没有这种属性是不能存在的。由此我们可以推出,神是单纯的存在物。我们并不理会逍遥学派提出的混杂的区别*。下面我们继续讨论神的生命。

第六章

论神的生命

通常哲学家所理解的生命是什么意思　为了正确地理解神的生命这个属性,我们必须一般地说明一下生命究竟是什么意思。我们首先考察逍遥学派的意见,他们把生命理解为"有滋养的灵魂和热的结合"(参看亚里士多德《论呼吸》第一卷第八章)。由于他们杜撰三种灵魂,即植物性的灵魂、感性的灵魂和理性的灵魂,并且把这三种灵魂分别归属于植物、动物和人,所以他们认为其他的事物是没有生命的。但是他们不敢说心灵和神没有生命。大概他们害怕陷于相反的观点,即如果心灵和神没有生命,它们就死亡

* 斯宾诺莎在这里是指亚里士多德在其《工具论》和《形而上学》中提出的四种区别:矛盾、反对、剥夺和关系形式的对立。——译者注

了。因此亚里士多德在其《形而上学》第二卷第七章中又给心灵所固有的生命下了另一个界说,即:“生命是理智的活动。”在这个意义上,他把生命归属于神,因为神能思想而且是纯粹的活动。我们将不劳神去反驳这些观点,因为他们归属于植物、动物和人的这三种灵魂,我们已经充分证明了它们只是想象的产物。因为我们证明了:物质除了机械的结合和活动外一无所有。至于神的生命,那么我不理解为什么在亚里士多德那里理智活动优于意志的活动和其他类似的活动。但是既然我不能期望对这一点得到任何回答,那么,正如我许诺过的,我就进而说明什么是生命。

生命可以属于哪些事物　虽然生命一词通常被借用来表示一个人的行为,但是我们只要简略地说明一下在哲学上怎样理解生命就足够了。必须看到:如果生命也应当属于有形体的事物,那就不会有任何一个事物不具有生命。

如果生命仅属于灵魂和形体相结合的那些事物,那么唯有人或者也许还有动物才有生命,而灵魂和神就不能有生命。但是,“生命”一词通常具有更广泛的意义,因此毫无疑问,生命应该属于同灵魂毫无联系的有形体的事物以及属于同有形体相分离的灵魂。

生命是什么以及什么是神的生命　因此所谓生命,我们理解为事物借以保持其存在的一种力量。既然这种力量不同于事物自身,那么我们就可以正确地说,这些事物都有生命。反之,神借以保持其存在的力量只是它的本质,因此称神为生命的那些人是说得最好不过了。有些神学家认为,由于这个原因,犹太人在发誓时才说:“凭活着的耶和华”(vivus Jehova),因为神就是生命,和生命没有区别。所以他们不说："凭耶和华的生命"(vita Jehovae)，像约瑟夫凭法老的生命发誓时说："凭法老的生命"(vita Pharaonis)那样。

第七章
论神的理智

神是全知的　上文我们已经把全知列为神的一种属性。大家知道，全知是神具有的，因为知识本身包含一种圆满性，而神作为最圆满的存在物，就不应当没有任何圆满性。因此神应当具有最高的知识，这种知识不需要或不允许有任何无知或知性不足，因为否则神的属性中即神本身中就会有不圆满性了。由此可以明白，神绝没有理智能力，它也不会通过推理得出任何结论*。

神之外的事物并不是神的知识的对象　更进一步，从神的圆满性还应当推出，神的观念并不像我们的观念那样受神以外的事物所限制。相反，神创造的事物由神的理智所规定①：因为否则事物就会靠自身而具有它们自己的本性和本质，并且至少在本性上先于神的理智，这是荒谬的。许多人因为对这一点注意不够，所以他们犯了巨大的错误。因为他们认为，在神之外有一种物质，这种物质像神一样的永恒，并且独立自存的，按照一些人的意见，这种

* 1905年英译本意译为："神的知识是直接的，它不需要任何逻辑推理过程"。——译者注

① 由此显然可见：神用以认识被创造事物的理智与神用以决定这些事物的意志和力量是同一个东西。

物质被神的理智导入一定的秩序[*],而按另一些人的意见,物质也可以从神那里得到一定的形式[**]。另一些人还同意事物按其本性是必然的、不可能的或偶然的,因此神也知道这些事物是偶然的,但是完全不知道它们是否存在。最后,还有一些人说,神也许是由于长期的经验从各种情况中知道偶然事物的。此外我还可以举出同样性质的许多谬见,如果这不是多余的话,因为从上文所说的看来,这些意见的错误是自明的。

神的知识的对象即是神自身　现在,我们回到我们的题目上来,即:在神之外没有神的知识的任何对象,神自身才是神的知识的对象,也就是说,它自身就是它的知识。有些人认为,世界是神的知识的对象,这种人比那些希望杰出的建筑师所设计的建筑物变成为他的知识对象的人更加愚蠢得多。因为建筑师至少应当在自身之外找寻适合的材料,但是神并不在自身之外寻找材料,因为事物就其本质和存在来说,都是神的理智或意志所创造的。

神怎样知道罪孽、思想存在物等等　也有人会问,神是否知道丑恶或罪孽、思想存在物诸如此类东西。我们回答说:凡是以神为其原因的事物,神必定能知道,特别是因为没有神的助力这种事物一刻也不能存在。因此,既然在事物中并不存在丑恶和罪孽,丑恶和罪孽只存在于把一个事物和另一事物加以比较的人的心灵中,所以离开了人的心灵,神是不知道这些东西的。我们已经说过,思想存在物是思想的样式,它们之所以必须为神所知,只是在于我们

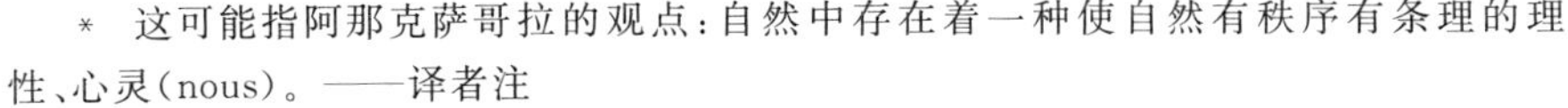

* 这可能指阿那克萨哥拉的观点:自然中存在着一种使自然有秩序有条理的理性、心灵(nous)。——译者注

** 这可能指亚里士多德的观点:神是无质料的纯形式。——译者注

感到神仍同以前一样保存和继续创造人的心灵；而不是神为了更容易记住他所知道的事物在自身中具有这些思想样式。如果对于我这里所说的不多的话加以注意，就不会提出任何关于神的理智的问题，因为这些问题是很容易解决的。

神怎样认识个别事物以及它怎样认识共相(universalia)　但是我们仍然不能放过一些人的谬见，他们认为神只知道永恒的事物，例如天使和天堂。他们把这些事物想象成本性上不生不灭的东西。反之，除了这几种不生不灭的东西外，神对于这个世界就一无所知了。看起来这些人仿佛是故意要犯错误和虚构最荒谬的东西。因为再没有比否认神有个别事物的知识的说法更荒谬的东西了：要知道，个别事物没有神的助力一刻也不能存在。然后，他们又断言神对于实际存在的事物是无知的，硬说神认识那不存在的而且在个别事物之外没有任何本质的共相*。反之，我们认为神具有个别事物的知识，而否认神具有共相的知识，只有在神理解人的心灵范围内，神才具有这种知识。

神只能有一个观念而且是一个单纯的观念　最后，在结束这一章之前，似乎还必须回答一个问题：神有许多观念呢，还是只有一个观念而且是一个最单纯的观念。对于这个问题我的回答是：神的观念(由于有了这个观念，神才称为全知的)是唯一的和最单纯的。因为神只是因为它有一个关于自身的观念才真正称为全知的。这个观念或者说这种知识既然永远和神同在，所以不是别的，

---

* 关于“共相”，请参看笛卡尔《哲学原理》第一篇第五十九节和斯宾诺莎《伦理学》第二部分四十命题附释一。——译者注

只是神的本质,因为在神的本质之外不可能有任何东西存在。

什么是神关于被创造事物的知识　然而神关于被创造事物的知识,严格说来不能算作神的知识。因为如果神愿意,这些被创造事物就会具有另一种本质,而这种本质并不包括在神对于自身所具有的知识中。然而有人问:神对于被创造事物的这种固有的或非固有的知识是多方面的呢,还是单纯的?对此我们回答说:这个问题和下面这些问题是一样的:神的命令(decreta)和意愿(volitiones)是一个还是多个,神是否无所不在,或者神借以保存个别事物的那种助力对于一切事物说来是不是同一的。关于这些问题,正像我上面所说过的,我们不能有任何确切的知识。尽管如此,我们仍可确切地知道,神的助力就其和神的全能相关联而言,它必定是唯一的,虽然它的效果会表现为多种多样。同样,神的意愿和命令(因为我们可以把神对于被创造事物的知识称作神的意愿和命令)就其在神之内而言并不是多个的,虽然它们通过被创造事物(或者更正确地说,在被创造事物之中)以各种不同的方式表现出来。最后,如果我们注意一下整个自然的相似性(analogiam),我们就能把自然界认作一个存在(Ens),因此神关于被自然产生的自然(Natura naturata)* 的观念和命令乃是唯一的一个。

* 即整个被创造的自然。斯宾诺莎从库萨的尼古拉和布鲁诺那里借用了一对辩证的术语,即:“产生自然的自然”(natura naturans)和“被自然产生的自然”。所谓“产生自然的自然”是指在自身内并通过自身而被认识的东西,或指表示实体的永恒无限的本质的属性,简言之,即指神及其属性;所谓“被自然产生的自然”乃指出于神或神的任何属性的必然性的一切事物,即神的属性的全部样式。这两个术语表示同一个自然的二重性质:既是原因,又是结果;既是主动,又是被动;既是统一性,又是多样性。——译者注

第八章

论神的意志

我们不知道怎样把神的本质和神借以认识自己的理智跟神借以爱自己的意志区别开来　神希望借以爱自己的意志是从神借以认识自己的无限理智中必然产生的。但是这三种东西，即神的本质，神借以认识自己的理智，以及神希望借以爱自己的意志，彼此如何区别开来，这是我们所不能知道的。我们并非不知道神学家们用来说明这个问题的那个名词(即人格)。可是，虽然我们也知道这个名词，我们却不知道它的意义，也不能对它形成一个明白而且清晰的概念；虽然我们可以确信，在神的许诺给虔诚人的幸福的直观中(in visione Dei beatissima)，神会向它自己启示这一点。

神的意志和力量，同神的理智没有外在的区别　神的意志和力量同神的理智没有外在的区别，这从前文看来是十分明显的；因为我们已经指明，神不仅预先决定事物的存在，而且也预先决定事物的本性。这就是说，事物的本质和存在应当依赖于神的意志和力量。由此我们可以清楚而且明晰地认识到：神用以创造、理解、保存或热爱被创造事物的理智、力量和意志彼此之间是完全没有区别的，而只有对我们的思想说来，它们才有区别。

说神恨一些事物，爱另一些事物是不正确的　当我们说神恨一些事物，爱另一些事物时，〔这也不过是一种比喻的说法，〕这个意思也就是和圣经上说地球产生人等诸如此类东西一样。神并不恨任何人，也不爱任何人，像庶民相信的那样。这可以从同一部圣经中足够明显地看出来。因为,以赛亚这样说过,而使徒在《致罗马人书》第九章中还说得更清楚:“因为他们(即以撒的儿女)还没有生下来,善恶还没有做出来,但对他说,将来大的要服侍小的,只因要显明神拣选人的旨意”,等等。再往下不远:“如此看来,神要怜悯谁,就怜悯谁,要叫谁刚硬,就叫谁刚硬。这样,你必对我说:他为什么还要指责人呢?有谁抗拒他的旨意呢?你这个人哪,你是谁,竟敢向神犟嘴呢?受造之物岂能对造他的说:你为什么这样造我呢?窑匠难道没有权柄从一团泥里拿一块做成贵重的器皿,又拿一块做成卑贱的器皿么”,等等*。

神为什么要劝诫人们,为什么没有劝诫神就不拯救他们,邪恶的人为什么要受到惩罚　如果有人问,神为什么要劝诫人们,这个问题容易回答:神永恒地决定要及时劝诫那些它希望拯救的人,使他们可以回心转意。如果有人再问:难道神没有劝诫就不能拯救他们么?我们回答说:能够。然而神为什么不拯救他们呢?——也许有人追问。这个问题我可以回答,如果他们首先告诉我:神为什么不使红海在没有强大的东风时可以渡人,神为什么不使所有个别的运动在没有其他运动时完成,以及神为什么不完成神借助于原因而完成的许多其他的事情。可能又有人问:为什么邪恶的人要受惩罚,因为他们的行动是根据他们自己的本性和神的决定?对于这个问题我的回答是:他们受惩罚也是遵照神的决定。并且,如果只有那些我们认为是自愿犯罪的人才应受惩罚,那么人们为

* 参看《圣经》,《致罗马人书》,第九章第十一、十二、十八—二十一节。——译者注

什么力图消灭毒蛇呢？要知道，毒蛇只是按照它们的本性犯罪的，而且不能不这样。

圣经并不教导和自然之光（Lumini naturae）* 相违背的东西　最后，如果在圣经里还有其他引起我们怀疑的问题，这里并没有篇幅说明它们：因为我们这里只研究那些能够用自然理性（Ratione naturali）完全可靠地解决的那些问题，并且十分明白地证明这一点，以使我们知道，圣经也是这样进行教导的。因为真理不能和真理相矛盾，圣经不能教导胡说八道的东西，像人们通常所想象的那样。因为如果我们在其中发现了和自然之光相违背的东西，那么我们就要用我们用来驳斥可兰经和达摩经** 那种自由去驳斥这种东西。不过，我们根本没有想到圣经里会出现任何同自然之光相违背的东西。

第九章

论神的力量

怎样理解神的万能　上文我们已经充分证明了神是万能的。在这里，我只打算简略地说明一下应当怎样理解这一属性。因为许多人在说到此属性时没有足够的虔诚，并且与真理不合。因为他们说，有一些事物按它们自己的本性来说是可能的，但按照神的决定来说是不可能的；另一些事物是不可能的，最后，第三类事物

* 英译本意译为"自然规律"。——译者注

** 可兰经为回教经典。达摩经为犹太教经典。——译者注

是必然的,因此神的万能只与可能的事物相关。但是我们已经证明了,一切都绝对地依赖于神,因此我们才说,神是万能的。既然我们知道神根据它的纯粹的意志自由预先决定了某些事物,而神又是不变的,那么我们就说:任何事物绝不能和神的决定相违背,除非是和神的圆满性相矛盾的东西,没有任何事物是不可能的。

万物之所以是必然的都由于神的决定,而不是一些事物由于事物自身,另一些事物由于神的决定　也许有人要争辩:只有当我们注意到神的决定时,我们才发现必然的东西,当我们不注意神的决定时,就发现相反的东西,例如约西亚(Josiah)在叶罗博阿姆(Jeroboam)的祭坛上烧毁了偶像崇拜者们的骨头。如果我们只考虑约西亚的意志,我们就会认为这件事情只是可能的,而无论如何不能承认它是必然的,除非先知预言了这是神的决定*。反之,三角形内角之和等于两直角则是自明的。然而人们由于自己的无知杜撰出事物中的这些区分。因为如果人们清楚理解了自然的整个秩序(totum ordinem Naturae),他们就会发现万物就像数学论证那样皆是必然的。但是由于这超出了人的认识范围,所以我们才认为某种事物是可能的,而不是必然的。因此应当说:或者神是无能的,因为实际上一切都是必然的;或者神是万能的,我们在事物中所发现的必然性只是来源于神的决定。

如果神曾经给事物创造了另一种本性,它就会给予我们另一种理解力　如果现在有人问:倘若神曾经作了另一种决定,而使今

* 叶罗博阿姆一世,圣经上记载为以色列国王(公元前九六二—前九四四年),曾在唐(Dan)及贝泰尔(Béthel)建立起偶像崇拜(idol);约西亚为犹太国王(公元前六三九—前六〇八年),曾摧毁了偶像,重新修缮了寺院。——译者注

天的真理变成谬误，则我们会承认这真理是唯一的真理么？对于这个问题我的回答是：当然，如果神给予我们的仍然是现在这种本性的话。但在那时，神就可能（如果神愿意的话）像它已经做过的一样给予我们这样一种本性：由于这种本性我们可以像神所规定的那样认识事物的本性和规律。的确，只要我们注意到神的诚实，它本来就应当这样做。这从上面我们所说的话中也可以明显地看出来，即一切被自然产生的自然乃是唯一的存在物。由此可以推出：人是自然的一部分，这一部分必须和其余的部分相一致。因此从神的决定的单纯性中推出：如果神曾经用另一种方式创造事物，它同时就会这样来创造我们的本性，使我们能够像神创造这些事物那样理解它们。因此，虽然我们愿意接受哲学家们对神的力量所作的这种区分，不过我们应该用不同的方式叙述它。

神的力量有多少种　因此，我们把神的力量分成调整力量和绝对力量（potentiam Dei in ordinatam et absolutam）。

什么是绝对力量，什么是调整力量，什么是通常力量，什么是非常力量　当我们撇开神的决定来考察神的万能时，我们就称神的力量为绝对的，当我们联系到神的决定时，我们就称神的力量为调整的。其次是神的通常力量和非常力量。通常力量把世界保持在它一定的秩序中；非常力量是神在自然秩序之外创造某种东西的一种力量，例如像驴子说话、天使现身之类的奇迹。不过这是很可以怀疑的，因为神按照同一个固定不变的秩序来管理世界，较之神由于人们的愚蠢而废除规律，显然是一种更大的奇迹。要知道，神本身是把这些规律当做自然中最好的东西，而且唯一是根据神的自由而建立起来的（只有完全盲目的人才能否认这一点）。但是,我们让神学家去解决这个问题。

最后,我们暂且不谈通常关于神的力量所提出的其他一些问题,例如,这种力量是否包括已经过去的事件;神是否能够做得比它所做过的更好;它是否能够做得比它所做过的更多。所有这些问题根据已经说过的都可以容易地得到答案。

第十章

论创造

上面我们已经说过,神是万物的创造者;在这里我们力求说明应当怎样理解创造;然后我们尽可能研究一下通常人们关于创造的某些意见。现在我们从第一点开始。

什么是创造　我们说:创造是一种活动,在这种活动中除了致动因之外没有任何其他原因,或者说,被创造的事物是这样一种事物,它的存在除了神之外,不以任何东西为前提。

通常对创造所下的界说要抛弃　在这里应当看到:一、我们避免用哲学家们通常所使用的"从无(*ex* nihilo)"这个词,仿佛无是事物由以产生的某种物质似的。他们这样说是因为他们具有这样一种习惯:当谈到事物产生时,就要假定在这些事物之前存在着它们由以产生的某种东西,因此一谈到创造,他们总不会忘掉这个前缀词:从(*ex*)。他们对待物质也是这样的态度,因为他们看到一切物体都处在一定的位置,并为其他物体所环绕,于是就问自己:整个物质究竟在哪里呢?并且回答说:物质处在某个想象的空间中。因此毫无疑问,他们并不是把无看做对一切实在事物的否定,而是把它设想或想象为某种真实的东西。

对通常的界说的说明　二、我说，除了致动因之外，创造中没有任何其他原因出现。我本可以说，除致动因外，创造否定或排除一切其他原因。但是我宁愿用“出现”一词，省得又要答复那些人的问题，他们问：神在创造某种东西的时候是否给自己提出了一个它因以创造事物的目的。其次，为了更清楚地说明事物，我补充了第二个界说，即被创造的事物除了神之外不需要任何东西作前提。因为如果神给自己提出了某种目的，那么这个目的不在神之外，因为神之外没有任何东西能够强迫神进行活动〔影响或改变神的决定〕*。

偶性和样式不是被创造的　三、从这个界说明显推出，偶性和样式不是被创造的，因为除了神以外，偶性和样式还以被创造的实体为前提。

创造之前，既无时间，亦无绵延　四、最后，在创造之前，我们不能设想任何时间和任何绵延。时间和绵延是从事物开始的，因为时间是绵延的尺度，或者正确些说，时间只是思想的样式。因此它不仅需要某种被创造的事物，而主要是需要能思想的人作为前提。〔其次，绵延是受被创造事物的存在所限制，因此〕** 当被创造事物停止存在时，绵延也就停止存在；当被创造事物开始存在时，绵延也就开始存在。我说：被创造的事物，因为神没有任何绵延，而只有永恒性，像我们上文已经十分明显地证明过的那样。因此

* 据 1905 年英译本增补。——译者注

** 同上。——译者注

被创造事物应当先于绵延，或者至少应当与绵延同时存在。凡是认为绵延和时间先于被创造事物的人，就像那些设想没有物质的空间的人一样，为同样的成见所致谬，这是不言自明的。此即为创造的界说。

创造世界的活动和保存世界的活动是神的同一种活动　这里没有必要重复我们在第一篇公理十中证明过的东西，即：创造事物需要的力量和保存事物需要的力量是一样多的，也就是说，神的创造世界的活动和保存世界的活动是同一种活动。

说明了这些意见之后，我们现在来讨论第二点。我们必须研究：

一、什么东西是被创造的以及什么东西是不被创造的。

二、被创造的东西是否永恒地(ab aeterno)被创造。

什么是被创造的事物　对于第一个问题我们可以简略地回答：凡是虽无任何存在仍可明白设想其本质并且是通过其自身来设想的东西都是被创造的事物。例如物质，当我们从广延属性来设想它而且不论它是否存在都能清楚明晰地设想它时，我们对它就有一个清楚而且明晰的概念。

神的思想和我们的思想有何不同　但是，也许有人会说：我们可以明白而且清晰地设想没有存在的思想，只是我们把这种思想归属于神。对于这种说法我们的回答是：可以归属于神的思想不是像我们的思想那样的思想，即不是被动的、为对象的本性所限制的思想，而是这样一种思想：它是一种纯粹活动，而且因此包含存在，像我们上文已经足够详细地证明过的一样。因为我们已经指明：神的理智和意志同神的力量以及包含存在的本质没有区别。

在神之外，没有任何东西像神一样的永恒 所以，既然凡是其本质不包含存在的事物必定要由神所创造才能存在，并且像我们多次说明过的，必须为它的创造者本身所连续保存，我们就没有必要来驳斥这样一些人的意见，他们认为，世界，或混沌（chaos），或没有任何形式的物质，是像神一样的永恒和独立的。现在我们再谈第二个问题，即被创造的东西是否永恒地被创造？

“永恒地”这个词是什么意思 为了正确地理解这个问题，应当注意一下“永恒地”这个用语。因为我们想用它来表明跟我们上文在谈到神的永恒性时所说明过的道理完全不同的某种东西。因为在这里我们不过理解为一种没有开端的绵延，或者是一种我们不能用任何数目来表明的绵延，无论这数目有多大，即使我们愿意把它增加到许多年，或者增加到千百万年，甚至增加到千百万年的千百万年。

任何东西都不能永恒地被创造的证明 这种绵延不可能存在现在已经清楚地证明了。因为如果世界从特定的时刻往回推，它就绝不能有这样的绵延，所以世界绝不能从这个开端达到这个时刻*。也许有人说：对于神没有任何不可能的事情；因为神是万能的，它可以创造一种不能再长的绵延。我们的答复是：正是因为神是万能的，它就绝不会创造一种它不能创造得更长的绵延。因为绵延的本性就在于它永远可以设想为或大或小，像我们在数目中所看到的情形一样。或许有人会反驳说：神永恒地存在，并且它一

* 1905年英译本意译为：“因为如果世界是从任何一个固定的时间开始的，那么它的绵延就绝不能满足这个条件。所以世界绝不能经历一个从如此的开端到现在这样的绵延。”可资参考。——译者注

直存在到现在这个时刻,因此它有一种绵延,比这种绵延更长就不能设想了。但是这样一来,归属于神的绵延只是一种由各部分组成的绵延。这种观点,当我们证明了神固有的不是绵延而是永恒性时,就已经充分地为我们所驳斥了。愿人们牢牢地记住这一点吧,因为当他们很容易地从许多论据和谬误中解脱出来时,他们就会带着最大的愉快享有对这个存在物[*]的最幸福的直观(in beatissima hujus entis contemplatione)。

不过我们还要答复一下某些哲学家所提出的一些论据,他们企图从已经过去的绵延来证明可能有这样一种无限的绵延。

从神是永恒的得不出它的活动结果也能永恒地存在　首先他们说:“被产生的事物能够与它们的原因同时存在;所以,神既然是永恒地存在,那么它的活动结果也能够永恒地被产生。”他们举出**永恒地为圣父所创造的圣子作为例证**。但是从上述可以清楚地看到,他们把**永恒性**和绵延混淆起来了,他们只把绵延永恒地归属于神,这从上面所引用的例子也可以明显地看出来。因为他们认为属于圣子的永恒性也同样可以属于被创造的事物。其次他们想象在创造世界以前有时间和绵延,并且认为绵延可以在被创造事物之外独立存在,就像另一些人认为永恒性独立于神之外一样。这两种意见离真理都有十万八千里。所以我们回答说:以为神能够把它自己的永恒性分给被创造事物,这种看法是完全错误的,圣子并不是创造的,而是像圣父一样永恒的。当我们说圣父永恒地产生圣子时,我们只是想说:圣父永远同圣子分享着它自己的永恒性。

---

* 即神。——译者注

如果神是根据必然性而活动，那么它就不会具有无限的美德

他们的第二个论据是：“神自由活动时所具有的力量不会少于它根据必然性而活动时的力量。而如果神根据必然性而活动，那么，由于它具有无限的美德，它就应当永恒地创造世界。”对于这个论据，只要我们考察一下它的基础是容易回答的。因为这些天真的人以为他们可以对无限完美的存在物具有各种不同的观念，因为他们设想神具有无限的美德，既可以根据自然的必然性而活动，也可以自由地活动。但是我们否认神由于根据它的本性的必然性而活动才具有无限的美德。我们可以否认这种说法；而且这些人也必然要同意我们的看法，因为我们已经证明：最圆满的存在物是自由活动的，而且只能被设想为唯一的。如果他们反驳说，可以假定（虽然事实上这是不可能的）神由于根据它自己本性的必然性而活动才具有无限的美德，那么我们可以回答说：这种假设是不可能的，正如我们不能够为了要得出并不是所有从圆心到圆周的直线都相等的结论而假设方的圆一样。这层道理我们在上文已经充分证明了，所以我们不需要重复说明。我们刚才已经证明，没有一种绵延不能设想为两倍长，而是可以设想为更长许多或更短许多，因此绵延永远能够被根据自己无限的美德而自由活动的神创造得比给定的数量更大或更小。但是如果神是根据自然的必然性而活动，那么这种情况就绝不会发生了，因为那样一来，神只能产生一种来自神的本性的绵延，而不能产生无数别的更大的绵延。因此，可以把我们的论据概括如下：如果神创造了一种它不能再创造得更长的绵延，那么神就必然会减少它自己的力量。但是这个结论是错误的，因为神的力量和神的本质没有区别。所以，等等。其次，如果神是根据自然的必然性

而活动,那么它就应当创造一种它不能创造得更长的绵延。但是创造了这种绵延的神不会具有无限的美德;因为我们永远可以设想比给定的绵延更长的绵延。所以,如果神是根据自然的必然性而活动的话,它就不会具有无限的美德。

我们从何处得到比我们世界所具有的绵延更长的绵延概念

在这里有人可能产生一种疑问:如果世界是在五千多年以前创造的,如果我们的年代学家的计算是正确的,同时我们又肯定认为,绵延没有被创造的事物是不能理解的,我们怎么可能设想一种更长的绵延。这个疑问是容易解决的,只要我们注意到:我们认识绵延不仅是根据对被创造事物的考察,而且也根据对神进行创造的无限力量的直观(contemplatione)。因为被创造事物之所以能够设想为存在着的和有绵延的,并不是由于被创造事物自身,而只是由于神的无限力量,被创造事物就是从这种力量取得自己的全部绵延的(参看第一篇命题十二和绎理)。

最后,为了避免在这些毫无用处的论据上耗费时间,一方面应当记住永恒性和绵延的区别,另一方面应当记住,没有被创造事物的绵延和没有神的永恒性都是绝对不可理解的。弄清了这层道理,就容易回答所有的异议,所以我们就没有必要再纠缠在这类问题上了。

第十一章

论神的助力

既然我们证明了神每一瞬间都不断地仿佛重新创造事物,这个属性*就很少可谈的了，或者根本没有什么可谈的。由此我们推出：事物自身绝没有任何力量可以产生什么或者决定自己去作某种活动：这不仅在人以外的事物中是如此，而且在人的意志本身中也是如此。其次我们也答复了和这有关的某些异议；虽然人们通常还提出许多其他的异议，不过我不打算在这里讨论，因为它们主要是属于神学的。

但是许多人虽然承认神的助力，却把它理解为和我们所指出的意义完全不同的意思。为了更容易地揭露他们的错误，应当记住我们上面叙述过的原理，即：现在的时间同未来的时间没有任何联系（参看第一篇公理十），这是清楚而且明晰地认识到了的。只要牢牢记住这个原理，就可以毫不困难地驳倒他们所有能够从哲学那里拿来的一切异议。

神决定事物进行活动的保存力量在于何处　为了不泛泛地谈论这个问题，我们要附带解答一个问题，这就是：**当神决定事物进行活动时，是否有某种东西加到神的保存力量上去？**不过，在谈到运动时，我们已经在某种程度上回答了这个问题。我们在那里说过，神在自然中保存着同量的运动。因此，如果我们考察的是整个物质的自然界，那就没有增加任何新的东西。反之，就个别事物而言，在一定程度上可以说增加了某些新的东西。然而这种情况大概不会出现在精神现象中，因为精神现象之间似乎并不是这样相互关联的。最后，既然绵延的各部分相互间没有任何联系，我们就可以说，神不是保存事物，而是持续地重新创造事物。因此，如果

* 指神的助力，即神的保存力量。——译者注

人有被决定去进行某种活动的自由,那就应当说,神在这一时刻是如此地创造了他。这和下面的道理并不矛盾:人的意志常常被外在于它的事物所决定;自然中存在的一切事物都彼此互相决定去进行某种活动,因为这些事物也是这样为神所规定的。任何事物都不能决定意志,反之,任何意志除了被神的力量决定外不能被任何东西决定。但是这怎样和人的自由相一致呢?或者说,神在保存人的自由时怎样使这种情况发生呢?对于这个问题,我们承认我们是不知道的,正如我们已经常常说过的那样。

通常对神的属性所作的分类与其说是实在的,不如说是名称上的　关于神的属性我要说的就是这些。至于神的属性的分类我到现在还没有讲过。许多作者常常把神的属性分为不可传达的(incommunicabilia)和可传达的(communicabilia),我应当承认,这种分类在我看来与其说是实在的,不如说是名称上的。因为神的知识和人的知识实有天壤之别,正像天上的犬座星不同于地上能吠的狗一样,也许还要更不像些。

作者的分类　我们的分类如下:神的一类属性表示神的**活动的本质**,另一类属性则不表示神的任何活动性,而只表示神**存在的样式**。属于后一类的有唯一性、永恒性、必然性等等;属于前一类的有理智、意志、生命、万能等等。这种分类是清楚而且明晰的,而且概括了神的所有属性。

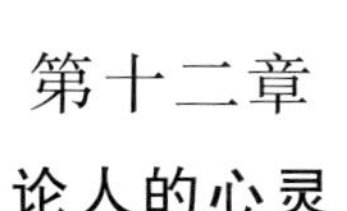

第十二章

论人的心灵

现在我们讨论被创造的实体,我们把这种实体分为广延实体和思想实体。所谓广延实体，我们理解为物质或者有形实体；所谓思想实体，我们仅仅理解为人的心灵。

天使不是形而上学讨论的对象，而是神学讨论的对象　虽然天使也是被创造的，但是自然之光不能认识它们，因此它们不属于形而上学。它们的本质和存在只有通过启示才能被认识；因此它们只能属于神学，而神学的认识则完全是另外一回事，这种认识按其性质根本不同于自然的认识，因此无论如何不应当和自然的认识混为一谈。所以，谁也不要期望我们在这里会讨论天使。

人的心灵不是从某种中介物产生的，而是神所创造的，但是我们不知道何时创造的　因此我们回到人的心灵上来，关于它我们还必须说一些话。应当指出，关于创造人心的时间我们没有作过任何讨论，因为如果人的心灵能够独立于身体而存在，那么它是何时创造的这就难以确定了。我们只知道人的心灵不是从某种中介物产生的，因为这种情况只有在被产生的事物中即在某种实体的样式中才会发生。但是，正如我们上面已经充分证明了的，实体本身不可能是被产生的，而只能为万能的力量所创造。

在什么意义下人的灵魂是会死的　关于灵魂不死我们要补充几句。非常明显，我们不能对任何被创造的事物说，它的本性包含了它不能为神的力量所毁灭。谁有力量(potestas)创造事物，谁就有力量毁灭它。而且我们也已经充分证明了，任何一个被创造事物按其本性是一刻也不能存在的，它只能连续不断地为神所重新创造。

在什么意义下人的灵魂是不死的　事情虽然如此，但是我们清楚而且明晰地看到，我们没有任何实体毁灭的观念，像我们具有样式毁灭和产生的观念那样。因为只要我们考察一下人体的构造,我们就会有一个关于这个构造能够被毁灭的清晰观念;但是这种情况不会在有形实体那里出现,因为我们不能在同样方式下设想有形实体会毁灭。最后,哲学家并不研究神凭借它的万能能够做什么,而是根据神给予事物的各种规律去判断事物的本性;因此他认为凡是他能够从这些规律中作为坚固不易的东西推得的方是坚固不易的;但是他并不否认神可以改变这些规律和一切其余的东西。因此,我们在谈到灵魂时,并不研究神能够做什么,而只研究从自然规律中能够得出什么。

灵魂不死的证明　从这些规律中可以明白推出:实体既不能为其自身所毁灭,也不能为任何其他被创造的实体所毁灭。而且如果我没有弄错,像我们以前已经充分证明了的,根据自然规律我们应当认为灵魂是不死的。如果我们还愿意更确切考察一下,那么我们可以用最有说服力的论据证明它是不死的。的确,像我们刚才已经指明了的,灵魂不死是从自然规律中明白推出来的。这些自然规律就是为自然之光所发现的神的决定,这从上文看来也是很明显的。而神的决定是不变的,像我们已经证明过的那样。根据所有这些我们可以明白地得出结论:神不仅通过启示,而且也通过自然之光将其关于人的灵魂的绵延*的不变意志昭示于人们。

神的活动不是违反自然,而是超越自然;按照作者的意见,这种活动是什么　如果有人说,神有时为了实现奇迹可能消灭这些

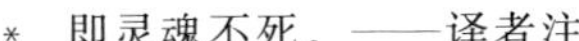

* 即灵魂不死。——译者注

自然规律，对这种意见是不需要反驳的，因为多数比较聪明的神学家都承认神的活动绝不违反自然，而是超越自然；这就是说，正如我所说明的一样，神有许多活动规律，但它没有让人们认识它们。一旦这些规律显示给人了，我们就会觉得它们像其余的规律一样自然的。

因此非常明显，人的灵魂是不死的，而且我看不出在这里关于人的心灵一般还要说什么话。关于人心的机能也没有什么特别的话要说，如果不是某些作者的论据迫使我们答复的话，因为他们力图使人相信，他们看不到和感觉不到他们看到和感觉到的东西。

为什么有些人认为意志不是自由的　有些人认为他们可以证明意志不是自由的，而永远为某种东西所决定。他们之所以作这种断语是因为他们把意志了解为不同于心灵的某种东西，了解为一种实体，而这实体的本性仅仅在于它对一切都是无动于衷的。为了消除任何混乱起见，我们首先说明问题的症结所在，然后就很容易揭露他们论据的错误了。

什么是意志　我们说过人的心灵是能思想的事物，由此可以推出，按照人心的本性，就人心自身来考察，人心所能做的事情就是思想，即作肯定和否定。而这些思想或者是为心灵外的事物所决定，或者只为心灵所决定；因为心灵本身是一种实体，从这实体的思想本质中能够而且应当出现许多思想活动。承认人的心灵为其唯一原因的那些思想活动称为意愿(volitiones)。而人的心灵就其作为产生这些活动的充足原因而言称为意志(voluntas)。

意志是存在的　虽然不为任何外界事物所决定，心灵仍有这样一种力量,这是为布里丹的驴子*一例充分证明了的。如果在这种均衡状态中的不是驴子而是人,如果这人也因饥渴而死去,那么他就绝不是一个能思的事物,而是最愚蠢的驴子。同样,从上面所提起的事实看来,这也是很明白的:正如前面所指出的,我们希望对任何事物都有怀疑,不仅认为那些可疑的东西应当怀疑,而且要把它们当做虚假的东西予以抛弃(参看笛卡尔《哲学原理》第一章第三十九节)。

意志是自由的　此外应当注意:如果心灵为外界事物所决定去肯定或否定某物,那么它并不为外物的强迫所决定,它仍然永远是自由的。因为任何一个事物都没有力量毁灭心灵的本质;因此它作肯定或否定永远是自由的,这是笛卡尔在《形而上学沉思》第四篇中充分说明过的。因此,如果有人问:心灵为什么意愿这个或那个,而不意愿那个或这个,我们就回答说:因为心灵是能思的东西,这种东西按其本性有力量意愿或不意愿、肯定和否定。因为这才算是能思的东西。

不应当把意志和欲望(appetitu)混为一谈　作了这番说明之后,现在我们就来考察论敌的各种论据。

---

* 布里丹的驴子(asina Buridani)——据说约翰·布里丹(十四世纪法国唯名论经院哲学家)论证意志自由时曾举驴子作例。他说,假如一个驴子处在同距离的食物与饮料之间(或处在同距离的两束青草之间),而它的饥和渴同样强烈,假如它没有自由意志,岂不会饥渴而死?此例不见于布里丹的著作,可能是他口头谈话中说的。亚里士多德在《论天》中认为饥渴同样强烈的人处在同距离的食物和饮料之间时会静止不动。但丁在《神曲》《天堂篇》第四歌中则说,一个处在两堆完全相同且距离相等的食物之间的人宁愿死去,也不会做自由抉择。斯宾诺莎在《伦理学》中也引用了这个例子,并对这种观点作了批判。参看《伦理学》第二部分命题四十九附释。——译者注

第一个论据："如果意志可以违反理智的最后命令而有所欲求，如果意志可以希望同理智的最后命令所规定的善相反的某种东西，那么意志就能够为了恶去欲求恶，但这个结论是荒谬的。因此前提也是荒谬的。"从这个反对意见中可以明白，论敌们自身就不懂得什么是意志；因为他们把意志和人心在肯定或否定某物之后所具有的欲望混为一谈；这是他们从他们的老师那里学来的，因为他们的老师把意志规定为行善的欲望(appetitum sub ratione boni)。我们则说，意志是**肯定或否定某物是好的**，像我们以前在讨论错误原因时所充分说明了的一样，在那里我们证明了错误的产生是由于意志超出了理智的范围。然而如果自由的心灵并不肯定某物是好的，那就不会有欲求。所以我们在答复这种反对意见时也承认心灵不能意愿同理智的最后命令相反的东西，也就是说，只要心灵是无欲望的，它就无任何欲求；这正如我们在谈到事物是坏的，或者心灵不欲求它时所假定的。但是我们否认心灵对于坏的东西并不是绝对没有欲望的，也就是说，心灵并不是绝对不能把坏的东西认作好的，否则就会违反经验。因为我们把许多坏的东西当做好的，反过来又把许多好的东西当做坏的。

意志无非只是心灵自身　第二个论据(或者也可以说是第一个论据，因为前面所谓第一个论据并不是论据。)是："如果意志不是为实践理智的最后判断(ultimo intellectus practici judicio)所决定而有欲望，那么它就是为自身所决定。但是意志是不能决定自身的，因为它自身按其本性是不能被决定的。"由此他们进而论证："如果意志就其本身而且按其本性对欲望或不欲望是无动于衷的，那么它本身不能为自身所决定而有欲望：因为决定者应当这样被决定,就像被决定者应当不被决定一样。但是意志就其决定自身而言,既要认为是不被决定的,又要认为是应当被决定的。因为我们的论敌假定在决定的意志中没有任何东西不会在被决定的意志中或者说不是被决定的;而且不能假定任何别的。所以意志不能为自身所决定而有欲望。如果意志不能为自身所决定,那么它就为某种其他东西所决定。”

这是莱登(Leyden)的赫吕波尔德(Heereboordius)教授的原话[①]。在这里他清楚地表明,他所理解的意志不是心灵自身,而是在心灵外或心灵内的某种东西,心灵仿佛一块没有任何思想的白板(tabula rasa),能够接受任何形象;或者不如说,他认为意志仿佛一个处在均衡状态下的重物,这重物可以为任何新添的力量依其方向倾斜到这一边或那一边;最后或者说,他所谓意志是指教授自己和其他任何有死的人的任何理智所不能理解的某种东西。我们刚才已经说过,而且明白指明过,意志不过是我们称为能思的、即作肯定或否定的心灵自身。由此可以明白推出,当我们仅仅注意人心的本性时,心灵就有同等的力量作肯定和否定。因为像我说过的,这也就意味着进行思想。因此,如果我们从心灵在思想这个事实中得出结论说,它有作肯定或否定的力量,那么为什么还要替心灵本性自身就能充分说明的东西找寻偶然的原因呢?但是,有人会说:既然心灵自身被决定作肯定或作否定是同等的,由此可以推出,我们必须找寻决定心灵的原因。对于这个看法我要反驳

① 参看他的《哲学习作》(Meletemata Philosophica)第二版,莱登 1659 年版。

说，如果心灵就其自身和按其本性仅仅被决定作肯定（虽然这是不能设想的，只要我们认为心灵是能思想的事物），那时心灵唯一由于自己的本性就只能作肯定，而绝不能作否定，无论出现了多少作否定的原因。反之，如果心灵既不被决定作肯定，又不被决定作否定，那么，它就既不能作肯定，也不能作否定。最后，如果心灵像刚才所说明的那样有力量作肯定或否定，那么它就能单凭自己的本性而不需要任何其他原因帮助去实现这两种活动；对于所有认为能思想的事物就是能思之物的人说来，这都是明白的，就是说，在思想属性和能思事物之间只能有思想上的区别，而绝不可把它们互相分离开来，像我们的论敌们所做的那样，因为他们认为能思的事物没有任何思想，并且根据自己的臆想把思想看做逍遥学派所谓的第一性物质。因此，我这样答复这个比较有意义的论据：如果我们把意志了解为没有任何思想的东西，我们就会承认意志按其本性是不被决定的。但是我否认说意志是某种没有任何思想的东西，恰恰相反，我们断定它是一种思想，即作肯定或否定的力量，意志显然不能理解为任何别的东西，而只能理解为一种作肯定和否定的充足原因。其次，我们否认说如果意志是不被决定的，那就是说意志没有任何思想，则在神及其无限的创造力量之外的某种偶然原因就能够决定意志。因为设想能思事物没有思想无异于设想广延事物没有广延。

为什么哲学家们把心灵和有形体的事物混为一谈　最后，为了不在这里列举其他许多论据，我只提出一点：我们的论敌们由于不理解意志，对理智又没有清楚而且明晰的概念，于是把理智和有形体的事物混为一谈，这种情况之所以产生，其原因在于他们把通常用来表明有形体事物的名词转用到他们并不理解的精神性事物上去了。他们习惯于把受大小相等方向相反的外力的作用因而处在均衡状态下的诸事物称为不被决定的。他们认为意志是不被决定的,这看来是因为他们把意志设想为处在均衡状态下的物体;而既然这些物体自身中只有它们从外在原因中得来的东西(由此可以推出,它们永远应当为外在原因所决定),那么他们就以为,对于意志情形也是如此。不过我们已经充分地说明了问题的关键何在,所以我们就在这里结束。

至于说到广延实体,则我们已经在前文充分讨论过了,而除了这两种实体以外,我们不知道任何其他的实体。至于说到实在的偶性和其他的性质,也已经充分批判过了,在这里不需要再耗费时间来驳斥他们。所以,我们就此搁笔。

《笛卡尔哲学原理》

纲目索引

第一篇

第二篇

第 三 篇

《形而上学思想》

纲目索引

第一篇

本篇简略地说明形而上学泛论中有关存在物及其状态的某些重要问题。

第一章
论实在存在物、虚构存在物和思想存在物

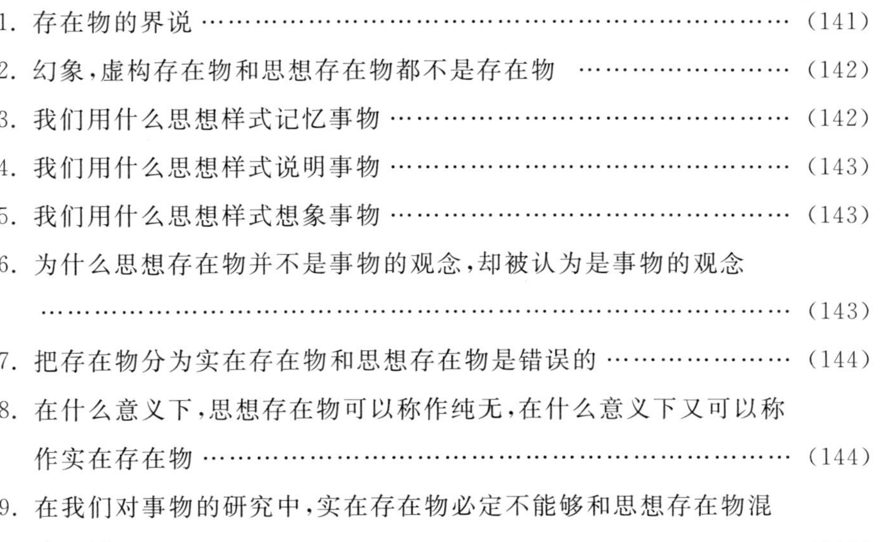

第 二 章

什么是本质的存在、实存的存在、观念的存在和潜能的存在

第 三 章

论什么是必然的、不可能的、可能的和偶然的

第 四 章

论永恒性、绵延和时间

第 五 章

论对立、秩序等等

第 六 章

论单一、真和善

第 二 篇

本篇主要是简略地说明形而上学专论中有关神和

第 五 章

论神的单纯性

第 六 章

论神的生命

第 七 章

论神的理智

第 八 章

论神的意志

第 九 章

论神的力量

第 十 章

论 创 造

第十一章

论神的助力

第十二章

论人的心灵

译　后　记

本书根据下列四种版本参照译出：

一、凯希曼(J. H. von Kirchmann)和夏希米德(Schaarschmidt)的德译本《斯宾诺莎全集》(《Benedict von Spinozas sämtliche philosophische Werke》Heidelberg 1871)第二卷《笛卡尔哲学原理》。

二、伯列坦(H. H. Britan)的英译本《斯宾诺莎著笛卡尔哲学原理》(《The Principles of Descartes' Philosophy by Benedictus de Spinoza》Chicago 1905)。

三、维德克(H. E. Wedeck)的新英译本《笛卡尔哲学原理》(《Baruch Spinoza principles of Cartesian philosophy》New York 1961)。

四、索科洛夫(В. В. Соколов)的俄译本《斯宾诺莎选集》(《Ъ. Спиноза Избранные произведения》Москва. Государственное издательство политической литературы 1957)两卷集上卷《笛卡尔哲学原理》。

各种译本有出入处，或对于拉丁文原文解释有不同处，大都以德译本和 1961 年新英译本为依据。个别疑难的字句，我们查对了 C. H. Brader 编的拉丁文本《斯宾诺莎全集》第一卷，并请教了懂

拉丁文的同志。正文中的段落和加重点字皆以德译本为准。为便于查检，书后我们加了纲目索引。译序是洪汉鼎写的。

贺麟教授对本书的译校和出版给予很大的支持和帮助，在此敬致谢意。

本书译文有不妥之处，望读者多多指正。

译　者

一九七九年八月

图书在版编目(CIP)数据

笛卡尔哲学原理/(荷)斯宾诺莎著;王荫庭,洪汉鼎译.
—北京:商务印书馆,2017
(汉译世界学术名著丛书:120年纪念版:珍藏本)
ISBN 978-7-100-14839-9

Ⅰ.①笛… Ⅱ.①斯… ②王…③洪… Ⅲ.①笛卡尔(Descartes, Rene 1596-1650)—哲学思想—研究 Ⅳ.①B565.21

中国版本图书馆CIP数据核字(2017)第160056号

汉译世界学术名著丛书
(120年纪念版·珍藏本)
笛卡尔哲学原理
〔荷兰〕斯宾诺莎 著
王荫庭 洪汉鼎 译

商务印书馆出版
(北京王府井大街36号 邮政编码100710)
商务印书馆发行
北京冠中印刷厂印刷
ISBN 978-7-100-14839-9

2017年12月第1版 开本710×1000 1/16
2017年12月北京第1次印刷 印张14
定价:70.00元